北京大学考古文博学院教材系列

田野考古学

赵辉 张海 秦岭 著

北京大学出版社
PEKING UNIVERSITY PRESS

图书在版编目(CIP)数据

田野考古学/赵辉,张海,秦岭著.—北京:北京大学出版社,2022.6
ISBN 978-7-301-33096-8

Ⅰ.①田… Ⅱ.①赵…②张…③秦… Ⅲ.①考古学—教材 Ⅳ.①K85

中国版本图书馆CIP数据核字(2022)第108079号

书　　　名	田野考古学 TIANYE KAOGUXUE
著作责任者	赵　辉　张　海　秦　岭　著
责任编辑	刘书广
标准书号	ISBN 978-7-301-33096-8
出版发行	北京大学出版社
地　　　址	北京市海淀区成府路205号　100871
网　　　址	http://www.pup.cn　新浪微博:@北京大学出版社
电子信箱	pkuwsz@126.com
电　　　话	邮购部 010-62752015　发行部 010-62750672 编辑部 010-62755217
印　刷　者	三河市博文印刷有限公司
经　销　者	新华书店
	650毫米×980毫米　16开本　20印张　299千字 2022年6月第1版　2022年6月第1次印刷
定　　　价	59.00元

未经许可,不得以任何方式复制或抄袭本书之部分或全部内容。
版权所有,侵权必究
举报电话:010-62752024　电子信箱:fd@pup.pku.edu.cn
图书如有印装质量问题,请与出版部联系,电话:010-62756370

田野考古学

近代考古学通过田野考古实现了从传统学术上的升华:在西方,是与古物学(Palaeology)① 的剥离;在中国,是与金石学(Epigraphy)② 的剥离。田野考古的成果是引导和推动考古学学科发展的最主要和最为直接的动力。田野考古活动自开展以来,逐渐形成了由源自许多学科领域的技术组成的一整套方法体系。有关这套技术方法体系的原理,以及它的形成过程的阐释说明,即田野考古学(Field Archaeology)。

---

① 古物学是欧洲16世纪兴起的从田野中挖掘、收藏和研究古代遗物尤其是史前时期人类遗物的一门学问。古物学源自于文艺复兴以来人们对民族起源的兴趣,最早从事古物学研究的大都是欧洲的贵族。在18世纪末、19世纪初自然科学发展尤其是地质学的推动下,从古物学逐步发展出了近代意义上的考古学。

② 金石学被看作是中国考古学的前身,以考证和著录古代遗留的青铜器及石刻碑碣上的铭文、拓片为主,目的在于"正经补史",也被看作是历史学的附庸。金石学肇兴于北宋,至清代受到乾嘉学派的影响有了大的发展。20世纪20年代,随着西方科学考古学的传入而逐渐让位。

序　言

　　考古学的资料都来自田野考古工作。更何况田野考古的工作现场，既是采集各种资料信息的现场，同时还是考古学的第一个研究现场。对遗迹间关系的分析、遗迹性质的初步判断等，都是在整个现场就开展起来的。有些在这个现场提出了却未能解决的问题，如事关一座遗迹的功能等，就给日后进一步深入研究提供了方向。因此，田野考古是整个考古学这座大厦的基础。没有田野考古，就没有考古学；不懂田野考古，就做不好考古学研究。

　　正因为如此，"田野考古学"这门课，一直是北京大学考古专业本科的基础课、核心课。考古专业本科生三年级的整整第一个学期，雷打不动是田野考古的实习课程。此前的二年级第二学期，还有一门"田野考古学概论"的课堂讲授。在 1989 年之前，四年级学生还要参加将近一个学期的田野考古实习，叫作毕业实习。此外，与田野考古实习有关的课程还有"考古测量""考古绘图"和"考古摄影"三门。可见在本科生培养阶段的课程体系里，田野考古的训练实为重中之重。1989 年之后，迫于形势变化，四年级的毕业实习不得已取消了。今天很多老师谈及此事时还有几分遗憾，认为现在学生的田野考古训练不够充分。好在二年级和三年级的课程被原封不动保留了下来，延续至今。由以上介绍足见田野考古这门课程无论在老师们的心目中，还是在整个考古学课程体系的安排上，其分量之重，以至于考古专业的老师们都不同程度地参与过田野考古的教学与实习。但也许正是参与的人太多，编写《田野考古学》教材反而很难指定落实给哪个人了。

情况在 2003 年发生变化。是年，国家文物局根据客观形势需要，决定恢复停办了十多年的全国田野考古人员培训，把培训任务交给北大，地点选在山东临淄桐林遗址，并请山东省文物考古研究所配合办班的各项工作。北大接受办班任务后，指派我和刘绪先生负责此事，全程参加培训教学的还有秦岭，张海也参加了很大一部分的培训工作。而山东考古所则派出魏成敏、孙波、高明奎三位业务骨干出任辅导教员。我们还聘请西北大学陈洪海先生共同执教。为了做好培训，我们经过商议，参考借鉴了国家文物局此前的田野考古领队班的办班经验，同时基本套用了北大田野考古实习的教学训练框架，结合学科的前沿动态，仔细设计了培训课程，甚至细化到每个环节。在各位辅导教员和全体学员的通力合作下，这个年度的培训效果还不错。于是，国家文物局决定把此后的培训班任务继续委托给北大，并于 2005 年委托我们一项新任务，即修订业已颁布实行多年的《田野考古工作规程》（试行）。2006 年年初，这个年度的培训顺利结束，我们同时也完成了对《田野考古工作规程》的修订。完成的修订稿是个有大量引用文献和几乎是逐条说明注释的学术文本，后由国家文物局组织专家反复评审、修订，于 2009 年正式面向全国考古机构和人员颁布实行，也就是今天还在使用的《田野考古工作规程》。

当时，我在学校还承担着"田野考古学概论"的讲授任务，虽然不时感到缺少一本合适合时的教材，但毕竟是一个学期的课堂课程，在课堂上有时间把一些逐渐萌生出来的新想法慢慢道来。所以，教材虽然需要，却不显得特别急迫。但经过两次非常紧凑、高强度的培训班教学后，感到了编写一本教材的迫切性。

之所以有了这样一个想法，还有一个原因，即 20 世纪八九十年代以来的中国考古学开始了从物质文化史研究向古代社会复原研究的转型。复原古代社会所需的资料信息，无论在种类、数量、质量上，都与物质文化史研究的需求有很大不同，发生了非常大的变化，从而对田野考古提出一系列新的诉求,而田野考古必须对此做出响应,于是田野考古技术方法体系发生变化。不过,说来简单,实际却是一个颇为漫长的摸索过程。实际的情况是,中国考古学对古代社会复原的追求很早就有了,20世纪50年代西安半坡遗址聚落考古就是一例。只是在当时,物质文化史的研究是当务之急,是压倒一切的任务。当中国考古学全力以赴地解决这个任务时,聚落考古只是很小的支流,开展聚落考古的田野工作方法也就来不及认真系统地琢磨。20世纪80年代初,北京大学考古实习队发现了山东长岛北庄遗址。试探性的发掘表明,这是一座房屋等遗迹保存相对完好的史前村落。于是,严文明先生调整实习队在胶东地区的工作思路,把重点放在尽可能完整揭露北庄聚落上来了,而如何科学有效地揭露出一座聚落的田野工作方法的探索也随之开展起来。循此方向的努力终得回报。至1986年,连续的考古发掘揭露出北庄村落的基本格局。苏秉琦先生当年评价说,这是一座"东半坡"。

  实事求是地讲,北庄遗址的发掘未必在聚落考古的方向上一下子就走出了多远。但它的重要意义在于奠定了此后北大新石器考古实习的学术方向。自那以后,北大新石器考古实习队在湖北天门石家河遗址进行了旨在搞清楚这一超大规模遗址的聚落结构的田野工作和相关的遗址勘察方法的探索。在河南邓州八里岗遗址上通过连续的工作以尽可能揭露聚落全貌的同时,认真探讨了"地面"在串联起分布在不同部位上的遗迹的原理和在发掘现场把握聚落布局结构上的关键作用,从而把"地面"或曰"活动面"提炼成为一个地层学上的重要概念和操作指南。与此同时,还在历年的田野考古工作中,逐步建立起人工遗物和各种"自然遗存"的采样系统,逐步建立起统一的三维测绘系统,改良了田野工作各流程上的记录并使之更加严谨和体系化。而这些心得经验,又被运用于同时期广东三水银洲、浙江桐乡普安桥、浙江余姚田螺山、山东临淄桐林等遗址的工作上。将之进一步验证和总结、提炼,最后形成的一套经大幅度充实、改良提高的田野考古方法体系,被我们贯彻到了2003年开办的全国田野考古人员培训班的教学上来了。当然,北大新石器考古实习对聚落考古技术方法上的探索也一直在进行、令其日臻完善之中。而商周考古实习队转战周原之后,也把田野考古的方向调整到周原乃至整个关中西部的"大周原"的聚落形态考古上来了。

从资料角度而言,古代社会的结构体现在聚落的结构上,这个社会中的人类行为内容蕴含在聚落各种遗迹的功能信息中以及从中出土的各种人工遗物和自然遗存的证据中;这个社会的变化,则被记录在遗址不同层位的"地面"串联起来的整体,也即不同时期的聚落景观之上。按照我们的理解,把以获得这样一套用来支持古代社会复原的资料为目的的田野考古,叫作聚落考古。也即聚落考古是考古学实现古代社会研究的技术路线、途径。学术理念的变化,使得聚落考古的范围大大超过了在物质文化史研究阶段的主要以获得人类物质遗存面貌及其变化的资料为目的的田野工作。它所动用的技术方法和此前阶段相比,也发生了很大变化,形成了一套技术构成更为复杂和配合组织更加严谨的体系。在以上对北大田野考古的回顾中可以看到,在构建这一聚落形态的田野考古方法体系的探讨上,应该说北大是走在前面的。也是这个原因,我们在做培训时,在国内找不到一本足以系统说明这个新体系的田野考古教材。我们还意识到,如果全国各高校考古专业的学生培养中继续沿用老的教材,已经不能适应学科向古代社会复原研究转型的形势需求了。当时虽然颁布了《田野考古工作规程》,但这部采用规章条例式语言形式的《田野考古工作规程》很难表达出学科理念变化而导致在研究技术方法层面发生联动变化的逻辑关系,以及新的田野考古工作体系的构成原理等学术内容,让人不大容易了解其"所以然",不能用作说明道理。时也势也,编写一部新的田野考古教材就十分必要了,而编写任务也就自然落实在北大参与了全国田野考古培训班教学的几个人头上了。

大约是在 2010 年,在国家文物局颁布实施新修订的《田野考古工作规程》之后,以及在又完成了国家文物局为迅速推广实施这个规程而交给北大的面向全国的培训任务之后，我和秦岭、张海终于有时间坐下来着手本教材的编写了。教材的编写过程中，于2011年得到教育部重点研究基地北京大学考古学研究中心重大课题立项（项目号：11JJD780007）支持。还要再次强调的一点是，本教材之所以编写出来，不仅仅是署名作者几个人的劳动（第一章，赵辉；第二、三章，赵辉、张海；第四章，秦岭；第五章，张海；第六、七章，赵辉）。在很大程度上，它实为我们这几个署名作者对北大考古专业几代人近70年，尤其是近40年以来的田野考古教学和研究的思考、心得的汇总。在北大，绝大多数考古专业的老师都带领过田野考古实习。所以，本书就有他们各种各样的贡献。当然还有在培训班期间来自不同单位的各辅导教员们的贡献。因为以各种方式参与了这项工程的人数实在太多，恕不能一一记名感谢了。

赵 辉

2021年4月15日

目录 Contents

第一章　绪　论 / 001
  第一节　考古学的田野工作　/ 001
  第二节　田野考古学　/ 011
  第三节　田野考古简史　/ 016
  第四节　本教材的编写　/ 029

第二章　考古调查 / 032
  第一节　概　述　/ 032
  第二节　发现和确认遗址　/ 039
  第三节　调查的准备工作　/ 047
  第四节　遥感考古调查　/ 053
  第五节　地面踏查　/ 063
  第六节　调查中的采样与记录　/ 076

第三章　考古发掘 / 084
  第一节　概　述　/ 084
  第二节　考古地层学　/ 087
  第三节　考古发掘的准备工作　/ 103
  第四节　探方发掘法　/ 111
  第五节　发掘技术与常见遗迹的清理　/ 117

第四章　实物资料和信息的采集　/ 133

第一节　概　述　/ 133

第二节　采样系统的分类　/ 135

第三节　采样方案的设计　/ 139

第四节　采样流程　/ 156

第五节　采集技术与方法　/ 162

第六节　采样中的记录要点　/ 180

第五章　记录系统　/ 189

第一节　概　述　/ 189

第二节　记录系统　/ 196

第三节　记录流程　/ 219

第四节　记录方法与要点　/ 224

第五节　田野考古数字化　/ 242

第六章　资料整理　/ 250

第一节　概　论　/ 250

第二节　资料整理的流程及技术要点　/ 253

第三节　以年代学整理为基础的田野资料深度整理　/ 274

第四节　对考古资料整理的前瞻　/ 294

第七章　考古报告的编写　/ 297

第一节　概　述　/ 297

第二节　考古报告的基本体例和主要内容　/ 301

第三节　考古资料、成果的其他形式的刊布　/ 310

第一章
绪　论

第一节　考古学的田野工作

说起考古学家，人们首先会想到那些头戴遮阳软帽、身披马甲、手持发掘工具，风尘仆仆地忙碌在考古发掘现场的考古队员。这已经成为影视和各种新闻媒体津津乐道的标准形象。事实的确如此，考古学家们通常会花大量时间精力在田野考古工作上。

一、为什么要进行田野考古

那么，考古学开展田野考古的具体学术理由有哪些呢？

根本的原因是考古学的研究是从收集资料开始的。考古学的资料主要是过去人们制造的人工遗物和那些能够直接或间接反映当时人们生产生活情况的自然遗存。这些资料通常埋藏在地下，需要考古学家亲临现场发现它们，再运用一些专门的技术方法将它们科学地、系统地发掘和记录下来，从而获得一整套实物资料和现场信息。这是日后所有深入研究的基础，因此就整个学科而言，田野考古是必须从事的学术活动，也是科学考古学的起点。

迄今为止，人类已经有了三百多万年的历史，留下的遗存不可胜数，而考古学从开始到现在最长不过150年左右的时间，经过考古发现和发掘出来的历史遗存仅仅是整个人类遗存的冰山一角。因此，考古学寻找和采集资料，以达到不断丰富学科研究所需资料目的的田野工作，今后还需要持续开展下去。

a 主动性考古发掘现场　　　　　　b 配合基本建设考古现场

图 1-1　田野考古发掘

如果说田野考古活动的主要目的是获得研究资料，那么在这个意义上可以把田野考古视作考古学研究的准备阶段。但这样说并不全面、充分。事实上，为了获得一套科学、系统的研究资料，考古学家在田野考古的现场就必须对遗址的文化堆积过程、各种遗迹的空间关系等进行缜密的分析，也即**考古现场同时就是考古学研究的第一现场**（图 1-1a）。对研究者个人而言，如果不亲自参与田野考古的工作过程，没有在现场对资料进行过分析研究，甚至不了解资料如何而来，就很难做好自己的学术了。所以，熟悉田野考古工作，参与田野考古活动，也是对一名考古学者的基本要求。事实上考古学的发展史表明，每一次考古学理论和方法的进步都离不开对田野工作的反思，因此可以说田野考古始终是考古学学科增长的重要支撑点。

除了上述学术研究的需求之外，人类为改造自然而频繁开展的各类生产建设活动，常常需要"动土"，对地下埋藏的遗址造成不可避免的破坏。这种情况下，需要考古工作者率先开展田野工作，准确了解遗址的价值，提取遗址保护与研究的信息，并以此为依据制订遗址的保护方案。因此，田野考古工作还是文化遗产保护的重要工作内容之一。据统计，我国每年面临着工程建设破坏而需要抢救的地下文物数量正迅速增加，国家文物主管部门所批复的田野考古发掘项目中，有90%属于配合基本建设的项目（图1-1b），这就又为田野考古工作增添了许多急迫性。

二、田野考古的任务和工作内容

通过田野考古活动，发现遗址，发掘遗址，从而获得可资研究的资料，这是田野考古的基本任务。对此学术界并无异议。但不同的学术传统和社会背景下的中外考古学界，对田野考古具体的工作范围，工作内容，有不同的理解。

（一）国外的主流看法

西方国家更早经历了城镇化和大规模基本建设的社会发展阶段，又因为私有化的社会经济基础和多样化的管理机制，在应付大量的基本建设中的田野考古任务时，形成了将这部分的田野考古社会化的主要应对模式。具体做法是政府部门或行业协会将田野考古项目承包给具有资质的考古公司。政府部门或行业协会对公司的田野考古工作进行质量监督，负责收藏、保管各种田野考古资料。例如，英国伦敦博物馆专门建造了一座庞大的考古资料档案库（Museum of London's Archaeological Archive），保管大伦敦地区（Greater London）超过100年的8500多个田野考古发掘项目的资料，并向其他研究者和公众开放，以供从其他渠道获得研究经费的学者进行其感兴趣的研究（图1-2）。当然，这样的研究也许是五花八门。在这个管理体制下，公司的责任是按照一定的技术标准[①]完成田野发掘，做好发掘过程的各项记录，连同清洗好的出土遗物和对遗物做的各项记录，一并上缴。但公司并不承担对这批资料相关的进一步分析研究，也不必编写考古报告。这个管理体制自然界定了田野考古工作的任务范围。

---

① 比如，伦敦博物馆制定的《田野考古工作手册》。*Archaeological Site Manual* [M]. The 3rd Edition. Museum of London. 1994.

图 1-2　伦敦博物馆考古资料档案库

在大量配合基本建设的田野考古项目之外，当然还有一些出于学术目的的田野考古项目。这种项目的负责人出于个人的研究兴趣申请获得政府和基金会的资金赞助，他不仅要在发掘结束后编写考古报告——这至少是一种项目的成果形式——还会在报告中报导对遗迹、遗物研究的过程和结果。这是一种研究性质的田野考古报告。

但在观念上，这部分研究内容并不在田野考古工作范畴之内。按照这种理解，中国考古学资料整理时不可或缺的对资料的类型学整理，也不在田野考古的工作范畴之内。

日本学界对田野考古的认识和管理体制和英国基本一致，不同之处是对于配合基本建设工程开展的考古项目，除了要求其向政府管理机构上缴全部考古资料之外，还要求编写出版考古报告。但在由日本文化厅文化遗产部出版的具有官方指导性质的调查、发掘、整理的工作手册中，只要求报告将发掘所得遗迹遗物如实发表出来，且遗物的发表必须明确其出土单位[①]。而对于在整理时是否对资料进一步研究，并体现在考古报告中，并没有硬性要求。手册中关于资料整理的章节，也只介绍了出土遗物的清洗、标记、复原技术和照相、实测绘图、拓片等几种记录形式的技术，同样没有类型学分析等研究方面的内容。

简言之，国外学术界对田野考古工作任务范畴的界定是按照考古地层学的原理获得完整的考古资料。

（二）国内对田野考古工作范畴的一般理解

国内学术界和政府管理部门对田野考古工作范畴的主流理解是从发现遗址的田野考古调查开始，考古发掘，考古资料的整理，直到编写出版考古报告，视为一项完整的考古工作。同时非常强调资料整理中的研究，报告一般也会按照研究内容的叙事逻辑编排发表资料。这是与国外对田野考古工作范畴理解和做法上的最大不同。

这样一种观念的形成与中国考古学的背景与传统有关。中国考古学产生之初，就肩负了重建中国古史的使命。早年开展的田野考古活动，如殷墟、城子崖、斗鸡台等给日后学术研究带来重大长久影响的项目，都是受政府的资金经费支持的主动性学术研究项目。作为这些项目结项成果的考古报告中自然就有大量对遗迹遗物的研

[①] 日本文化厅文物保护部编，李季译，信立祥校．地下文物发掘调查手册［M］．北京：文物出版社．1989；（日本）文化厅．発掘調査のてびき—集落遺跡発掘編，整理・報告書編．东京：同成社．2016．

究内容，或者说是研究型的考古报告，而不仅仅是罗列资料的考古资料集。

1949年以后，原本规模不大的中国考古队伍已经解体，新中国突然面临了重新组建考古队伍和培养考古工作者的急迫形势。北京大学率先在全国高校中成立考古专业，系统培养考古专业学生的同时，还受到国家文物局委托，和科学院考古研究所合作开办为各地培养文物干部的培训班。形势交给北京大学的任务是培养一支考古学的研究队伍，这支队伍将兼具全部田野考古工作技能，同时继续承担重建中国古史的任务。出于这个培养目标而形成的教学体系其实是沿用了此前进行的田野项目的工作模式和内容，把对考古所得资料的分析研究看作田野考古的工作内容，将类型学分析、遗迹遗物的文化分期等视为田野考古工作的当然组成部分。北大教学体系对田野工作范畴的理解实际上是对1949年以前田野考古工作和研究模式的继承。而新中国计划经济体制内没有私营性质的考古公司立足之可能，也是促成这个模式长期存在和发展的社会原因。此外，北大考古专业因其在国内学术界极大的学术影响力，也成为这个工作模式流行起来的一个原因。

至于为何从20世纪60年代以来国内刊布的考古报告之绝大多数都是采用对资料依照类型学整理结果来编排资料发表的形式，则是学科发展的阶段性导致的现象。前历史语言研究所的西阴村①、殷墟②、城子崖③等考古报告中，对资料的研究主要采用的是分类处理的方法，没有多少类型学分析内容。在斗鸡台报告中，苏秉琦分类描述了发掘所得各项遗迹遗物的特征，再辟章节，对遗迹遗物的特征进行类型学的分析整理，从而建立了遗址的文化分期。在考古学以物质文化史重建为主要目的的阶段，学科面临的最大和最为急迫

---

① 李济. 西阴村史前的遗存 [M]. 北京：清华学校研究院. 1927.
② 刘一曼，何毓灵. 殷墟考古参考文献. 考古学集刊 (15) [M]. 2004
③ 傅斯年，李济，董作宾等. 城子崖——山东历城县龙山镇之黑陶文化遗址 [M]. 国立中央研究院历史语言研究所. 1934.

的问题是考古资料的年代学问题,是在厘清它的基础之上建立一处遗址、一个地区乃至全国范围的物质文化的年表。因此,在 20 世纪 50 年代苏秉琦主持或指导的《洛阳烧沟汉墓》① 等报告中,进一步精炼了考古报告的体裁,干脆将遗迹遗物形制特征的描述和类型学整理合并起来,即直接按照类型学原理描述遗物特征,而基本省略掉对其分类研究的过程和内容。这个策略由于直截了当地指向了作为当时学术前沿的年代学问题,且除此之外别无他法,所以得到学界认同和普及。又因为 20 世纪 80 年代后期以来,尽管中国考古学将研究目标逐渐转向了物质文化资料背后的古代社会,但基础的年代学研究任务远没有全部彻底地完成。因此决定了国内田野考古现有工作模式还会保持下去,资料的年代学研究内容还会是今后田野考古中的主要关注内容,发掘资料的整理也还仍将从这个角度展开。当然,学科毕竟已经开始了向聚落形态研究和复原研究古代社会的新方向的转变,由此导致的田野考古资料整理和分析研究的新内容,也将越来越多地体现在今后的考古报告之中。

中外学术界对田野考古工作范畴的不同认识和不同的工作模式,皆为复杂的历史和现实原因所致,虽然它们各有自身特色和相应的问题,但也在情理之中。这就决定了本教材的编写仍然应该秉持国内学术界已有的关于田野考古工作范畴的认知,仍然重视类型学整理之于资料的年代学问题的重要意义,同时瞻望学术发展,提倡对资料开展多角度分析的能力。

三、田野考古的技术体系

开展一项田野考古项目,需要动用很多技术手段。例如勘察一处遗址,即需要考古学家现场的各处观察乃至小范围清理,也可能动用人工钻探或探地雷达、电阻率、电磁等各种现代物理探查技术

---

① 中国科学院考古研究所. 洛阳烧沟汉墓 [M]. 北京:科学出版社. 1959.

手段。而要测绘它，除了最简单的皮尺、罗盘、铅笔、橡皮外，也可以采用光学测绘仪器，或更先进的电子全站仪、RTK（实时动态测量型 GPS）、三维激光扫描、小型无人机等。这个过程中，也许还会用到遥感（RS）、地理信息系统（GIS）、云存储与云计算，甚至人工智能（AI）、大数据分析等空间信息提取、分析与建模技术。可见，现代考古学的田野工作是由许多技术组成的一个技术体系来支持的。

在大多数现有的田野考古教科书中，这些技术是随着田野考古工作流程的开展陆续介绍给读者的。但从系统的角度来看，这些技术大致可以分成三类。换言之，是由三个子系统构成了田野考古的技术体系。（图1-3）

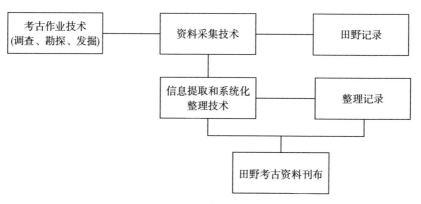

图 1-3　田野考古技术体系

1. 考古作业技术系统

考古作业技术系统指的是田野考古工作现场开展的各种调查、勘探、发掘以及对文化堆积中各种遗迹个体及与其他遗迹关系的辨识判断和清理技术，是田野考古工作的核心技术内容。

2. 资料和信息采集技术系统

资料和信息采集技术系统是在考古现场针对各种人工遗物和自然遗存样品的采集，在资料的整理过程中通过各种观察，对资料所蕴含的历史信息的提取和分类处理的各项技术的集成。将田野现场获得的实物资料转移到室内进一步观察分析前，往往需要对这些资料进行清洗、修复等，一些用于特殊分析检测的样品还需要进行特定的前处理。这些作业也可看作是资料和信息采集技术的一部分。

3. 记录系统

考古现场和资料整理过程中的各种记录，包括对考古工作对象的记录、调查、发掘、整理的工作过程的记录和对考古工作者的记录三部分内容，记录形式分文字记录（含各种表格）、测绘记录和影像记录三种类型。最后，经过观察分析的实物资料应入资料库保存，供长期观摩研究；各种记录资料也应妥善保管，形成数据库。在这两项工作基础上，即可着手编写本田野项目的学术报告了。

以上三个子系统各有自己的作用和任务，但在实际作业中，它们又是同一项作业的三个方面，往往是交叉进行的，很多时候是你中有我，我中有你，未必截然分明。例如，在对某个遗迹单位进行清理时，各种取样也在同时进行，各种形式的记录也正同步跟进。但是，把整个田野考古看作一个技术体系，并把它们分别看作构成这个体系的不同的子技术系统，好处在于方便讨论它们彼此之间的关联以及它们内部的不足或缺陷环节，也即方便我们从完整性、有效性等角度对田野考古技术系统进行建设发展。

值得注意的是，田野考古的技术构成十分庞杂，既有非常传统的技术，也几乎囊括了所有现代科技，大多数教科书会用很大篇幅介绍这些技术和操作办法。作为田野考古工作者，对这些技术有一定程度的了解是非常必要的，但科学技术的进步日新月异，发展迅速，不断有新的技术手段涌现出来，也会为考古学不断引进采纳。若在田野考古学这类教科书中逐一介绍它们，不仅不胜其烦，也难以做得到时刻都赶上潮流。从方法论的角度，阐明这些技术是根据什么样的逻辑关系组织成一个技术体系的，它们在这个技术体系中如何各司其职，又功能互补，从而达成一定的学术目的，而不同的学术目的及其变化又会引起对这个技术体系哪些方面的新诉求等，才是最重要的。明白了这个道理的田野工作者，才有可能主动协调、组织乃至开发与课题需求匹配的技术，运用它达到学术目的。

四、考古学家在田野考古中的责任

由于现代考古学的田野工作技术构成复杂，头绪众多，它的开展更像是在实施一项系统工程。因此，在田野考古现场，考古学家不仅要亲力亲为做好那些琐碎而具体的工作，尤其是称之为"领队"的项目负责人，更应该把主要注意力放在田野项目的本身：在项目开展之前即根据学术目的，选择、组织各项技术，设计出田野项目的整套工作方法；在项目实施中协调和监督落实考古作业、采集样品和科学记录三种学术工作；并根据工作开展的状况及时调整工作方法。

随着学科发展，研究任务不断复杂和深入，考古学家们开始发现，通过一项田野项目来满足学科的所有研究需求，已经变得越来越困难了。譬如，当研究目的从比较单一的资料的年代学问题扩大到复原当时人们社会生活的方方面面时，不同领域的问题要有不同学科的专门知识才能处理，不同领域的研究者对从遗址上获得的资料种类、质量的期待不同，从资料采集到分类整理乃至检测分析的要求也五花八门。这时，传统的考古队这样一个小型学术团体的能力的局限性就会凸显出来，而必须委托其他相关专业的研究者或团队进行这些专项工作。于是，田野考古工作者的身份角色也开始从一个技术体系的组织者进一步升格为一个综合研究项目的组织者了。在现代考古学中，这已是通例。

此外，为了保障项目的顺利实施，从事田野工作的考古学家还需要做好人员、物资、经费的管理，协调与遗址所在地点的土地所有者或使用者以及和地方社会方方面面的关系等等。他同时还是一位行政领导和社会活动家。

随着社会发展，国民文化素质的提高，地下埋藏文物的保护日益受到全社会的关注。田野考古活动同时也肩负着对遗址的历史价值、艺术价值、科学价值做出恰当的阐释，从而对遗址保护和合理利用提供科学依据的社会责任。这就要求考古工作者在制定发掘计划的同时，也要制定出对该遗址的保护预案，尤其是针对那些可能遇到的壁画、丝织品等脆弱质文物的保护预案，以及在发掘工作结束后，针对遗址的性质、特点、保存状态等情况，提出继续保护和合理开发利用的建议。因此，田野考古工作者同时也是文化遗产保护的践行者。

最后，作为一名考古学家，在从事田野考古活动时必须时刻警觉的是地下文物具有不可再生的性质。任何田野考古活动都是基于当前的技术水平和认识水平开展的。正如我们用今天的标准衡量早年的考古工作时会发现许多不尽如人意之处一样，将来的学者也必定会"指责"我们今天的粗率和冒失。因此，田野考古活动是一项必须谨慎从事的工作，需要每一位考古工作者在田野工作中自始至终持有强烈的敬畏之心和兢兢业业严肃认真的科学态度。为了保证田野考古的工作质量，国家文物局颁布了《田野考古工作规程》。但这个规程也是基于当前学科的平均水平制定的，所以应当把它看作是对田野工作的最低要求。作为科学工作者，在田野考古工作中应当自觉追求更高的境界。

第二节　田野考古学

作为一个学科，考古学有一套研究体系，而在这套体系中，田野考古学占有何种地位和起到什么作用呢？这是需要首先明确的问题。

一、考古学的研究体系

1. 技术——获得资料的手段

考古资料的形态是物质的，这些物质资料之中蕴含着可以用于历史说明的信息。为了获得资料和从中提取历史信息，考古学要动用一些专门的技术手段，包括一些最前沿的科学技术。在这里，我们将这些技术手段统称为"技术"（technology）。

考古学研究资料的物质属性特点，决定了考古学的应用技术本质上都是研究物质的技术，也可以说是自然科学的技术。例如在寻找地下埋藏的遗迹时，通过地表踏查，钻探，观察地层堆积颜色、质地等物理属性，判断它们的形成原因；利用激光雷达、高光谱分析等现代技术寻找遗址的线索。在对遗物的分析上，从简单的度量、肉眼观察到各种物理化学成分的分析等，不一而足。应用于考古的技术种类是远远超过其他人文学科的。常常有人说考古学是个交叉学科，原因就在于此。

技术的发展，往往对学科发展产生巨大的推进作用。当代考古学的研究资料范围较考古学初始阶段，已经不知道扩大了多少。那些原本不在考古学家视野之内的自然遗存，如土壤中包含的各类微植物化石，由于其包含能够反映当时人们生存环境、生活和生产内容的大量信息，已经成为当代考古学研究资料中非常重要的部分了。这全依赖于相关采样和分析鉴定技术的支撑。与此同时，在对人工遗物这类传统资料的研究上，也因为各种理化检测分析技术的引进，从中提取的信息种类也大幅增加，大大推进了研究深度。所以，考古学是个非常讲究技术和技术创新的学科。

2. 方法——获取系统资料和系统信息的手段

作为考古学家，他/她并不十分在意一件资料标本的精美或粗陋，而是看重其中蕴含的历史信息。因为这些信息才是构成重建历史的元素。一件标本，可能包含多方面的历史信息，如通过对一件石器的研究，可以了解当时人们对石材的选择、加工制作技术，有关石器的使用方式和功能等许多问题。但它们毕竟都是孤例，对于说明历史的作用十分有限。所以考古学家往往要追求批量的标本。譬如遗址中发现了一件陶杯，说明不了太多的问题。如果遗址上每座房子都发现了陶杯，再结合对它们各种观察检测，你也许就可以断定使用陶杯饮酒确实是当时人们的一种风俗时尚，甚至可以明白为了这种时尚，人们需要从外地采购这种特殊器皿等一系列行为模式。所以，单一标本和批量标本在复原历史的作用上是完全不同的。

但是一堆杂乱无章的资料和杂乱无章的信息，也是无助于复原研究历史的。历史研究真正需要的是系统化的资料和信息。所谓系统性，指资料的个体与个体之间的同质关联，即按相同性质属性的分类结果。上述将陶杯按照形态分类在一起，是一种同质的关联。进一步还可以将它们的制作技术、产地、功用等信息再做分类，从而用以探讨更多的问题。很多时候，资料之间的关联性隐藏得很深，需要仔细寻找。仍以陶杯为例，与它原料、制作技术相同的其他陶器也可分类在一起，以此说明一座遗址上的陶器制造业的情况。可见，考古学对历史的研究，主要是依赖那些经过系统化了的资料信息。

一方面，任何资料的系统化处理，显然都是出于历史研究的某个具体目的之需求；另一方面，对资料或信息系统化作业，往往需要动用不止一种技术。也即技术和研究目的有关。为了最大限度满足研究目的的需求，必须仔细选择技术并根据某种原理将它们合理地组合起来，形成一个技术体系。在这里，我们将这套技术体系连同它的设计思想称之为"方法"（method）。

3. 目的——对历史的认识

考古学的学科目的是复原重建人类历史。人类社会的历史的内容非常庞杂，按照历史唯物主义的理解，人类社会分经济基础和上层建筑两大部分，前者再分为生产力和生产关系，后者也可再分为社会调控的基础思想价值观和意识形态。大而言之的这四个部分的每一个都十分复杂。以生产力而论，至少包括食物获取技术、生活必需品和设施的制作技术、相关的科学知识及其所有这些的传承方式等等。人类社会的其他领域也都有这样那样的问题。于是复原重建历史这个总目标也就被分解成彼此有联系又相对独立的课题。进而，要做到对历史的完整认识，还必须逐层深入。具体到考古学的场合，需要首先从资料的年代学入手，再逐步展开深入古代社会各个层次的研究。如此，复原重建人类历史的目标还可以划分成若干个阶段性目标。

4. 考古学研究体系的运作

考古学的研究体系由技术、方法和目的三个层次构成。技术是获得资料和信息的手段，方法是获得系统资料和把信息系统化处理的一套技术组合，也即某种有内在逻辑关系的操作程序。通过特定的方法产生特定角度的系统化信息，从而形成某种对历史的认识，产生这种有关历史的认识，是学科的目的。其表现形式，小者是对某一历史事件的重现；宏观的，也可叫作历史理论。

考古学的研究，可以从收集资料开始，运用既有方法对资料进行整理和对信息进行系统化处理，从而得到某种历史结论。也可以从问题着眼，设计一定的方法，再去寻找资料，经过分析后，看看能否回答或者在多大程度上回答前所提出的问题。在认识论上，前者即所谓归纳法，后者为演绎法。"新考古学"十分强调演绎方法在当代学术研究上的重要性。但实际上两者各有优势，大凡在一个地区或时段所知甚少的场合，考古发现往往带有较大程度的偶然甚至是盲目的色彩，此时归纳法经常是研究者主要的工作方式。而对于已有认知基础进一步探索的场合，研究者就可能会主动设计一些更深入的问题，从而采用了演绎思考。其实，更多的场合，在一个研究者或一个研究团队里，归纳的方法和演绎的方法是交叉运用的。

无论从哪个方向上运作考古学的研究体系，我们都能发现，它的三个层次之间时时刻刻都存在着联动关系。新资料会启发人们提出新问题，开展新思考。反之，新问题的提出也会引起对足以支撑解决这些问题的资料、信息之种类、数量、质量方面的新需求。这些都推动了学术研究方法的丰富发展。

二、考古学研究体系中的田野考古学

1. 考古学研究中的基本方法——田野考古

如前所述，在重建古代历史时，考古学是通过对历史的许多领域的具体研究，逐步骤、逐层次地实现的。每个研究领域，都需要设计有针对性的研究方法。显然，在考古学研究体系诸多方法中，田野考古是其中之一。那么，这套方法是因何而来，要达到历史研究的何种研究目的呢？

对历史的研究，必须从资料的年代学入手，再依次回答什么地点、谁、做了什么、怎么做、为什么，也即所谓的六个"W"的问题（when，where，who，what，how，why）。其中，资料及其从中提取的各种历史信息，都必须有确凿的时间和空间位置，针对各种研究目的对资料及其信息的所有系统化处理，必须在这个时空坐标体系中展开。换言之，一套年代关系和空间关系准确可靠的资料是所有研究的基础。而以物质形态存在的考古资料，它们的时空关系是被封存在遗址之中的。一座遗址上的文化堆积，是由许多不同时间建造的房子、窖穴、墓葬等我们称之为遗迹的单位依次堆积形成的；同一个时间内，遗址不同位置上则可能坐落着许多不同的遗迹单位，它们的内部还可能摆放着若干日用器物或随葬品。田野考古的任务就是要通过科学的调查、发掘和资料整理方法，获得这样一套具有准确时空关系的系统资料。由于用以复原这个遗址上的社区生活及其变迁过程的各种信息也必须按照这个时空坐标建立彼此的关联，因此可以说，田野考古是考古学研究诸多方法中最基础的方法。

2. 对田野考古方法体系的研究——田野考古学

田野考古肩负着为历史研究提供时空关系系统准确的资料信息的责任，是考古学最为基础的方法。田野考古的对象形态复杂多样，工作周期长、环节多，需要动用许多专门技术，也需要不断用最新技术来提升质量，在技术的复杂和多样方面，是考古学最为庞杂的方法体系。那么，作为方法——它的各种技术的组成之道理或逻辑关系是否合理，它的有效性和局限性、不同场合的适用性如何？技术进步的效果以及随着学科思想变化产生的新的研究课题对田野考古提出种种新的诉求从而引起方法本身的变化发展等，都是必须研究的问题。有关这些问题的研究就构成考古学研究体系中一个专门的领域,也即田野考古学。换言之,田野考古学是关于田野考古工作的"方法论"(methodology)。

第三节　田野考古简史

近代考古学因主动田野考古的开展而宣告诞生。尽管以今天的观点看,早期的田野考古活动还很幼稚,充满了不成功的尝试。但是,考古学田野工作方法体系的摸索和建设,也就是从这一刻就开始了,并且伴随了学科发展的整个过程。其间的某个阶段,技术方法的进步推动了学科的发展。另一些时段,学科思想的变化发展反过来又促进着技术进步和方法改良。

一、田野考古和近代考古学的开始(1850 年前)

近代考古学首先发生于欧洲。16 世纪,欧洲新兴资产阶级借助文艺复兴运动对人文主义的追求,其实质是谋求在近代社会体系中本阶级的政治地位,但同时也唤醒了人们对自己历史、本源的兴趣,为人们怀疑直到粉碎中世纪宗教思想禁锢埋下了伏笔。在 18 世纪爆发的工业革命和城市化进程中,大规模建设将早已埋藏地下,为人们遗忘了的古代遗迹遗物再次和频繁地暴露给世人。另一方面,科学因工业化进程的需要迅速发展,地质学和生物学的综合成就——进化论的出现,不仅对认识自然历史,也对理解人类历史开辟了全新的角度。其实,在达尔文的《物种起源》正式刊行之前,进化的思想已经渐成气候,北欧学者汤姆森(C. J. Thomsen)据此提出从物质文化遗存的观察看人类历史依次经过了石器时代、青铜时代和铁器时代,即著名的"三期说",为通过物质文化遗存重建历史的研究,为古物学蜕变升华为考古学,奠定了理论基础。

19 世纪中叶,欧洲各地旨在发现和研究古代人类遗存的田野调查和发掘活动逐渐开展起来,如比利时、法国等地洞穴遗址的调查、发掘等。中近东地区的田野活动也在这个时期发端。至于埃及考古,起始时间还要更早一些。其中，丹麦学者、汤姆森的学生沃尔赛（J. J. A. Worsaae）的活动尤其重要。他调查了丹麦沼泽地区的地层和植被变迁情况，发现最早的一层是稀疏的杨树林，后逐渐让位于苏格兰杉，其后一层是橡树、赤树和桦树，再以后的第三层为山毛榉。沃尔赛发现：最下层只有石器；在橡树—桦树层中，既有石器，也有青铜时代遗物；铁器时代的遗物大多数情况下只出土于山毛榉地层中。这个发现首次在地层关系上证明了"三期说"的正确性，同时也在根据进化思想的古物分类结果和地层证据之间建立了联系，这样就为通过古物研究历史建立起一个初步却符合科学逻辑的方法[①]。从这个意义上说，建立在田野考古基础上的考古学诞生了。

二、田野考古技术体系建立（1850 年以来）

进入 19 世纪后半叶，各地的田野考古活动迅速开展起来。不仅在传统的欧洲、埃及、中近东地区，美洲和南亚次大陆以及东亚的日本也开始出现了田野考古活动。随着田野活动提供资料的增加，考古学家们首先遇到的就是考古资料的年代学问题，那些尚未发明文字的时期的实物资料，尤其困扰着考古学家。这个横亘在面前的问题既基础又急迫，迫切需要考古学家寻找到有效的解决办法。所以在考古学诞生之后的头 50 年里，田野考古的发展不仅表现在各地进行的考古活动的数量和规模的增加，更主要体现在建立和不断完善针对解决年代学问题的技术方法上。

19 世纪中叶，丹麦沼泽地区田野考古和瑞典湖居遗址发掘层位观察确立了考古地层学的基本原则，并且人们还认识到，通过对地层中种种现象的缜密观察，可以了解到过去人们生活的许多细节。把这些原则发展成田野考古工作的程式化作业规程，则是在爱琴海地区、埃及、中近东等许多地区开展的田野考古工作中，逐渐摸索

---

① 格林·丹尼尔. 考古学一百五十年［M］. 北京：文物出版社. 1987.

出来的。其中，要特别提到几个有杰出贡献的学者。

意大利考古学家非奥雷利（G. Fiorelli）1860年起在庞培古城的发掘中，注意到对建筑遗迹的整体揭露和地层的细致观察，被誉为地层分析的开拓者。颇有争议的德国学者施里曼（H. Schliemann）把地层学原理广泛应用在1870年代开始的特洛伊古城的发掘中。由于特洛伊遗址的极高知名度，也使得施里曼的方法具有很大号召力，成为当时许多田野考古工地的示范。英国考古学家对考古地层学及其操作技术的发展也做出过重要贡献，皮特-里弗斯（Pitt-Rivers）1880—1890年间在英国从事的一系列发掘中，也同样强调了完整揭露遗址和观察地层，还特别强调发掘中进行准确和详细记录的重要性，力求使整个发掘工作以及取得的材料科学系统。他也因此被誉为科学发掘之父。皮特利（F. Petrie）长期从事埃及考古发掘，是把田野考古操作规范化的集大成者，其代表性著作是《考古学的目的和方法》（*Methods and Aims in Archaeology*, 1904）一书。由于皮特利一生从事考古活动70多年，桃李满天下，他对田野考古方面的影响也非常深远。再晚一些，惠勒（M. Wheeler）在印度河流域的发掘中发明了探方制度。因为采用探方的规则网格方便发掘者观察和把握地层的变化，为日后各地田野考古发掘普遍采用。

以上考古学家们对发掘技术的逐渐完善和规范化主要是围绕着如何把握遗址堆积中的地层关系展开的。考古学的地层学最初引自地质学。在地质学的地层学里，最基本的原理是地层的累进法则，指一个多层重叠的地层序列中，位于下面的地层的形成年代总是早于叠压在它上面的地层。虽然文化堆积的地层更复杂，不仅有水平的叠压，还有大量打破、扰乱等现象，但形成过程的基本道理相同。因此，唯有严格按照层位的发掘，才能获得各遗迹之间的相对年代关系和取得相对年代的系统资料。到了19世纪末，这些道理已经得到了理解。

与考古地层学取得进展的同时，从形制变化的角度讨论遗物及其所属遗迹的相对年代问题的考古类型学方法也逐渐完善起来，其标志是蒙特留斯（O. Montelius）于 1903 年发表在《东方与欧洲上古文化时期》第一卷的《先史考古学方法论》①。在该书中，他详细论述了类型学的原理、基本概念、应用范围，以及利用铜斧、留针等器物为例，示范了类型学作业技术。直到今天，我们所使用的类型学仍基本不出蒙特留斯的范围。

考古地层学和考古类型学只提供了解决考古资料相对年代的方法。在有文字纪年的时段，尚可借助相关文献了解其遗存的绝对年代，但在长久的人类史前阶段的研究中，学术界迫切需要一种绝对年代的测定方法。为此人们曾相继开发了利用冰川纹泥或树木年轮的测年方法。但是这两种方法在适用范围上都非常局限。直到 20 世纪 50 年代，利用放射性同位素衰变周期的原理开发的碳十四技术才从根本上改变了局面。

20 世纪初，旨在解决考古资料相对年代问题的田野工作方法趋于成熟，很快就极大地推动了考古学研究的发展。在比较确凿的相对年代认识基础上，人们发现，考古学物质文化遗存的面貌不仅随时间变化而变化，也因空间分布不同而各有特点。针对这种现象，约在 20 世纪 20 年代，西方学术界以英国马克思主义考古学家柴尔德（G. Childe）为代表，提出了考古学文化理论。所谓考古学文化，指分布在一定年代幅度内和具有一定分布范围的面貌相同的物质遗存。利用考古学文化这个概念，可以搭建更大范围，譬如整个欧洲的文化编年体系，进而探讨文化间的种种互动关系等。其中，最著名的代表作是柴尔德的《欧洲文明的曙光》（*The Dawn of European Civilization*，1925）。由此可见，如果没有相对年代研究的基础，是很难提出考古学文化理论的，而相对年代的研究方法，也正是这个阶段田野考古工作发展的核心内容。

---

① 欧斯卡·蒙特留斯. 先史考古学方法论 [M]. 北京：商务印书馆. 1937.

三、考古学传入中国和田野考古技术方法的"中国化"

中国考古学开始于1921年安特生（J. Andersson）发掘河南渑池仰韶村遗址①。也有相当一部分学者主张中国考古学的开始应当以李济发掘山西夏县西阴村算起②。无论采用哪个事件作为中国考古学的起始，都不能否认的是，中国的考古学源自西方，并且传入的开始就是包括田野考古在内的整个学术体系③。但是，刚刚起步的中国考古学还不了解中国古代遗址的特点，因此就有过一段如何将源自西方的技术方法根据中国遗址的特殊情况而"中国化"的探索过程。

在将考古学引入中国方面做出重要贡献的安特生本人是地质学家，1921年发掘仰韶村时，他尚没有充分了解考古学的工作方法，按照水平深度发掘，导致未能区别开仰韶和龙山两个阶段的遗存，从而留下了两个文化关系不清的一段公案。1926年的李济，同样按照水平深度发掘了西阴村遗址，所幸遗址堆积单纯，未造成不同时段的文化混乱在一起的后果。尽管他们看起来还不十分明白堆积层次变化的意义，但出于科学家的严谨态度，他们两位在发掘结束后，对探方壁面的文化堆积层次都留下了一定程度的记录，而李济的测图记录尤为详细。李济在发掘过程中还首次采用了"三点坐标法"记录遗物出土位置。此后，中央研究院历史语言研究所考古组连续在安阳殷墟进行发掘。其间，又两次发掘了山东历城城子崖遗址，并出版了中国考古学家编写的第一本田野考古报告——《城子崖——山东历城县龙山镇之黑陶文化遗址》④，田野考古工作方法也在这一连串的发掘工作中逐渐建立起来，1930年学成回国的梁思永对此贡献尤大（图1-4）。梁思永从

---

① 陈星灿. 安特生与中国史前考古学的早期研究——为纪念仰韶文化发现七十周年而作 [J]. 华夏考古. 1992（1）.
② 李济. 西阴村史前的遗存 [M]. 北京：清华学校研究院. 1927.
③ 陈星灿. 中国史前考古学史研究（1895—1949）[M]. 北京：生活·读书·新知三联书店. 1997.
④ 傅斯年，李济，董作宾等. 城子崖——山东历城县龙山镇之黑陶文化遗址 [M]. 国立中央研究院历史语言研究所. 1934.

殷墟第五次发掘起，参加了以后历次发掘工作。经过努力，殷墟的发掘中对灰坑窖穴、夯土和宫殿基址、墓葬和王陵等多种遗迹逐渐有了准确把握和相应的清理技术，发掘中探沟法、测绘与记录、遗物采集等各种技术的运用也日益规范①（图1-5）。尤其是对地层关系及其意义有了清楚的认识。在安阳后冈错综复杂的地层现象中，发现仰韶、龙山和商文化的"三叠层"，成功解决了当地三种文化的年代关系的同时，也表明这个时期的发掘已经是根据土质土色变化的逐层清理，而不是机械地按照深度清理了，这是一个重要进步。所有这些，为日后中国考古学的发展奠定了重要基础。

图1-4 城子崖考古报告

图1-5 安阳殷墟早年发掘

从西阴村开始，李济尝试对出土资料进行多种角度的分类。这种整理方法，成为日后殷墟、城子崖等遗址发掘资料整理的主要方法②。将一批内容庞杂的资料按照客观属性进行分类，是科学研究最为基础的办法。步达生、裴文中、贾兰坡等人对周口店等旧石器时

---

① 张海. 中国考古学的殷墟传统——早年安阳殷墟的发掘与研究 [J]. 古代文明（辑刊）. 2005：353—390.
② 李济. 殷墟陶器研究 [M]. 上海：上海人民出版社. 2007.

代遗址的资料整理,也大致如此。分类是比较研究的起点,在分类的基础上,可以进一步探讨个体之间和群体之间的异同,这些异同,既有时间顺序方面的内容,也有空间分布方面的内容。这便是考古学文化的类型学研究。安特生等人对甘肃仰韶文化的分组①和梁思永对以黑陶为特征的龙山文化的分区等②,是中国考古学运用类型学开展研究的几个最早案例。

在将类型学作为田野考古工作中遗址资料整理的方法的开发方面,苏秉琦的贡献尤大③。1933—1935年,苏秉琦发掘了陕西宝鸡斗鸡台墓地,对墓葬形制、人骨葬式、器种乃至每种器物的不同部位都做了详尽的特征观察和分类,再根据其演变关系将它们进行归纳,也即在多角度的分类结果中,特别强调了对那些能够反映年代的信息的归纳整理,从而对整个墓地进行了分期。在20世纪50年代,苏氏进一步精练了类型学整理资料的作业方法,通过《洛阳烧沟汉墓》等考古报告④的示范,产生了极大影响,成为此后数十年中国田野考古资料整理和报告公布资料的主要工作模式。

苏氏对考古类型学方法的开发,正迎合了这个阶段中国考古学的研究任务的需求。刚刚起步的中国考古学,需要在极其广阔的空间范围内积累资料,建立考古学的物质文化时空框架体系,考古资料的年代学问题是这一时期整个任务的核心,考古类型学也就成为资料整理的主要方法。这也是这个时期公布的田野考古报告中,资料的年代信息在诸多信息中系统化处理最为详细的根本原因。此外,在幅员辽阔的大地上,流传着数不胜数的古代民族的史前传说和历史记录,从考古资料的差别中识别这些族群,是中国史学也是中国考古学最感兴趣的研究课题。苏氏的方法强调对器物形态变化过程的梳理,这种过程后来称之为"谱系"。而特定的"谱系"暗示与

---

① 安特生. 甘肃考古记 [M]. 农商部地质调查所印行. 1925.
② 梁思永. 龙山文化——中国文明的史前期之一 [J]. 考古学报. 1954(1).
③ 苏秉琦. 斗鸡台沟东区墓葬图说 [M]. 北京:中国科学院出版. 1954.
④ 中国科学院考古研究所. 洛阳烧沟汉墓 [M]. 北京:科学出版社. 1959.

传说或文献中特定族群有某种关联。这是类型学得到格外重视的第二个原因。

总体而言，到 1949 年，中国考古学完成了田野考古方法的"中国化"过程。但是，一种方法建立后的普及还需时日。在欧洲，以考古地层学和类型学为主要内容的田野考古方法大约在 20 世纪前 20 年就已经完成了，但直到考古学发生重大变革的 60 年代，也很难说全面普及开了。1982 年，中国社会科学院考古研究所曾编写出版《考古工作手册》①，一些著名学者在 20 世纪七八十年代，都还曾撰文普及地层学、类型学的知识②，直到 1984 年文化部、国家文物局颁布《田野考古工作规程》（试行）③，全国范围内的田野考古活动才算有了较为统一的规范要求。

四、复原古代社会任务的提出和田野考古学的发展（1960 年以来）

无论西方还是中国，最初的田野考古方法的建设都是围绕通过考古学文化搭建物质文化史的学科目标展开的。当这个阶段性目标在某种程度上达成之时，考古学就产生了更深刻的追求，开始指向这些物质文化背后的人类社会的复原研究。这个变化，悄然发生在 20 世纪 40 年代，至 60 年代因为北美学术界的"新考古学"的大声疾呼，遂成气候，考古学进入了新阶段④。

但是，当考古学一旦把注意力转向复原古代社会时，问题立即变得空前复杂起来了。即便是复原一个尚处在简单社会阶段的游猎社群，也至少要考虑包括人群规模、性别结构、年龄构成、婚姻关系、工具制作、建筑技术、原料来源、生存环境、取食经济、食物

---

① 中国社会科学院考古研究所. 考古工作手册 [M]. 北京：文物出版社. 1982.
② 俞伟超. 考古学是什么 [M]. 北京：中国社会科学出版社. 1996.
③ 文化部. 田野考古工作规程（试行）. 1984.
④ 布鲁斯·G. 特里格著，陈淳译. 考古学思想史（第 2 版）[M]. 北京：中国人民大学出版社. 2010.

加工和储存、生计和生活策略、产品交换等一系列问题，且不说这个族群还有它特定的认知体系、精神文化和宗教、艺术等等。针对复原古代社会的复杂性，不同的西方学者给出了不同的研究策略，如文化生态的、功能过程的、行为认知的、历史情境的等等。但是，这些角度的研究需要落实在一个古代社会单位之上。于是就有了聚落形态研究的实践①。

考古学从物质文化史研究向复原古代社会深入，其实是学术逻辑的必然。苏联的考古学家早在20世纪40年代的中亚地区考古中，就已经提出了整体揭露一个氏族社会的构想，并成功付诸实践。至少在表面上，苏联的学术思想和西方有很大不同，是自觉以马克思主义的社会发展史为指导，试图通过考古学实证原始社会以来依次演进的五种生产方式。但撇开表面现象，苏联考古学也经过了文化史研究向古代社会复原研究的变化，而且也找到了聚落考古的办法，和西方学术可谓殊途同归。

在考古上，通常是把一个可以直观把握住的遗址看作一个聚落，大致代表一个社会单位。曾经生活在这个聚落上的这个社会单位的人们，创造了这个聚落，并把自己的行为及过程封存在这个聚落的文化堆积里。所谓聚落形态研究，说到底就是最大可能地复原这个聚落内以及不同聚落之间方方面面的情况②。鉴于社会复原的复杂性，对于任何个人或团队而言，其能力是很难覆盖全部的，但任何一个专门领域的研究都必须将自己的成果放入当时的社会系统中解释。因此，聚落形态研究与其说是重建古代社会的研究方法，不如说更像是个立足于聚落本位开展研究的大思路。这个思路的建立，也许可以看作当代学术最重要的进步之一。

聚落形态或古代社会复原的研究资料、信息同样需要田野考古提供。此前主要为了解决遗存年代学问题而获得的资料，不能满足

---

① 张光直. 谈聚落形态考古. 考古学专题六讲 [M]. 北京：文物出版社. 1986.
② 严文明. 走向21世纪的考古学 [M]. 西安：三秦出版社. 1997.

复原社会的需要，甚至此前的田野考古工作方法也在提供新研究所需要的资料、信息上有些力不从心了。作为方法，田野考古需要改革发展提高；作为方法论，田野考古学也必须考虑田野工作如何适应新形势、满足新需求。

封存在遗址中的古代社会的资料和信息大致有两大类：社会结构和这个结构的变化过程；在这个结构及其变化过程中人们的行为内容。

古代社会的结构，首先直观表现在聚落的空间结构上，包括聚落内部结构和聚落之间的宏观结构，体现在资料特点上，即不同种类遗存的空间分布关系。为了把握宏观结构，田野考古调查逐渐发展出了区域性的全覆盖式调查方法（Full coverage survey）① 以及引入了各种抽样方法和遥感等探测技术。为了把握聚落内部结构，发掘中发明了地层系络关系的分析方法，如"哈里斯矩阵"（Harris Matrix）②，各类探测技术也应用在遗址的详细勘察之上。在讨论聚落结构的变化过程中，提出对"界面"（interface）③ 分析的重要性。一个遗迹内部的不同堆积单位（deposit）兼有提供该遗迹从建造到废弃过程信息和不同环节上人的行为内容信息的作用（如"行为考古学"［Behavioral Archaeology］）④，因此，在发掘中成为清理、记录、采样等作业的基本工作单位。在处理年代久远的埋藏时，还专门发展起了"埋藏学"⑤，以分析遗址形成过程及其形成后各种原因造成的堆积的变化，以免干扰对遗址原貌的复原。至此，传统的以层位分析为主要内容的地层学发生了非常大的变化⑥。

---

① 方辉. 对区域系统调查法的几点认识与思考［J］. 考古. 2002（5）.
② 赵辉，张海，秦岭. 田野考古的"系络图"与记录系统［J］. 江汉考古. 2014（2）.
③ 赵辉，张海，秦岭. 田野考古的"系络图"与记录系统［J］. 江汉考古. 2014（2）.
④ Schiffer, M. B. 2010. *Behavioral Archaeology: Principles and Practice*［M］. 1st ed. London: Routledge.
⑤ 尤玉柱. 史前考古埋藏学概论［M］. 北京：文物出版社. 1989.
⑥ Harris, E. C. *Principles of Archaeological Strategraphy*［M］. 2nd ed. Academic Press. London & San Diego.

聚落本身既是社会结构同时也反映着过去人们的行为内容，但更多、更具体的行为信息分散在各个堆积单位里的各种遗留物上。以堆积单位作为田野作业的基本单位，目的就是保障这种信息的完整和系统。如何最大限度地保证那些分散在各种遗存里的信息在采样过程中不损失，是当今的田野考古工作尤其注意的部分。首先，出于全面复原古代社会的需要，许多原本不在考古学家们关注视野里的资料，正越来越成为重要且常规的分析对象。如记录了堆积成因信息的土壤微结构样品，包含各种环境和人类活动信息的文化堆积土样乃至与文化堆积相关联的自然堆积的土样等，都需要采集。不同种类的样品，需要不同的采样技术。因此，当前的田野取样已经发展成为一个技术构成颇为复杂的集合。其次，当代考古学处理各种历史信息时，早已越过定性分析的阶段，而注重量的比较研究。如此，就需要田野提供的资料具备开展定量分析的前提条件。比如，要通过筛选获得陶片、碎骨等资料时，应当坚持全工地自始至终采用相同规格的筛网；采自各堆积单位用于水洗或浮选的土样，必须统一测量容量、体积；等等。最后，对于那些不能全部提取的资料，如所有堆积中的全部碳化植物遗存、微体动植物遗存等，还要考虑所取样本的代表性问题，进而讨论各种抽样方法的局限性和有效性等，以选择田野工作中最有效的取样办法。从迈出田野调查的第一步和遗址发掘的第一锹土开始，为了保障得来的资料的完整、系统和获取过程的原真，全程、全方位的准确记录必不可少。而随着5G网络等现代信息技术的迅速发展，建立发掘资料的电子数据库和通过互联网共享，也已经成为重要的潮流。

如此，当代考古学的田野工作从理念到技术构成与20世纪60年代之前相比，都发生了明显的变化。为此，一些有影响力的学术机构开始编写和不断完善新的田野考古手册、工作指南等。如英国伦敦博物馆考古部为规范大伦敦地区大小数十家考古机构的田野活动,在20世纪80年代首次发布了田野工作手册①,影响很快扩大到世界很多国家或地区。剑桥大学出版社则陆续出版了有关地层分析、各种取样方法和各种资料分析的系列手册,已经成为西方大学田野考古的教科书②。

中国考古学从物质文化史研究向古代社会复原的总体转变大约发生在20世纪80年代。尽管早在20世纪50年代,中国考古学即已经尝试了全面揭露一个史前聚落③,只是因为聚落考古的方法技术准备不足,这类活动很长时间里未能发展成主流。中国考古学学科整体变化发生的时间较西方考古学略晚,原因在于中国考古学起步较晚,物质文化史资料和研究需要积累一定的时间。不过,一旦学科追求的目标发生变化,考古学的田野工作内容也随之变化了。

20世纪90年代,国内一些大学和学术研究机构在山东日照沿海地区、内蒙古赤峰地区和豫西伊洛河流域开展了全覆盖式区域系统调查④。1989年,在湖北石家河遗址群首次开展了对一个大型遗址系统勘察的工作⑤,此后这个工作思路也应用到汉、唐陵园的调查中。而且,系统钻探已发展成为深入了解一个遗址构造的重要手段。继西安半坡、临潼姜寨的聚落考古尝试之后,新一轮旨在全面揭露一个聚落的田野活动由北京大学在山东长岛北庄新石器时代遗址的发掘⑥开始,此后又有河南邓州八里岗⑦(图1-6)、浙江桐乡普安桥⑧等遗址发掘的继续。湖北荆州鸡公山遗址的发掘,则在国内旧石

---

① Museum of London Archaeology Service. *Archaeological Site Manual*. 3rd ed. 1994.
② Orton, C. *Sampling in Archaeology* [M]. Cambridge University Press. 2000.
③ 西安半坡博物馆. 西安半坡 [M]. 北京:文物出版社.1982.
④ 赤峰中美联合考古研究项目. 内蒙古东部(赤峰)区域考古调查阶段性报告 [M]. 北京:科学出版社.2003;蔡凤书,于海广,栾丰实等. 山东日照市两城地区的考古调查 [J]. 考古.1997(4).
⑤ 赵辉. 石家河遗址群的田野调查方法 [J]. 考古学研究.1997.
⑥ 北京大学考古实习队,烟台地区文管会,长岛县博物馆. 山东长岛北庄遗址发掘简报 [J]. 考古.1987(5).
⑦ 北京大学考古实习队. 河南邓州八里岗遗址发掘简报 [J]. 文物.1998(9);河南邓州八里岗遗址1998年度发掘简报 [J]. 文物.2000(11).
⑧ 北京大学考古系等. 浙江桐乡普安桥遗址发掘简报 [J]. 文物.1998(4).

器时代遗址发掘中首次揭露出了一块一千多平方米的活动面。与此同时，通过"地面"联系一个大面积揭露的范围里各遗迹的空间关系的讨论和实践①也在逐步深入，进而在山东临淄桐林 2005 年度的发掘中，正式提出了文化堆积分期不同于文化面貌分期的概念。随着环境考古、动植物考古等领域研究的逐步开展，田野考古现场的记录与采样经过培训，正逐渐成为常规科目。在浙江余姚田螺山遗址的发掘中，则系统探讨了各种取样技术的综合运用方法问题②。

图 1-6　河南邓州八里岗遗址仰韶文化聚落

进入 21 世纪，作为国家文物主管部门的国家文物局注意到中国的田野考古普遍存在科技含量不高、单位提取信息量太少的现象，在其主导下，我们接到任务于 2005 年立项负责起草修订 1984 年颁布试行的《田野考古工作规程》。在新规程的修订过程中，我们仔细分析了 20 世纪 60 年代以来考古学科的动态，认定运用聚落考古复原古代社会的研究将是学科的主要趋势。因此，我们在认真总结国内聚落考古的经验教训和广泛参考国外经验后，完成了新规程

---

① 赵辉. 遗址中的"地面"及其清理 [J]. 文物季刊. 1998（2）.
② 北京大学中国考古学研究中心，浙江省文物考古研究所. 田螺山遗址自然遗存综合研究 [M]. 北京：文物出版社. 2011.

的修订①。如此标志着中国考古学对新阶段田野考古方法体系开始有了较为系统的思考。

第四节　本教材的编写

如上所述，修订《田野考古工作规程》首先应当对田野考古工作的体系本身有一个比较明确的认识，包括：田野考古在考古学研究体系中的地位、作用；作为一个技术体系，它和考古学研究目的的关系及如何随着后者发生变化而变化；它的技术构成的内容和组织这些技术在一起的道理；等等。然而，当我们翻阅国内外相关文献时，却发现有关将田野考古作为一个技术体系，而从方法论的角度进行总体论述者并不多。西方要么是在考古学导论一类的教科书中辟出章节，概括介绍田野考古工作，如伦福儒的《考古学——理论、方法与实践》②，要么是对某一专门问题的讨论，如哈里斯有关地层学方面的深入研究③等。国内近些年陆续出版了一些田野考古学概论的教科书，但大多是按照考古学田野工作流程顺序编写的。即便是较新的版本，也多是补充一些有关新技术的内容。诚然，田野工作的流程是任何教材都无法回避的，但仅仅依此编写出来的，就更像田野工作的操作手册，而非在课堂上的方法论研讨。

因此，在开始着手修订《田野考古工作规程》之前，我们不得不就田野考古进行了整体性思考。所得认识，概括在本章前几节中了。随着新规程编制起草逐步完成，我们也越来越觉悟到，规程只是就如何在田野考古作业中落实这个设计出来的田野工作方法的说明。而有关其中原理的阐释，也即属于田野考古方法论范畴的内容，

---

①　赵辉，秦岭，张海等. 新形势新需求新规程：新修订《田野考古工作规程》的相关说明 [J]. 南方文物. 2009 (3).

②　科林·伦福儒，保罗·巴恩著，陈淳译. 考古学：理论方法与实践 [M]. 上海：上海古籍出版社. 2015.

③　Harris, E. C. *Principles of Archaeological Stratigraphy* [M]. 2nd ed. Academic Press. London & San Diego.

不仅要另寻发表的场合，甚至其中的相当部分，还是需要进一步探讨的。而这些内容，正适合放在大学考古专业学生的课堂上讲授、讨论。于是，就有了编写这本教材的想法。

基于以上考虑，本教材的编写尤其突出强调田野考古工作的原理也即方法论方面的内容，这些内容需要按照田野工作流程逐一展开，因此正文中也就兼有了对田野考古工作一般流程的概述，这些内容应当是学生在课堂上掌握的。本教材也涉及了一部分田野考古技术，尤其是对正在涌现的新技术方面的内容进行了简要的介绍，但不将其作为教材的重点内容。这一则是因为在大学课程安排上，一些主要的田野技术如考古测量、考古绘图、考古摄影等，往往有专门的课程讲授，且有专门的教材。如果将这部分内容大量移植进本教材，则会冲淡作为方法论的田野考古学的编写本意。其二，当今世界上，科技发展非常迅速，也对田野考古工作的进步发挥着重大作用。但是，田野考古对新技术的需求是由它的目的决定的，并非要将所有新技术一网打尽。例如，在发掘现场的测量，可以用罗盘加皮尺，也可以用光学测绘仪器。十多年前，各考古队开始陆续装备电子全站仪，而最近 RTK、小型无人机又逐步成为考古队的"标配"。但是如果只是利用这些现代化仪器测绘平面而不记录三维坐标的话，那么，所得结果就和皮尺测量的图纸只有精度差别，而无本质不同。引进电子全站仪的道理在于可利用它很方便快捷地在工地建立起统一的三维测绘系统，如此得到的工地不同位置上的三维坐标数据才有比较意义。因此，与其说在教材中介绍一些新技术，不如让学生明白考古学需要什么和为什么需要的道理，这才是一本教材的作用。

从工作流程上看，一项完整的田野考古工作包括从寻找发现遗址开始，然后对其进行发掘，直到刊布发掘资料这样几个阶段。因此，本教材的编排也按照田野考古调查、发掘、采样、记录和整理这五大环节展开。有关理论部分编排其中，主要工作内容按照作业流程讲述，以更加契合教材编写的要求。

第二章有关田野考古调查方面，强调区域系统调查的重要性，详述区域系统调查的基本理论和操作方法。在理论方面，引入景观考古、环境考古的新理念和新方法，增加了相关的操作方法的介绍。本章还将考古勘探纳入田野考古调查方法中，论述遗址勘察的重要性。

第三章在田野考古发掘方面，着重介绍依据考古地层学和埋藏学原理的田野发掘方法，介绍堆积、界面、活动面、关键面、遗迹不同层级的地层单位的性质和清理、记录、采样的基本方法，以及探方发掘的作业流程。

第四章在样品采集方面，主要围绕如何提高采样的有效性介绍样品采集的大小、数量和采样方式，既考虑到针对不同类型样品的采样方法，又突出以不同研究目的为目标的采集方案的设计和实施方法。

第五章在记录系统方面，从田野考古的记录对象、记录内容和记录方式上介绍作为一个整体的记录系统的主要内涵和运作方式，突出记录的原真性、全面性和互补性的结合。强调中国"遗迹记录法"的特点和记录流程，并详细介绍基于现代信息技术的数字化记录手段对于提升田野考古发掘质量和工作效率的重要性。

第六章在资料整理方面，分一般整理和深度整理两个层次介绍田野考古资料整理的具体内容，既强调资料整理的全面性，淡化过度强调分期排队造成的资料整理的片面性，又体现了以分类和类型学研究为基础的田野考古整理的特色。

第七章资料刊布与考古报告编写部分，重点介绍考古报告编写的一般体例。

总之，本教材力图在田野考古的方法论和作业流程方面进行平衡，希望能给初学田野考古的学生以基本的理论和方法的指导，让学生既能了解如何开展田野考古，又能在考古学的整体学科体系之下理解田野考古以及如何正确地利用田野考古的基础资料开展考古学研究。由于水平有限，偏颇甚至错误之处还请读者不吝指出。

第二章
考古调查

第一节 概 述

常常有人会问,考古学家是怎么知道哪里有古代遗址的呢?实际上古代遗址通常是由考古调查来发现和确认的,考古调查可以看作是田野考古工作的第一步。随着现代科技的发展,考古调查的手段不断革新,而新技术、新方法的应用也不断催生调查理念的转变,考古调查工作的内容也在发生变化。考古调查已经成为考古学家开展聚落形态研究的一项重要手段。

一、田野考古调查的目的和作用

开展田野考古调查的目的是寻找和发现古代遗址,进而运用一些对文化堆积无损或微损的技术详细勘察、了解遗址。

通过调查发现和确认遗址,是获取考古学研究资料的起点,也是考古学所有研究的起点。从这个意义上来说,田野考古调查也是将来发掘这个遗址的前期准备工作。但是,仅仅把调查看成是发掘的准备,则对其在考古研究中的作用的认识就未免不够充分了。和考古发掘相比,考古调查有工作周期短,覆盖面大的优点。全部发掘一个遗址可能需要数年乃至数十年的时间,通过调查,则可以在比较短的时间内对一定区域内遗址的数量、分布特点、与环境的关系等有宏观的了解。通过对一处遗址尤其是面积几十万乃至数百万平方米的大型遗址的详细勘察，也有可能大致了解该遗址的年代、规模、主要遗迹种类和它们大致的布局情况等。若仅凭每年面积有限的考古发掘，是很难在短时间内得到这些认识的。因此，在尤其重视考古资料的空间结构问题的当代考古学中，田野调查越来越受到重视。

当然，和发掘所得的资料相比，调查资料在准确性、完整性上皆存在明显差距。所以，田野调查和发掘是互为补充的研究手段。

二、两种不同的考古调查

文物考古机构从事的田野考古调查，大而言之有两种：一种是所谓的"普查"，一种可以称为学术调查。

1. "普查"

"普查"的本意当为"普遍调查"，通常由各级政府的文物管理部门组织实施，目的是摸清一个行政区划内的文物资源，为古遗址、古建筑等建立文物档案，为今后对其开展保护、管理、利用等提供依据。出于这个目的，文物管理部门会为"普查"制定一些标准，如要求将行政区划内所有地下遗址和地上现存的古代建筑的数量、具体位置、规模、保存状况，以及它们的年代、性质等调查清楚。

1949年以来，仅全国范围的文物普查就开展过三次。一次在20世纪50年代，另一次在80年代，主要成果被编写成《中国文物地图集》，第三次全国文物普查刚结束不久，形成了较为完备的文物档案数据库，调查资料的汇总整理工作还在进行中。至于省、市、县各级政府组织的普查，就更为经常。

2. 学术调查

学术调查指出于某种特定学术课题需要，对特定范围或性质的遗存的调查，也可称为专题调查。

这类调查在调查内容、方法、技术等方面和"普查"有许多相同的地方。但由于特定的学术目的需求，也有许多不同。例如，学术调查的范围往往不受行政区划的限制，常以一条河流的流域、一座盆地之类的自然地理单元划定调查区域。作为调查对象的遗址在年代、功能性质等方面有较明确的界定，而不是将不同历史时段的各类遗址一网打尽。为了获得与研究目的相关的特殊种类、数量、质量的实物样品资料，还往往需要在调查技术方法上做些特殊设计。总之，学术调查的主动性更高，目的更鲜明，更讲究技术方法。

本章以下的内容将主要围绕学术调查展开。

三、当代考古学田野调查指导思想的变化

在考古学发展的不同阶段上，由于学科关心的主要问题不同，对调查提出的要求不同，甚至对调查的重视程度也不相同。

在物质文化史研究阶段，人们最为关心的是一个地区古代文化的年代和面貌的问题。这个目的对资料的精度要求不高，例如对一定区域内，需要了解有无某个时期的遗址，却不一定需要知道这一时期的遗址的确切数量；在一处遗址上需要采集一些足以反映时代、面貌的标本，却不一定要知道这个遗址的布局结构等问题。因此，物质文化史研究阶段的田野调查技术相对简单，基本上是考古学家根据一些线索的实地考察，在遗址上收集一些所谓能够代表文化特征的陶片之类，只要能够借此说明遗址的年代、特征，就达到了目的。翻检这个阶段的调查报告，基本都遵从大致相同的编写模式：将调查的遗址标注在甚至是没有地貌内容的简单地图上，把若干遗址上采集来的遗物分期、分组，并把这个认识作为本次调查工作的主要收获。至于每个遗址的方位坐标、规模四至、环境特征、不同阶段的堆积情况等具体情况，在这一时期的报告中不是阙如，就是十分简略，因为这些内容之于当时学科关心的主要问题无关宏旨。

当重建古代社会的重要性逐渐凸显出来之后，聚落考古成为这个阶段田野考古活动的主题，田野调查也被寄予了相应的期望。如此，田野调查在工作内容和技术方法上逐渐出现了一些变化。

首先是区域系统调查方法的引进和普及。为了讨论大空间尺度

上古代族群或社会的情况，考古学参考了人文地理学有关聚落分布规律的研究成果，将其奉为开展一个区域宏观研究的圭臬，希冀通过调查获得古代聚落空间分布的信息，以便在此基础上进一步探讨社会组织和这个社会与环境、资源、交通、军事等方面的关系等问题。20世纪40年代，美国学者维利（G. Willey）在秘鲁维鲁河谷进行了区域系统调查，成功复原了河谷内不同时期古代聚落数量和人口的变迁，以及这种变化背后的来自环境方面的原因等内容，这项工作被视为标志聚落考古调查开端的经典之作①（图2-1）。80年代以来，聚落考古调查的工作方法逐渐引进中国考古学界。1987年，北京大学等单位对甘肃葫芦河流域进行调查。这项调查工作仔细记录了古代遗址的数量及其不同时代之间的变化、遗址文化堆积丰度情况及其不同时期呈现出来的变化、遗址的海拔和所处地貌单元的位置及其随时代的变化等信息，与此同时也获得了在这些遗址存在的整个历史时期的环境变迁过程信息。综合这些情况，调

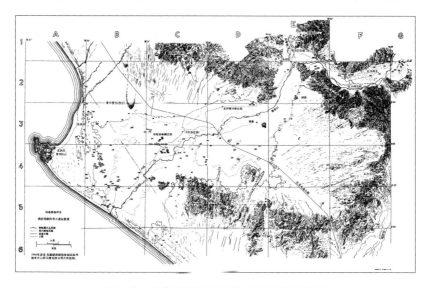

图 2-1　秘鲁河谷地区的考古区域系统调查

---

① ［美］戈登·威利著，谢银铃、曹小燕、黄家豪等译，陈淳校. 聚落与历史重建——秘鲁维鲁河谷的史前聚落形态［M］. 上海古籍出版社. 2018.

查报告令人信服地总结出该流域内人类活动的繁荣程度及其与环境变化的关系，等等①。葫芦河流域的调查可以看作是国内最早以聚落和环境考古理念为指导的区域考古调查的代表。此后，"全覆盖式"的区域调查逐渐引进中国，重要者如中美学术机构共同开展的山东日照沿海地区调查②、内蒙古东南部赤峰地区的调查③、中澳美学者进行的河南伊洛河流域调查④、国家博物馆等单位开展的山西运城盆地的调查⑤等（图2-2）。2007年，国家文物局组织开展的第三次全国文物普查，虽然目的是清查文物资源和保存状况，但也大范围采用了全覆盖式的工作方法。这些区域调查工作不仅仅是力求毫无遗漏地了解一个地区内古代遗址的数量、年代，同时也尽可能收集遗址规模、埋藏状况、分布特点、类型差别以及生态环境等各种相关信息。为此，在工作方法如调查路线、采样方法、记录等方面都有周密和标准统一的设计要求，呈现出前所未有的系统化特点。

图2-2 我国早年开展的各地区域系统调查出版的报告

---

① 李非，李水城，水涛. 葫芦河流域的古文化与古环境 [J]. 考古. 1993（9）.
② 方辉，文德安，加里·费曼等. 鲁东南沿海地区系统考古调查报告 [M]. 北京：文物出版社. 2012.
③ 赤峰中美联合考古研究项目. 内蒙古东部（赤峰）区域考古调查阶段性报告 [M]. 北京：科学出版社. 2003.
④ 中国社会科学院考古研究所，中澳美伊洛河流域联合考古队. 洛阳盆地中东部先秦时期遗址：1997—2007年区域系统调查报告 [M]. 北京：科学出版社. 2019.
⑤ 中国国家博物馆田野考古研究中心，山西省考古研究所，运城市文物保护研究所. 运城盆地东部聚落考古调查与研究 [M]. 北京：文物出版社. 2011.

其次，在实践中，中国的田野考古工作者们针对一处遗址尤其是大型遗址，摸索出一套详细勘察的技术方法，成为了解这类遗址的聚落结构问题的快速途径。我国新石器晚期以来的各历史时段，都有一些大型乃至特大型聚落，如安阳殷墟、周原、沣西、战国城市、秦汉都城陵园等。这些特大型聚落的考古已经持续进行了几十年，但因为规模太大，结构布局等很难一下子搞清楚。然而，尽快掌握这些情况，对学术研究和遗址保护又都意义重大。20 世纪 80 年代末，北京大学考古系新石器时代考古组与湖北省文物考古研究所和荆州市博物馆联合开始在湖北天门石家河遗址群开展田野考古。这一过程中，我们逐渐感觉到了解这个十几平方公里的大型聚落群的结构，对于规划遗址上今后的田野考古计划、评估该聚落群在江汉平原乃至整个长江中游地区新石器时代晚期以来的地位等，都是十分迫切的。为此，考古队在遗址群上开展了前后总计约 4 个月的详细勘察，对遗址群内每个角落和每段暴露的断面都做了观察、记录和标本采集。与调查同步，调查队还对整个遗址群测绘了 1∶2000 的大比例尺地形图，在一些特殊地点，还进行了钻探、大面积的断面清理观察和采样。将所有这些情况以及已经有的局部发掘情况整合在遗址的大比例尺地形图上综合分析，结果发现这是一处围绕着一座边长 1100—1200 米的巨大城垣铺展开来的大型聚落群，城内存在不同的功能区划。调查还对由城壕和城墙组成的城垣工程规模、建造技术、城外聚落散布状态等，也有了比较全面的了解[1]（图 2-3）。根据在石家河聚落得到的经验和认识，再审视江汉平原以及洞庭湖西北澧阳平原地区的新石器时代晚期聚落，很快辨认出近 20 座同期的城址，规模有大有小，但皆不及石家河古城。这个发现，极大地推动了长江中游地区新石器时代晚期的考古研究。

除了史前大型遗址的勘察之外，同样的方法也被不同的考古队

---

[1] 赵辉. 石家河遗址群的田野调查方法[J]. 考古学研究. 1997.

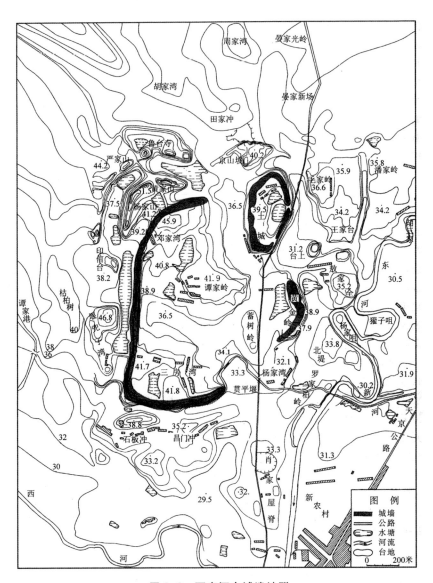

图 2-3　石家河古城遗址群

运用到了偃师二里头、宝鸡周原、雍城秦陵、西汉帝陵和唐陵等大型聚落遗址功能结构的探寻上。以西汉阳陵的工作为例,阳陵的巨大封土矗立地表之上,经过钻探发掘,封土四周排列着 80 余座陪葬坑,又在附近发现了围墙、阙楼,兆域之内则有享殿之类的建筑,整个陵园布局呈现出来；进而发现阳陵邑旧址，并大规模钻探了解到阳陵邑内路网、建筑分布等基本格局①。调查钻探所得，是今天了解西汉帝陵规划建造和看护制度的基本史料。西汉其他帝陵陵园以及包括武则天乾陵在内的唐代帝陵陵园的勘察，也正按同样的方式进行着。

正是因为详细勘察在提供大型聚落空间结构方面所具有的快捷和覆盖全面的潜力，2009年《田野考古工作规程》将其在田野考古调查中单列为一节，这意味着将遗址勘察作为了考古调查工作中一个重要且相对独立的工作部分。

最后，随着考古调查在当代考古学研究中的作用日益重要，调查方法的讨论和现代技术的运用也得到重视。关于调查方法，前述遗址勘察的探索实践和经验总结即为一例。在进行全覆盖式的区域调查时，国外根据地表暴露的遗物密度判断遗址状态的方法是否同样适用或在多大程度上适用于中国高度开发的农业区的讨论，也一直在进行着②。一些更加便捷、灵活的区域系统调查技术和记录手段，如遥感、WEB-GIS等也开始应用尝试③。景观考古学的新理念、地质考古学的新方法也受到关注，诸多田野考古调查项目已经成为新技术、新方法、新理念率先应用于田野考古的重要试验场。

第二节 发现和确认遗址

发现和确认遗址是考古调查的首要目标。但是由于遗址存在状态的差异，寻找它们会有不少困难，若能通过已知的古代遗址的分布特点，总结出一些规律性的认识，并在此基础上设计正确的考古调查方法，对寻找发现新的古代遗址是很有帮助的。

---

① 马永赢，王保平. 走近汉阳陵 [M]. 北京：文物出版社. 2001.
② 方辉. 对区域系统调查法的几点认识与思考 [J]. 考古. 2002 (5)：56—64；朔知. 中国的区域系统调查方法辨析 [J]. 中原文物. 2010 (4)：29—40，51.
③ 张海，方燕明，席玮等. 以WEB和3S技术为支持的南水北调禹州段考古区域系统调查 [J]. 华夏考古. 2012 (4)：138—145.

一、遗址类型的划分

遗址是古代人类活动的集中之地，人类定居生活的居住地更是人类活动的热点地区（hot spot）。由于人类生活的多样性，古代遗址的种类很多，不同历史时段有不同种类的遗址，不同自然生态环境内遗址形态也各有特点，它们在规模、功能上也存在各种各样的差别，可以对其进行多种分类。但在考古调查时，调查者首先看到的不是它们的年代、功能等，而是它们的存在形态。严文明先生曾将其归纳概括为洞穴、旷野、贝丘、沙堤四种[1]（图2-4）：

广西桂林甑皮岩洞穴遗址

河南新安麻峪旷野遗址

广东东莞蚝岗贝丘遗址

广东深圳咸头岭堤遗址

图2-4 主要遗址类型

洞穴遗址，多见于旧石器时代和新石器时代早期，一般分布于山地边缘的浅山丘陵地带，这些地区的环境具有最大多样性特点，是处在简单社会的狩猎采集人群喜欢选择的地点。不过，以后各历

---

[1] 严文明. 走向21世纪的考古学［M］. 西安：三秦出版社. 1997.

史时段，洞穴也经常被人们利用。至于隋唐以来的石窟寺，也可以算是一种特殊的人工洞穴遗址。

旷野遗址，也称为平地遗址，泛指处在开阔地带的遗址，规模大者可能是一座城市，小者也许只是一座独立家屋，是数量最多、最常见的一大类。

贝丘遗址，主要分布在湖海江河附近，是人们大量采食贝类，遗留大量贝壳堆积的遗址。贝丘遗址广泛分布在环太平洋沿岸地带，我国东南沿海十分常见，其贝类以咸水或咸淡水交汇带的种类为主，岭南乃至云南地区大的江湖附近还有许多淡水贝丘。

沙堤遗址，分布范围更小，仅限海岸和岛屿（或古岛屿）的海湾沙堤上，也是渔猎经济的产物。和贝丘不同的是，这类遗址上通常不见大范围的贝壳堆积。

以上划分的主要依据是遗址的功能性质和所赋存的不同环境类型，如果从遗址的形成过程及其埋藏特征来看，还可以进一步细分为地表遗址、埋藏和半埋藏遗址、水下遗址。

地表遗址，指的是完全出露地表以上的遗址。除了石窟、摩崖、地上建筑之外，一些受风蚀严重地区的遗址也常常会完全出露于地表之上。如新疆沙漠地区的一些城址、烽燧，由于风蚀作用，基础部分已高耸出现代地表以上，形成独特的沙漠遗址景观。此类暴露在地表上的遗址常常可以通过特定时刻遥感影像中的阴影标识而识别出来。

埋藏和半埋藏遗址，指的是由于土壤侵蚀作用和人类活动而埋藏或部分埋藏在地下的遗址。我国广大农业生产区内此类遗址所占比例极大，是考古工作所面临的最主要的遗址。埋藏或半埋藏类遗址由于所埋藏环境的差异，其中所能保存的遗迹遗物的种类和完整程度也有很大差异。比如，在极干燥的干旱地区常常能完整保存已脱水的有机质遗存，在厌氧的饱水环境下同样可以很好地保存有机质，北方半干旱半湿润环境下一般只能保存碳化的植物遗存和石化或半石化的动物骨骼，南方酸性红土广泛分布的地区，骨骼类遗存则基本见不到。由于上述这些差异性，针对埋藏和半埋藏遗址的遥感和地球物理探测法因地而异，很多情况受到干扰较多而效果不佳。针对此类遗址，一般需要通过现场的地表踏查来确认。

水下遗址主要是由于后期水面上升而被淹没在水下的遗址。此类遗址的工作需要水下考古的特殊装备和特殊手段来实现。

需要注意的是，在考古调查过程中我们还需要准确区分出"遗址"与"地点"的差别。所谓遗址是古代人类活动的原生地点，因此遗址上的文化堆积均为原生堆积，未经过后期的搬运。但是在我国广大的农耕地区，很多遗址都遭到了破坏，相当部分的破坏程度还很大，部分原来文化堆积中的遗物因取土积肥再施肥回农田，远离了原处的埋藏地点。所以，仅凭地表遗物散布状况做出判断，可能不尽可靠。还应以找到暴露出来的原生文化堆积为准。发现了原生文化堆积，可断定下面存在遗址，只有遗物而没有堆积，只能以"地点"论。为了得到明确结论，有时需要调查人员动手清理一段剖面，或者钻孔探查，进一步确认是原生堆积还是经某种原因形成的"二次堆积"。云贵山区常在陡峭的大山坡脚处发现一些自山顶或山腰处的遗址上塌落下来的包含文化遗物的堆积。但这种堆积已经完全脱离原来的位置，原来的层次结构也遭到彻底破坏，因此也只能视为"地点"。同样的道理，水下发现的沉船遗迹也只能算作"地点"。

在"地点"上采集的遗物因为已经失去了在原生地层中与其他遗物的共存关系，其研究价值自然不能和遗址发掘中得到的相比。但它们仍然透露出这个地点或附近，过去曾经有过人们的活动，有过遗址。前述云贵山地的情况是这样，北方沙地、戈壁上的遗址，由于常年风沙侵蚀，发现时文化堆积中轻的土壤物质已经流失，唯较重的文化遗物留在了原地，因此也只能计入"地点"，但同样告诉我们这里原本曾经是个遗址这一重要信息。

因此，从埋藏过程来认识遗址与地点的区别以及对遗址进行分类对于考古调查来说是十分必要的，这本身也是考古调查过程中需要搞清楚的首要问题。环境考古学家 K. Butzer 曾据此将考古遗址进行了分类，并指出不同埋藏环境的遗址中不同类型遗物的保存状况存在显著的差异[①]（图2-5）。在田野考古工作开始之前，只有对遗址的这些属性做到全面、准确的认识，才能帮助我们制订有效的田野调查、发掘、采样的工作方案。

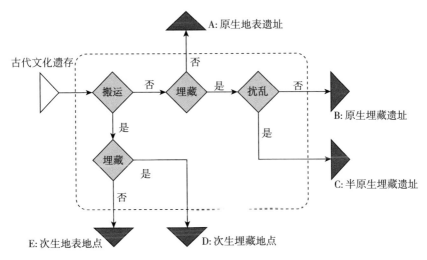

图 2-5a 遗址的埋藏类型

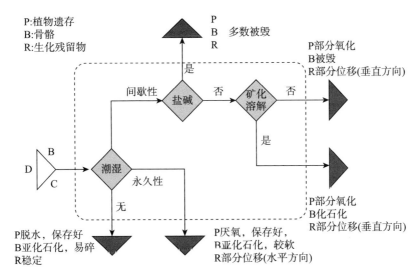

图 2-5b 不同埋藏类型遗址的遗物保存状况

---

① Butzer, K. 1982. *Archaeology as Human Ecology* [M]. Cambridge University Press.

二、遗址的空间分布

以上各类遗址的形成，说到底，都和遗址所处的环境、古代人们的生活生产内容以及他们的技术能力有关。因此，遗址的空间分布具有一定的规律性，往往倾向于特定的地形地貌和资源位置。

从事狩猎采集经济的人们追逐食物资源，居无定所，遗址规模通常不大，堆积也贫乏。当时人们技术能力有限，常选择山洞、岩厦栖居。又由于生计的需要，人们多在环境多样性的地区活动。当然，古代的地貌环境很可能发生了相当大的变化，寻找早期人类遗址，应具备一些第四纪地质地貌学方面的专业知识，或者调查队中有这方面的专业人员。

随着农业的产生，人们开始了定居生活，形成了长期使用且具一定规模的聚落。为了方便开展农业活动，人们对居住环境的选择也发生变化，逐渐从生态多样性的地区转移向比较平坦、有较大面积的可垦殖的土地。例如，湘西山前地带曾经发现了若干新石器早期遗址，而到了新石器时代中期，人类的主要活动区域已经深入到澧阳平原乃至今天的洞庭湖区了[①]。类似的情况，也发生在秦岭北麓、浙南山地至河谷地带。定居生活还有一些条件需要兼顾，如最好要靠近水源，同时又可避免水患。因此，河流阶地、黄土台塬等是很好的选择。此外，居住地点附近若有可供制作石器等的矿产则更好。即便是以农业为主，人们也还是要从事一定程度的渔猎采集活动的，所以聚落也不应距离从事这些活动的林地湖沼太远。如果在北方，选择居住地点时，还需要考虑向阳背风等问题。

考虑到古代，特别是史前时代人们的生产力水平低下，对环境的适应能力也小得多，加之人口密度小，所以他们对居住地点的选择余地较现代大得多，选择的标准也高得多。这就给我们一个启示，

---

① 郭伟民. 新石器时代澧阳平原与汉东地区的文化和社会［M］. 北京：文物出版社. 2010.

即过去人们的活动范围一般不会比现代人大，历史上及现代较富庶的"鱼米之乡"，都可能是史前人们集中活动的地区，而在这些地区内方便生活、交通的地点，便有可能存在过去的遗址，一些历史上曾经沧海桑田变化过的地区另当别论。事实上，我们今天发现的遗址之绝大多数不是被压在现代村落之下，便是在其附近，其原因就是古人选择居住地点同现代人有大致相同的原则，唯其标准更高一些罢了。

尽管人们选择居住地点的原则相同，但在不同时期，同一地区的生态环境可能发生变化，人们的主要经济活动内容和方式也可能因为环境的变化、生产技术的提高等原因而发生变化，所以不同时期的遗址分布情况也就未必一致。这也是我们在调查中必须考虑到的因素。例如，以采集狩猎为主的旧石器时代多洞穴遗址，农业经济的初始阶段，人们的居住地点便逐渐向山前地带转移，而当人们掌握了打井技术之后，水源的有无就不再成为制约人们选择居住地点的重要标准了。又如因自然条件不同，河谷地区的史前遗址一般坐落在比较开阔的阶地上，既靠近水源，又有可供从事农业生产的可耕作土地资源；黄淮下游至苏北平原的遗址因为为避免经常发生水患，一般建在高于地表数米至十数米的土台上，当地人称之为"崮堆"；至于江南一带，地势低平，河网密布，遗址多见于被称之为"山""岗""岭"的低矮丘陵上；在沿海潮间带和大湖之畔，则往往发现贝丘或沙岗遗址。

综上可见，遗址的空间分布与其所赋存的环境之间存在密切的关系，这也是不同时期"人地关系"的重要表现。近年来，在区域考古研究中流行"景观考古"（landscape archaeology）的思想，主要就是讨论人与环境之间的互动关系，并以此为指导开展区域考古调查和研究。景观考古的基本思路是强调将一个连续和完整的区域作为考古学观察和研究人地关系的基本单元，涉及的内容包括地形地貌、生态系统、矿产资源、土地利用、文化传统等，通过在空间上将这些人文和自然的因素进行综合分析，讨论人类活动与环境变化之间的动态关系。

在实践操作中，景观考古首先特别强调考古遗址所处的当代地理环境是一个自然和人文历史过程的叠加，即所谓的景观"复写"（palimpsest）[1]。因此，区域调查和研究必须首先搭建起地貌演变和土地利用的时空框架以及考古遗址在其中所处的地貌单元，并以此为基础定义遗址与环境的"共时性"。比如，伦福儒等人在意大利河谷的调查中指出，河谷地区的土壤"侵蚀/堆积"作用对遗址的发现具有重要的影响：位于河谷上部的很多遗址由于土壤侵蚀而遭破坏殆尽，相反处于谷底的遗址则由于堆积作用而被掩埋，除非有打井等活动的偶然发现，地表踏查难以有效发现埋藏的遗址。再比如，河南禹州瓦店遗址的地貌研究表明，全新世早中期的颍河侵蚀基准面远高于现在，仰韶、龙山文化时期的河流水面高度已经达到遗址所在阶地的前缘，而非现在遗址处于高出河面数米的二级阶地的情况[2]。其次，景观考古强调对调查和研究区域的连续观察和完整记录，而不是仅仅关注聚落所在的单个遗址点。因此，景观考古学研究中特别强调对"遗址外"（off-site）[3]的研究，强调对连续空间中的可耕作土地和矿产资源等的分布状况的调查统计，推崇"遗址资源域"（site catchment analysis）[4]的研究方法，并在空间距离的度量中使用"成本距离"替代"直线距离"。因此，以景观考古为指导的区域系统调查特别突出了"没有发现遗址，也是重要发现"的基

---

[1] Bailey, G. 2007. Time perspectives, palimpsests and the archaeology of time [J]. *Journal of Anthropological Archaeology*, 26, 198-223.

[2] 王辉，张海，张家富等．河南省禹州瓦店遗址的河流地貌演化及相关问题．南方文物，2015（4）：81-87.

[3] Foley, R. 1981. Off-site archaeology: an alternative approach for the short-sited [J]. In Hodder, I. Isaac, C. and Hammond, N. (eds). *Pattern of the Past: Studies in Honour of David Clarke*, 157-183. Cambridge: Cambridge University Press.

[4] Vita-Finzi, C. and Higgs, E. 1970. Prehistoric economy in the Mount Carmel area of Palestine: site catchment analysis [J]. *Proceedings of the Prehistoric Society* 36：1-37；Roper, D. C. 1979. The method and theory of site catchment analysis: a review [J]. *Advances in Archaeological Method and Theory* 2：119-140.

本观点，全覆盖的拉网式调查成为其核心的工作方法。最后，景观考古强调研究方法的综合性，因此遥感、GIS空间分析、地质考古、环境考古、动植物考古等多种研究方法的综合应用，和调查中多种样品的采集、分析成为调查和区域研究的"新常态"。

总之，调查前对拟调查遗址和拟调查区域、环境的全面、深入的认识以及正确的理论、方法的指导是有效开展调查和研究工作的重要基础。

第三节　调查的准备工作

开展考古调查工作之前必须做好准备工作，包括制订调查计划和工作方案、组建调查队伍、准备调查物资等。

一、制订调查计划

开展一项田野考古调查，势必有其原因或目的。一般而言，开展考古调查的课题思想产生于计划调查地区和相邻地区已有的学术积累基础之上。例如，中国社会科学院考古研究所与澳大利亚拉楚布大学合作对豫西伊洛河流域的区域系统调查，就是在当地多年工作的基础上进一步通过新石器时代晚期以来宏观聚落结构的变化来寻找以二里头都邑为代表的早期国家形成的线索[①]。国家博物馆对晋南垣曲盆地和运城盆地的调查，以及山东、内蒙古等地组织的调查，其课题思想的提出，也都有十分相似的过程。

围绕调查目的，需要制定调查工作计划，应包括以下要点。

1. 划定调查区域

当代考古学开展田野考古调查，一般会选择一条河流的流域、一座盆地之类的一个完整的地理单元。因为较现代而言，古代人类

---

① 中国社会科学院考古研究所，中澳美伊洛河流域联合考古队. 洛阳盆地中东部先秦时期遗址：1997—2007年区域系统调查报告 [M]. 北京：科学出版社. 2019.

的活动受环境制约的程度更大，一个环境生态系统之内的遗址也许就是一个自成体系的社会。当然，环境生态系统有大有小，是分级的，选择哪个级别的生态环境的地理单元，要视课题需求决定。国家文物局立项的"考古中国"课题之一"河套地区的聚落与社会"拟在"北方地区"开展区域调查，是以幅员广大的黄土高原北半部为对象的。虽然都是黄土高原，但北半部的降水、积温、地貌、植被等皆与以渭河流域为核心的关中地区和汾河下游晋南地区有明显不同，古代文化的进程也自成系统，因此调查区域的大小、范围也有差异，调查的重点也从河谷转移到塬、梁、峁上。

当然，有些时候因为课题需要，调查区域的划定也会突破地理限制。例如长城沿线、丝绸之路、大运河的调查等属于线性文化遗产的调查，另如古代冶金遗址、古代铜矿、玉矿资源的调查等又需要围绕着特殊矿产资源的分布状况设计调查的区域。

2. 明确调查对象和调查内容

调查对象指什么时段或什么类型的遗址，调查对象是因调查目的而决定的。

调查需要收集什么样的信息资料，显然也是由调查目的决定的。不同的课题目的，对资料信息的种类、数量、系统程度有不同的要求。例如旨在了解一个区域内石器制造和流通问题，不仅需要在遗址上采集具有年代特征的遗物，以首先判断聚落之间的年代关系，进而还要尤其细致地收集石器原料、坯料、半成品、残次品以及成品、废品等不同制作流程的产品。此外，还需要扩大调查视野，了解遗址附近有无石材矿产资源，等等。

3. 设计调查的技术、方法

在大多数田野考古教材中，田野考古调查的方法很像是已经被规定好了的固定工作程序。但由于每项调查工作的目的未必相同，调查区域的环境、遗址埋藏状况等都自有特点。因此，开展工作之前，还应当在技术方法上做些研究设计。譬如北方旱地和南方水田两种地区，其调查技术方法也会有相当大的差别。北京大学与美国哈佛大学合作实施的成都平原古代遗址调查，因为系河流泛滥加积埋藏环境，地表极少暴露遗物，更遑论文化堆积了，因此，调查队不得不采用线状或网格状的钻探，以查明地下埋藏遗址的分布[①]。再如，上述旨在了解一个地区古代手工业制品生产流通情况的调查，就需要制定针对特定标本的采样方法，如全部采集或抽样采集等等。因此，以下将要介绍的区域系统调查等工作方法，更像是一种工作理念，在不同场合，这个理念很可能是通过不同的技术途径来实现的。明白这个道理，才能针对具体情况，发挥调查者的能动性，设计制定最为有效的技术组合。

二、选择调查的最佳时机

开展野外调查，有一个最佳工作季节的问题。对于调查者步行寻找地下遗迹的地表踏查而言，最佳工作季节是一年四季中地表植被稀疏、最利于观察的时间段。比如，北方地区夏季种植玉米的地区就不适合于开展地表踏查，相反冬小麦刚刚播种的秋冬季节则视野开阔，是适合调查的最佳时间。当然，若是古代建筑、石窟寺的调查，不受植被疏密的影响，天气就成为首先要考虑的因素。遥感考古调查，因其不同的工作原理，对不同类型飞行器的飞行时段、天气条件的要求更高。比如，利用航空遥感的阴影标识方法寻找高耸地表之上的古遗迹，即适合在清晨或傍晚的太阳入射角较低，地物阴影明显的时间段开展。激光雷达、高光谱等遥感手段基本不受这方面的影响，但干旱季节和雨季，土壤含水率不同，对于探测的影响就很大。这些都需要根据当时当地的具体情况和不同调查手段来确定。

---

① 傅罗文，江章华，关玉琳等. 成都平原区域考古调查（2005—2007）[J]. 南方民族考古. 2010：255—278.

三、组建调查队伍

调查工作是一项科学研究工作，调查队伍也是一个研究团体，需要有人主持全面的学术活动，即通常所说的调查队长。调查队成员除了考古工作者以外，应视课题的需要聘请地质、地貌、环境、生态等方面的专家，以及测绘、采样等专业技术人员及其他相关学科的专家参加。来自不同专业领域的咨询意见和专业技术对正确和更深刻理解调查对象往往具有重要意义。早期中国考古学诞生之初的调查活动，往往有地质、古生物的专家，他们有的是相当著名的学者，这个传统应当坚持。调查队的规模可大可小，也是视课题需要和调查规模的大小等情况而定，但不妨人数多一些，尽量提高调查的效率，减少调查工作的成本。

四、准备设备和物资

若为航空或水下考古调查，其物资设备非常复杂和专门。一般的地面踏查，所需设备物资主要有以下几项：

1. 地图（航片/卫片）

地图对于野外工作是不可缺少的。它不仅有指示方向、计算距离和面积的作用，更重要的是它还是一个工作平台，可以在地图上规划、分配工作任务，并将调查得来的各种信息汇总在地图上，进行空间分析。

其实，对地图的使用，从制订调查计划的时候就已经开始了。调查区域的网格系统就是依托地图规划出来的。结合当地已知遗址的分布位置等情况判研地图，也有助于发现更多遗址线索。在调查过程中经常判研地图，古代遗址的分布规律等就会随工作的开展越来越清楚地反映在地图上。在地图上标注地表遗物散布情况和文化堆积的暴露情况，可用以把握遗址的规模、面积、分布状况等。在地图上还可标注遗址上各部位观察到的文化堆积、遗迹类型，甚至可以在一定程度上把握该遗址不同时期文化堆积的范围、主要遗迹类型的分布等。

调查用地图的比例尺越大，信息量越丰富越好。区域调查中，通常我们可以选用1∶10000甚至是1∶5000规格的大比例尺地图。随着遥感技术的发展普及，使用航片或高分辨率卫片是一种更好的选项，尤其是通过遥感技术可以获得拍摄时间更新、分辨率更高、信息量更大的影像，十分方便野外调查作业（图2-6）。2011—2012年，北京大学与河南省文物考古研究所合作在颍河上游的禹州地区进行田野考古调查，将最新的高分辨率卫片输入各调查队员手持的平板电脑，将野外调查数据随时记录在电脑的卫片以及相应的数据库里，并通过互联网即时共享信息，给整个工作带来极大便利[①]。

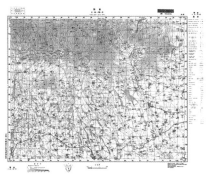

图2-6a　周公庙遗址大比例地图　　图2-6b　周公庙遗址ICONOS影像

在对一处遗址进行详细勘察时，因为在地图上标注的内容更多更详细，所以需要更大比例尺的地图或更高分辨率的航片/卫片。遗址勘察所需地图通常以1∶5000或1∶2000比例尺为宜。近年来，小型无人机测绘技术逐渐普及，调查之前可利用小型无人机通过航空摄影测量的方式便捷获取遗址的高质量、高精度的4D测绘产品，包括数字栅格图（DRG）、数字线划图（DLG）、数字正射影像（DOM）和数字高程模型（DEM），这些数字产品不仅信息量大、信

---

① 张海，方燕明，席玮等．以WEB和3S技术为支持的南水北调禹州段考古区域系统调查［J］．华夏考古．2012（4）：138—145．

息更新，获取更快，而且坐标统一、使用方便，已经成为遗址勘察的必备产品。

图 2-7 田野考古调查基本装备

2. 调查器材

调查器材主要是支持地表踏查、样品采集和记录的各类装备，有如下几类（图 2-7）：

（1）调查工具，如手铲、便携式锹、镐，有时候会用到探铲（洛阳铲）。

（2）采样工具、材料，如包装纸、包装袋、绳、标签等。若需要进行特殊标本的采集，还要视要求准备相应的包装材料，如采集土壤和环境样品所需的钢管、包装盒等。

（3）测绘设备，如罗盘、电子全站仪、各类 GPS、小型无人机、三维扫描仪等。

（4）记录用品，如纸、笔、笔记本、资料袋、各类记录表绘；照相机、摄像机以及三脚架、比例尺、方向标、标杆、标尺、色卡等辅助设备。

实际工作中根据调查的内容和调查地区的具体情况，可适当增减调查装备。

3. 安全保障装备

开展调查活动，还要根据调查区域的具体情况，考虑配备一些必需的安全保障装备。比如交通工具、通信器材、个人防护用具和医疗救生装备等。

第四节　遥感考古调查

遥感（remote sensing）顾名思义即"遥远的感知"，是以热气球、飞机、卫星等飞行器为观测载具，利用某种传感器，在不直接接触地面目标的情况下，从远离地球表面的高空甚至是太空中收集地球地表和浅地表地物的电磁波等辐射能量的信息，并对其进行处理、分析和识别，最后提取和应用相关目标的特征信息的技术方法。按照接收信息方式的不同，遥感可分为主动遥感和被动遥感；按照传感器观测载具的不同又可分为航空遥感、航天遥感和地面遥感。

遥感又被称为"上帝之眼"，由于其视野广、覆盖面大的优势，是大范围内寻找发现古代遗址的有效手段。除此之外，沙漠戈壁、热带雨林以及地形崎岖等人员不易到达的地区，更是遥感考古的用武之地。因此，遥感考古已经越来越成为田野考古调查的必备手段，其中通过航空遥感制作的航片和航天遥感的卫片是遥感考古中最常用的两种数据来源。

一、遥感考古的基本原理

古代遗址，无论是暴露地表还是埋藏地下，因为其结构、凸凹的形状起伏、致密度、含水量等与赋存环境不同，来自空中的包括可见光在内的电磁波照射在上面，会形成与环境背景不同的作用结果。利用这个原理，就有可能在一定程度上将遗址从环境背景中分辨出来。

具体来讲，古代遗迹所辐射的电磁波波谱特征及其时间变化和空间分布规律，在遥感影像上表现为不同的影像色调和由不同色调组成的各种图案及其时空变化规律。因此，遥感考古的工作原理是建立在古代遗迹的物理属性、电磁波波谱特征和影像特征三者的关系之上。遥感影像的解译原理，是根据影像的色调、图案及其分布规律，来判断遗迹的波谱特征，从而确定遗迹的存在及其属性。比如，高耸地表的城墙、烽燧等遗迹会在可见光的灰度影像上形成阴影标识；埋藏地下的夯土遗迹由于致密度和含水量等与周围环境的差异，会在红外光谱上形成不同的土壤标识；同样，由于不同类型的地下遗迹在含水量、微量元素成分等方面的差异，会导致地表相应位置的植被长势的差异，从而形成遥感影像上的植被标识。总之，根据对遥感影像的多种判读，可以帮助考古学家在大范围内有效识别各类遗址和遗迹。（图 2-8）

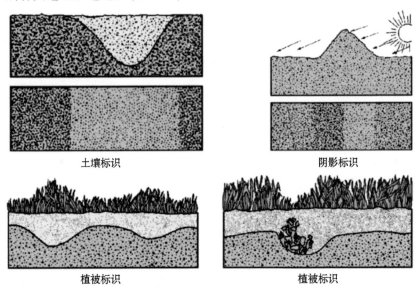

图 2-8　遥感影像判读标识

由于电磁波的波长不同，而不同物体对不同电磁波的吸收和反射率也不相同，因此遥感技术逐步开发了能够接收不同电磁波的传感器，并发展出了可见光遥感、红外/热红外遥感、微波遥感、雷达遥感等不同的手段，以适应社会生产生活不同领域的需要。随着现代科技的进步，近 20 年来，遥感技术的发展已经实现了从单一传感器到多种传感器，从静态观测到动态记录，从中低分辨率到高分辨率，从多光谱到高光谱，从单时相到多时相的演进。遥感技术能够为考古调查提供支持和服务的能力越来越得到提高。

二、遥感考古的历史

遥感考古最早于 20 世纪初由英国考古学家创立，在欧美已历经了近百年的发展。早在 1906 年，英国夏普（Sharp）中尉就使用军用气球拍摄了著名的巨石阵 Stonehenge 遗址。1922 年英国的克劳福特（Crawford）公布了自己在汉普郡（Hampshire）地区的航片上发现的小麦长势与该地区罗马时期农田沟渠的对应关系，并于 1924 年开始在韦塞克斯（Wessex）地区进行了专门的航空考古摄影。几乎同时，法国学者也在叙利亚和黎巴嫩进行航空摄影，并发现了罗马帝国在那里建造的要塞和道路，及已被海水淹没的古代码头。这些工作奠定了航空摄影考古学的基础。1920 年代末，美国学者在航空飞行中发现了墨西哥尤卡坦半岛上的古代印第安文化遗址，随后在美国本土进行了大量的航空摄影工作。两次世界大战期间，拍摄了大量的航空照片，著名的航空考古之父克劳福特就是利用对这些影像资料的判读，提出了航空遥感考古的理论与实践，并迅速在世界各地的考古调查中得到广泛的应用。

第二次世界大战期间，航空摄影技术得到了进一步的发展，垂直和倾斜摄影技术得到了很大提高，研制出彩色胶片和红外假彩色胶片，并出现了微波雷达成像技术。此后，航空摄影考古学在西欧得到更迅速的发展，特别是战后重建和发展经济过程中遇到的城镇化与文物保护的尖锐矛盾，使航空摄影考古得到更大的重视。通过利用航空摄影考古加强了考古勘探的力度并大大降低了大面积地面作业的勘探成本。

从 1972 年美国国家航空航天局发射第一颗陆地资源卫星（LANDSAT）开始，航天遥感就迅速应用于田野考古调查。1983 年，考古学家已经开始使用 TM 影像发现并记录墨西哥玛雅时期的农田、聚落和城市体系。从20世纪70年代到今天，随着航天技术的大发展，SPOT、QuickBird、IKONOS、GeoEye、WorldView等高分辨率商业卫星影像大量应用于考古调查，高光谱遥感也得到应用推广。航天技术不仅推动了考古调查中遥感技术的应用向广度和深度方向发展，而且为环境考古、文化遗产管理等提供了丰富的空间数据支持。

我国遥感考古的发展相对于西方国家起步较晚，较早的工作有曾朝铭等对北京地区古长城的调查[1]，以及对天津南部地区古河道遥感影像的研究。自20世纪80年代以来，经过不断探索，遥感技术在我国的诸多古城址、古墓葬、古河道及古长城等重要遗迹的调查与勘探中取得了诸多重要的研究成果。

1996年在中国历史博物馆成立了遥感与航空摄影考古中心。此后开展了对河南省偃师二里头遗址、偃师尸乡沟商城遗址、洛阳隋唐东都城遗址南部等航空摄影。这一时期，由山东省文物考古研究所与德国鲁尔大学史前考古学研究室合作，对20世纪20—30年代美军所摄的山东省临淄县境的航片进行室内观察分析，制成了临淄全境古城与古墓位置地图，出版了我国第一部航空摄影考古报告[2]。

进入21世纪以来，我国的遥感考古工作在国家相关部门的支持下得到了快速的发展，2001年还成立了由中国科学院、教育部、国家文物局共建的"遥感考古联合实验室"，并在浙江、河南、安徽等地设有工作站，统筹全国的遥感考古工作。这一时期，围绕着大遗址的调查、测绘和研究方面开展了一些大型的遥感考古项目。比如，由科技部立项的科技支撑计划"空间信息技术在大遗址保护中的应用研究"项目对京杭大运河现状与历史演变的综合性研究[3]，国土资源部航空物探遥感中心对宁夏全境的古长城及北京长城的航空摄

---

[1] 曾朝铭，顾巍，刘纪选. 北京地区长城遥感调查［J］. 遥感信息. 1987（1）：7—9+20.

[2] 山东省文物考古研究所. 中国临淄文物考古遥感影像图集［M］. 山东省地图出版社. 2000.

[3] 于丽君，聂跃平. 基于SPOT5影像的京杭大运河自动提取研究［J］. 遥感技术与应用. 2008（2）：179—183.

影测量[1]，中国国家博物馆等单位对陕北统万城和内蒙古部分古遗址的航空摄影测量工作[2]，中国社会科学院考古研究所牵头的对新疆地区的环境变迁、古遗址和墓葬的遥感考古研究等。

近年来，随着我国科技实力的提升，合成孔径雷达、高光谱、机载激光雷达等高新遥感技术手段也不断在国内考古调查和研究中应用，并取得了重要的成果。当前，遥感考古已经成为我国文化遗产空间观测与认知的核心方法。

三、遥感考古调查的主要方法

遥感技术应用于考古调查有多种方式，以下分类简要介绍。

1. 影像解译与考古遗迹的判别

通过各类遥感传感器接收的信号记录了大量的土壤学、地质学、地貌学、生态学和地理学等的信息，它们通过不同的方式，反映出考古遗迹或现象的特征。为此，必须掌握考古遗迹或现象的影像特征，才能对遥感影像进行正确的解译，常见的方式是判读各种土壤、阴影、植被、霜雪等标志。

利用土壤和阴影标志对遥感影像进行解译并对考古遗迹进行判读的实例以刘建国等人对新疆北庭古城和高昌古城的研究为代表[3]。北庭古城1986年拍摄的彩红外航片上植被呈红色，水体呈黑色，夯土墙基为浅白色，影像特征极易辨认。高昌古城的航片为上午拍摄，阴影位于遗迹的西侧，外城西墙的马面非常清楚，而外城东墙的马面虽较为模糊但依然能辨识，这些情况在实地调查中均得到了证实。利用植被标志对遥感影像进行解译并对考古遗迹进行判读的实例以安

---

[1] 朱岚巍，郭华东，王长林. SAR与光学影像融合在宁陕地区明长城探测中的应用研究［J］. 国土资源遥感. 2008（4）：61—63.

[2] 中国历史博物馆遥感与航空摄影考古中心，内蒙古自治区文物考古研究所. 内蒙古东南部航空摄影考古报告［M］. 北京：科学出版社. 2002.

[3] 刘建国. 新疆高昌、北庭古城的遥感探查［J］. 考古. 1995（8）：748—753.

阳殷墟的遥感考古和汉长安城的遥感考古为代表①。殷墟范围内的黑白航片上，麦地、水体、树木等的色调较深，麦地的图斑为网格状，树木呈现绒球状的图斑，建筑物、道路等地物的色调较浅，易于辨认。

除了利用现代的遥感影像判别考古遗迹之外，历史影像往往能够发挥更大的作用。由于二战之后全球经济建设的大发展，人类对现代土地利用强度的增加，许多重要的古代遗迹已遭严重破坏，因此在利用遥感影像判别考古遗迹方面，年代久远的历史遥感影像往往能够保存更多的古代信息。这方面的研究以近年来兴起的利用美国解密的科罗娜（CORONA）间谍卫星影像判别古代遗迹为代表。科罗娜是美国冷战时期发射的间谍卫星，又称为"锁眼计划"（key hole），用以监视苏联等国的洲际导弹。从1959年开始，锁眼计划先后发射了13颗卫星，获取了大量高分辨率和多时相的遥感影像。冷战结束后，美国政府解密了部分科罗娜卫星存档的历史影像，涵盖1960—1980年间的93万多景，成为研究环境变化、土地利用和辨识考古遗迹不可多得的重要资料。

最早成功利用科罗娜影像开展考古调查与研究的是美国哈佛大学人类学系的Ur教授。他在中东地区的调查中从科罗娜影像识别出古代村落的完整道路系统（hollow way），并据此绘制出不同聚落的农业生产区，包括耕地和放牧区②（图2-9）。这项研究成果在考古界产生了重大影响，使得越来越多的考古学家开始关注和使用解密的历史遥感影像。近年来，我国考古调查中也开始使用科罗娜影像，浙江省文物考古研究所利用科罗娜影像成功寻找到良渚古城外围水利系统中的若干条水坝遗迹③。除了科罗娜卫星影像之外，解密的U2飞机影像和其他军用高分辨率遥感影像也开始逐渐被考古学家利用。

---

① 刘建国. 安阳殷墟遥感考古研究 [J]. 考古. 1999（7）：69—75.

② Ur, Jason A. 2013. "CORONA Satellite Imagery and Ancient Near Eastern Landscapes." Mapping Archaeological Landscapes from Space [J]. In Observance of the 40th Anniversary of the World Heritage Convention, edited by Douglas C. Comer and Michael J. Harrower, 19-29. New York: Springer.

③ 王宁远. 良渚古城及外围水利系统的遗址调查与发掘 [J]. 遗产保护与研究. 2016（5）.

 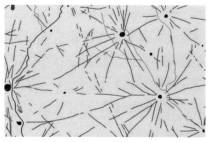

图 2-9a 叙利亚古代聚落的科罗娜影像　　图 2-9b 由科罗娜影像辨识的 hollow way

2. 数字摄影测量与考古专题制图

数字摄影测量是遥感技术应用的一个重要领域,主要原理是利用载具下方的立体相机的重叠观测实现地形图的测绘。一般情况下,传感器下方倾斜方向的影像具有阴影效果,更适合于地物的辨识,但变形较大;而正下方的影像变形相对较小,适合于测量和制图(图 2-10)。现代遥感一般都提供同步相机拍摄的立体相对,或者按照航空摄影的标准,航空照片实现航向 70% 和旁向 60% 的重叠以方便制图。近年来,由于小型无人机的普及,在考古调查尤其是遗址勘察方面,利用小型无人机低空拍摄的高分辨率立体影像可以生产高质量的三维测绘产品,绘制考古专题地图,辅助考古调查和研究。值得注意的是,一些高分辨率历史影像,如科罗娜也提供立体相对,可用于现代地貌改变较大地区的原始地貌的获取。

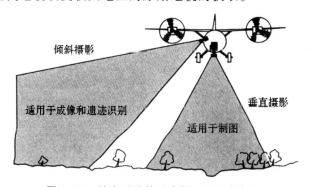

图 2-10　航空遥感的垂直摄影和倾斜摄影

3. 多光谱遥感

多光谱遥感，是利用具有两个以上波谱通道的传感器对地物进行同步成像的一种遥感技术，它将物体反射辐射的电磁波信息分成若干波谱段进行接收和记录。多光谱传感器往往能够接收可见光、近红外、中红外、热红外等不同光谱波段的地面反射信息，具有丰富的光谱特征，在地表土壤干燥而裸露的季节，地下的夯土基址、古河道等考古遗迹，能够在卫星影像上形成较为明显的遗迹标志，特别是中红外波段的卫星影像对地下遗迹有很好的反射效果，能够反映出地下遗迹的总体布局特征，非常适合于考古调查。

这方面的成功案例以希茨（Sheets）等人利用热红外多光谱仪对哥斯达黎加古代道路和新墨西哥古代聚落的调查为代表[1]。热红外多光谱图像帮助考古学家成功追溯到哥斯达黎加掩盖在茂密植被之下的古道路网和新墨西哥查科（Chaco）峡谷的史前道路、城墙、建筑物和农田等遗址，而这些发现在此前的地面踏查和航片分析中均一无所获，唯独热红外多光谱传感器能够发现这些特征。

4. 高光谱遥感

高光谱遥感技术是近些年来迅速发展起来的一种全新遥感技术，同以往的遥感技术相比，高光谱遥感具有图谱合一的特征，是一种综合性的遥感技术手段。在成像过程中，它利用成像光谱仪纳米级的光谱分辨率，以几十甚至几百个波段同时对地表地物成像，能够获得地物的连续光谱信息，实现了地物空间信息、辐射信息、光谱信息的同步获取，因而在遥感考古等领域具有巨大的应用价值和广阔的发展前景。

高光谱遥感在识别地表覆盖细小类别差异和不同遗迹的构成物质成分差别等方面通常比多光谱数据更强大，因此，对于识别不同成分的遗迹有重要作用。古代遗迹在地面的信息一般比较微弱，高光谱遥感具有识别微弱信息和定量探测的优势。国际上，高光谱遥

---

[1] Sheets, P. and Sever, T. 1998. High-tech wizardry [J]. *Archaeology*, 41 (6): 28-35.

感已经有较多的成功应用的案例①。在国内,谭克龙、田庆久等人分别以陕西秦始皇陵②和江苏西溪贝丘遗址③为研究对象开展高光谱遥感考古探测,并取得了重要成果。

5. 合成孔径雷达

合成孔径雷达(Synthetic Aperture Radar,SAR)是一种微波成像雷达,属于主动遥感的范畴,它利用合成孔径原理,实现高分辨的微波成像,具备全天时、全天候、高分辨、大幅宽等特点。由于雷达对线性几何特征的地物敏感,而且不同波长的雷达波对不同的植被和环境因素的敏感度不同,因此雷达波适合于对建筑、道路等考古遗迹的探测识别。此外,雷达波对于地表具有一定的穿透性,尤其是地表覆盖物均质的沙漠地区,可以用于识别浅地表埋藏的遗迹。

麦考利(McCauley)等人利用哥伦比亚号航天飞机携带的SIR-A雷达数据,分析东撒哈拉沙漠沙层覆盖下的基岩雷达回波,揭示出沙层下数米的古河道,后期研究表明非洲北部存在过比现今尼罗河水系更为庞大的河网系统,从而否定了此前那里不存在主干水系的论断④。考古学家还曾利用航天飞机成像雷达对处于茂密森林地区的柬埔寨吴哥古城进行探测,重建了吴哥古城的分布范围,扩大了我们对吴哥古城的认识,在国际上产生了重大影响⑤。国内遥感考古也有成功利用合成孔径雷达考古的案例,卢新巧等人曾利用1994年航

---

① Belvedere, O. Burgio, A. and Ciraolo, G. 2001. Hyperspectral MIVIS data analysis archaeology application [I]. *The Fifth International Airborne Remote Sensing Conference and Exhibition*. San Francisco: California.
② 谭克龙,万余庆,杨一德,段清波.高光谱遥感考古探索研究 [J].红外与毫米波学报.2005(6):437—440.
③ 田庆久.江苏西溪贝丘遗址的高光谱遥感考古研究 [J].遥感信息.2007(1):22—25.
④ McCauley, J. et al. 1982. Subsurface valleys and geoarchaeology of the eastern Sahara revealed by shuttle radar [J]. *Science*, 218(4576):1004-1020.
⑤ Freeman, A. Hensley, S. and Moore, E. 1999. Analysis of radar images of Angkor, Cambodia. IGARSS.

天飞机成像雷达 SIR-C 数据探测到位于陕西和宁夏交界处沙层掩埋的古长城①。

6. 机载激光雷达

机载激光雷达（LiDAR）是将激光探测及激光测距系统装载在飞机等载具上，实现大范围内高精度地形测绘的新型遥感手段。机载激光雷达集成了 GPS、惯性传感器、激光扫描仪和数码相机等多种测绘设备，实现了主动遥感与被动遥感的结合。机载激光雷达具有测绘精度高、能够穿透植被叶冠、可同时测量地面与非地面、全天候工作的优点，适合大范围内获取研究区域内的高精度数字地表模型（DTM）和数字地面模型（DEM），尤其是能够过滤植被和直接获取地表信息，对植被茂密地区的考古调查和研究具有极高的应用价值。

近年来，随着机载激光雷达成本的降低，越来越多的考古调查项目开始使用这一新型遥感手段。2016—2017 年，杜兰大学的研究人员利用机载激光雷达对危地马拉北部 2000 多平方公里的热带雨林地区进行了测绘，不仅新发现了一座小型金字塔，而且还发现了大量地表难以完整观察到的诸多城镇建筑和道路遗迹②。2012 年，湖南省文物考古研究所组织实施了对澧阳平原大范围的机载激光雷达测绘，测绘成果直接支持了澧阳平原地区史前城址的调查、研究和保护工作，是国内最早成功开展机载激光雷达考古调查的项目。

第五节　地面踏查

利用空间探测技术寻找发现古遗址，尽管有视野广、覆盖面大、

---

① Lu, X. Guo, H. and Shao, Y. 1997. Detection of the Great Wall using SIR-C data in north-western China. IGARSS.

② Iriarte, J. et al. 2020. Geometry by design: contribution of Lidar to the understanding of settlement patterns of the mound villages in SW Amazonia [J]. *Journal of Computer Applications in Archaeology*, 3 (1): 151–169.

迅速快捷以及成本低等一系列显而易见的优点，但也存在其技术本身无法克服的缺点。即遥感手段不仅无法了解遗址的年代、文化特点等对考古学家而言最为基本的问题，从根本上说，遥感发现的只是某种线索，就连它们是否是遗址，也需要现场确认。因此，当代考古学乃至未来的考古学中，由考古人员组队的地面踏查仍然是最基本和无法替代的。

地面踏查有区域系统调查和遗址勘察两种方式。

一、区域系统调查

早期的考古调查并无严格的规范和统一的技术标准，在寻找和发现遗址以及进行标本采集和记录的各个环节上，随意性都很强。这样得来的调查材料虽然可以满足对一个地区进行物质文化史重建的目的，但无法满足对资料的完整性、系统性要求以及更高的古代社会复原研究之需要。因此，随着聚落形态研究的开展，考古学家开始讲究调查方法，于是有了所谓的区域系统调查。

严格意义上的区域系统调查（systematic regional survey）方法源自西方区域考古的田野实践，在我国20世纪八九十年代随着聚落形态考古研究的兴起而引入并逐步发展起来。与传统的以发现遗址为主要目的的考古调查相比，区域系统调查方法强调调查本身作为区域考古研究的基本方法。因此，这种方法不仅适用于区域聚落形态研究，同样也适用于其他形式的区域性的考古工作。

我国的很多区域系统调查项目在实践中经过较多的改进，已经与西方有很大差别，这主要是与不同调查项目的学术目标及调查对象、调查环境的差异有关。但从基本的方法来讲，区域系统调查都强调调查的系统性和规范化。

从系统性上来讲，区域系统调查首先要设定统一的标准，力争将调查区内与研究目的相关的遗址资料全部收罗到手，以便开展一系列属性特征的空间分析。为此，需要对调查区和调查路线做一番规划，务必保证调查人员的观察遍及区域内每一个角落，而无遗漏。

因此，这种调查也被称为全覆盖式调查（full coverage survey）。通常的做法是首先在地图上对拟调查区域进行规划，将其划分成若干等面积的网格，如50×50米，作为调查的基本单元，并分别给予编号。同时还需要精心设计调查线路。在实际操作中，往往要求调查队员们一字排开，一般按照调查单元的大小保持相等的间隔，如50米，并通过计步的方式在调查线路上大致每隔50米记录一次，完成一个调查网格的观察、采样和记录，从而实现按固定网格全覆盖式调查的目的。由于这种操作方式如同"拉网"一般进行，因此又被称为"拉网式调查"，而"网眼"的大小也就决定了调查工作的粗细程度。（图2-11）

图2-11a　希腊克里特岛区域系统调查　　图2-11b　河南颍河上游区域系统调查

早期开展的拉网式调查，为了保证准确、统一，往往需要给调查队员们配备手持GPS、计步器等辅助定位和测量的设备。即便如此，在实际工作中，经常受到具体情况的限制，如调查线路上遇到意想不到的障碍物等，而无法完全按照预订的标准进行，使得调查的效果大打折扣。近些年来，随着遥感和GIS技术的发展，很多调查队伍开始依据高分辨率遥感影像，按照实际地貌和土地利用状况划分调查网格。与大比例尺地图相比，高分辨率遥感影像具有地表地物信息更真实、更丰富、更易辨识的特点，十分方便调查队员们的准确定位和精确测量，再结合GIS软件自动计算每个调查网格的面积，方便对观察和记录信息进行标准化处理。因此，这种更加灵活和实用的"拉网式"调查方法越来越受到欢迎。（图2-12）

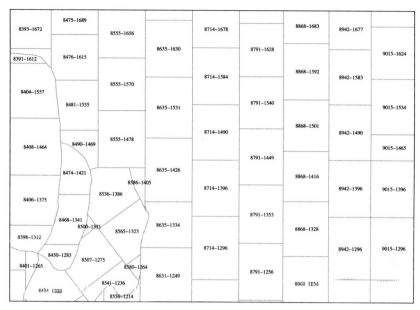

图 2-12　GIS 支持下"拉网式"调查的网格划分与编号

实际调查过程中，要求调查队员高度认真，仔细观察，设计调查线路上的每个地点都要走到，勿使遗漏。如果在农业区，要特别注意田边地头，因为被翻动到耕土中的石器、陶片等，因影响耕作而往往被农民检出来，丢弃在这些地方。这些古代遗物是我们发现遗址的直接线索。改造过的地形，如改道的河流、大型水利工程如水渠等往往会破坏遗址，如是，在其壁槽上可以发现暴露出的文化堆积剖面，是寻找遗址的良好场所。

区域系统调查还要求各类信息的观察记录和样品的采集尽可能全面。调查队员需要按照预设的标准，以调查网格为单元，记录其中的遗迹遗物暴露状况，并采集文物标本和科学样品，具体采样方式见本章第六节。除此之外，地形地貌、土壤类型、地表植被、土地利用、资源分布等现代信息也要记录。这些信息不仅对于我们准确理解地表遗迹遗物的暴露和分布状况具有重要的参照价值，而且也是我们了解整个调查区域的地貌变化、环境变迁和景观历史的基础数据。比如，调查中我们经常发现地表植被的覆盖程度会影响到我们对遗物分布密度的准确评估。再比如，地表遗物的丰富程度常常与土地利用方式有关，在沟渠、水井、取土坑、新坟等的周边由于深挖破坏文化堆积，而暴露有较多的遗物。

区域系统调查需要做到观察、记录和采样的标准统一，在调查项目负责人统一协调、指挥下有序展开。只有标准统一，才能做到记录和采样的整体有效。实际工作中，未必所有的调查队员对调查区域的遗迹遗物均能熟悉，因此调查过程中需预先设定统一的工作标准，并严格执行，必要情况下需建立有效的即时沟通途径，如利用微信等便捷通信工具，实时共享调查中观察到的遗迹遗物，方便准确判断和决策。

西方的区域系统调查比较强调对地表遗物的观察和记录，并常以遗物密度估算人口和社会结构。我国的情况则较为复杂，不同生态区域的地形地貌和土地利用方式的差异极大，因此区域系统调查很难按照同一的方法和标准执行。我国的地势整体上西高东低，西部黄土高原以侵蚀地貌为主，大量遗迹暴露在剖面之上；东部冲积平原则以河流堆积地貌为主，大量遗迹掩埋在河流沉积物之下。因此，不同生态区的区域系统调查需要根据实际情况设计具体的工作方案。以北京大学与甘肃省文物考古研究所联合实施的陇东黄土高原地区的区域系统调查为例，这里先秦时期的居住形态以窑洞式房屋为主，遗址主要分布在塬、梁、峁的坡面上。由于陡坡的原因，地表暴露的遗物多数经历了远距离的搬运，对其空间位置的准确记录往往意义不大。相反，由于历史时期频繁的斩崖挖窑洞活动而形成了大量的断面，遗迹暴露较为充分，因此以暴露原生遗迹为主要工作对象的调查方法的设计自然不同于一般意义上的区域系统调查。调查项目充分利用了高分辨率遥感影像，按照规则六边形的网格对调查区域进行划分，以网格内的自然断面为观察和记录的基本单元，而遗物的采集均依托于断面上清晰的地层单位。调查以网络平台为支撑，可以做到断面和遗迹编号的统一和不重复，同时大量采集的各类标本和样品也无须调查队员随身携带，而由专门人员按照网络平台上标注的采样位置集中收集和运输,解决了崎岖地形大量调查样品的搬运难题①。

需要说明的是,上述拉网式的全覆盖调查固然是最理想的工作模式,但对于一支调查队而言,全面落实实施起来,依然可能有困难。如经费不足、人手不够等等。例如,山东大学与美国耶鲁大学合作开展的山东日照两城地区调查,前后历时八个年度②;吉林大学在内蒙古赤峰地区的调查时间更长,规模也更大③。这种规模和持续时间以及人员、经费的投入不是所有的调查队伍都能承受的。因此就有了变通的办法,即在拟调查区域内进行"抽样式的调查"(sampling survey)。

抽样调查之前需要首先对整个研究区域进行统一的网格划分,并依据统计学的原理,通过前期的预研究,抽取一定数量的调查单元实施调查工作,实现以有限少数来认识整体的目标。常用的抽样方法有随机抽样、系统抽样、分层抽样、适应性抽样等④。系统抽样调查以希腊米诺斯岛调查为例,为了避免抽样可能带来的系统性误差,实际操作中常常对抽样单元进行错位处理⑤。适应性抽样调查以北京大学与哈佛大学联合考古队对成都平原地区的钻探调查工作为

---

① 北京大学中国考古学研究中心,甘肃省文物考古研究所. 桥村遗址调查与研究(2018—2019)[M]. 北京:文物出版社. 2021.
② 中美日照地区联合考古队. 鲁东南沿海地区系统考古调查报告[M]. 北京:文物出版. 2012.
③ 赤峰中美联合考古研究项目. 内蒙古东部(赤峰)区域考古调查阶段性报告[M]. 北京:科学出版社. 2003.
④ 随机抽样(random sampling)是按照随机的原则,即保证总体中每一个对象都有已知的、非零的概率被选入作为研究的对象;系统抽样(systematic sampling)是先将总体的全部单元按照一定顺序排列,采用简单随机抽样抽取第一个样本单元,再顺序抽取其余的样本单元;分层抽样(stratified sampling)是从一个可以分成不同子总体(或称为层)的总体中,按规定的比例从不同层中随机抽取样品;适应性抽样(adaptive sampling)是将抽样分两个阶段实施的方法,后一阶段的一个或多个抽样单位的抽取取决于前一阶段对同样抽样单位的抽取。
⑤ 科林·伦福儒,保罗·巴恩著,陈淳译. 考古学理论、实践与方法(第六版). 上海:上海古籍出版社. 2016.

例，首先按照系统抽样的方法抽取一定的调查单元，工作中一旦发现有文化层，则立刻将周围地区的抽样单元也纳入调查范围，直到不再发现新的文化层为止①。适应性抽样能够较好地兼顾调查的效果与效率，是抽样式调查较常用的一种方法。需要注意的是，采用抽样式调查的方法，预研究中还应对抽样网格的大小进行效率评估，以选择最经济、有效的抽样单元。（图 2-13）

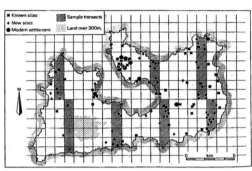 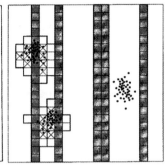

图 2-13a　系统抽样调查　　　图 2-13b　适应性抽样调查

二、遗址勘察

发现一处遗址之后，运用各种无损或微损技术对这座遗址的进一步了解称之为遗址的勘察。相比于区域系统调查，遗址勘察是针对单个遗址开展的工作，遗址勘察的目的是尽可能迅速把握遗址的年代、规模、结构等问题。对于大型乃至特大型遗址而言，开展经过仔细设计的遗址勘察，尤为重要。

（一）遗址勘察的内容

出于不同学术目的，对遗址勘察的希冀一定会有所不同，但就当代考古学希望获得对一处遗址的形成过程和内涵结构两项基本认识而言，以下几项当为必须的内容。

---

① 傅罗文、江章华、关玉琳等. 成都平原区域考古调查（2005—2007）[J]. 南方民族考古. 2010（1）：255—278.

1. 遗址规模

遗址的规模大小一般可以根据不同方位上有无暴露出的文化堆积情况大致框划出来。如果暴露文化层的地点不多，不足以反映遗址的方圆四至，则可以考虑用钻探的办法了解。根据地表遗物的散落范围推测遗址规模的办法，可用于后期破坏扰动较少的地区的遗址勘察上。但在后期破坏严重的高度开发的农业地区，仅凭此一项，是不可靠的，而需要与文化堆积剖面观察结合，综合考量。

2. 遗址年代

有经验的调查者，通过对遗址现场散落的文化遗物的仔细观察，一般即可粗判出遗址年代甚至存续时间幅度。进一步的遗址年代分期，则需要通过对文化堆积剖面不同层位上采集的遗物标本的比较得出。这是遗址勘察后续的资料整理时的工作，但现场勘察采样时，应有预设安排。遗址上采集到的遗物标本足够多，还可一定程度上反映出遗址的文化面貌。

3. 遗址微地貌

人们在遗址上的活动会受到遗址地形的制约，人们会针对性地利用遗址上的某种地形达到某种目的。比如，人们建造家居时，一般要选择向阳背风的场所，他们的制陶作业则往往在用水方便的地点进行。另一方面，人们的活动也会某种程度地改造地形，长期恒久的居住区由于建筑物多次建造毁坏形成的堆积，可能使这个场所略高于周围，如果是较大规模的工程，还会给自然地貌带来很大改观。例如，我们在湖北天门石家河遗址群的调查中注意到几处明显违背自然营力侵蚀作用方向的地貌，进一步的仔细观察发现，竟是一座建筑于屈家岭文化时期的大型城垣。汉唐大型陵园里的巨大封土，其实已经在反映着陵园的结构布局，只是因为它如此醒目，以致我们不去考虑这也是遗址微地貌调查的一部分内容。总之，通过对遗址地形特点进行观察分析，可以在一定程度上把握遗址的结构。

4. 文化堆积状况

文化堆积包括文化层堆积厚度、层次、不同层次的性状和各自的分布范围等。文化堆积的厚度与当时人们在遗址上的活动强度有某种关联，也可能与活动的时间跨度有关。对堆积层次的辨认有助于了解遗址分期或文化堆积的形成过程。对堆积性状的观察则可帮助推测其背后的人类行为的内容。例如，若是掺杂了大量红烧土的堆积，很可能意味着这一带过去曾经为一片建筑区，若是堆积中包含大量灰烬、残破陶器等，就表示这一带已然是丢弃垃圾的建筑区边缘了，而由大量的陶瓷碎片和垫圈、支钉、匣钵构成的所谓"窑包"，意味着附近应当存在窑炉遗迹等等。至于不同性状堆积的分布，则会提供聚落空间结构方面的信息，这些信息可以引申为居住于该聚落的社群的集体行为模式。而不同层位上不同性状堆积的分布变化，也就很可能体现了聚落结构和集体行为模式的变化。

5. 地表遗物散布状况

遗址地表遗物散落状况，如不同地点遗物的数量的多寡、种类构成差异、破碎程度差异等都与地下埋藏着的遗址结构存在一定程度的关联。如果是后期破坏不太严重的遗址，这种关联性就较高。即便是在一些农业区，遗址表土层早已经过千百年的耕作，影响农田作业的遗物等被农民捡拾出来扔在了田边地头，但这些遗物距离它原来的位置不算太远，调查它们的情况，也能从中发现一些地下情况的线索。

6. 遗迹分布情况

调查中所能见到的文化堆积大多零碎片段，尽管如此，有经验的调查者还是能够从中辨认出一些灰坑、窖穴、房子、墓葬之类的遗迹的。如此，就可以把前述堆积性状的观察落实得更扎实一些。若遗址的文化堆积暴露充分，更应该仔细观察。例如，山东临淄桐林遗址中心台地有两条十字交叉的路沟，把遗址深深切割开来。2000年，北京大学与山东省文物考古研究所组成联合调查队用了大约两周的时间，将路沟沟壁清理出来，从而获得了两条贯通遗址的大剖面，据此了解到遗址上有龙山文化、岳石文化、战国、汉代几个时期的堆积，进而知道了这几个时期堆积在遗址上的主要分布情况，再根据辨认出的灰沟、夯土建筑基址、墓葬等遗迹现象的分布，大致了解了龙山、战国、汉代几个时期的空间结构，从而以很小的投入和在很短时间内对遗址有了比较清晰的整体把握。

7. 遗址环境

在一处遗址上生活的人们不是孤立存在的，他们所进行的活动必然与周围环境发生这样或那样的联系，同时也受到周围环境的制约。反之，根据所处遗址环境的特点，则可以推测遗址上人们的生计活动内容等。

遗址的环境大约包括地貌环境和资源环境两个部分。

地貌环境指遗址赋存的周边环境情况，例如遗址是否依山傍水，坡地、平地、河流湖沼的分布面积等。不同地貌上面的植被、物产不同，这也意味着聚落居民对其利用的内容、方式不同。

资源环境调查的重点是与人们取食活动有关的动植物资源以及一些至关重要的矿产资源等。在临淄桐林遗址的调查中，我们发现遗址上散落很多石器废料、半成品等，于是调查队把注意力转移向遗址西面不远的一座石山，比对发现两者的石材相同，如此就为理解桐林遗址何以发展成大型中心聚落提供了一个有力的注脚。又如，山东文物考古研究所在渤海莱州湾地区发现了大量商代小型遗址，经过了解发现它们的分布与地下卤水分布的范围相当，再综合考虑这些遗址上以一座大型土灶为中心的遗迹结构特征，可以确定这类遗址是当时重要的制盐作坊的中心。

环境资源的调查专业性很强。调查者看到的是现代状况，尤其在高度开发的农业区，情况很可能发生了非常大的变化，人工植被替换了自然植被，野生动物群几乎消失，地貌也因农田建设发生了大变化。这种情况下，要复原原初状况，就需地质、地理、古环境方面的专家的帮助，也需要在调查中有计划的采集相关样品，送实验室分析研究，方能得出准确的认识。

（二）遗址勘察的技术

考古人员勘察一处遗址，无非是传统的地表、剖面的观察。单从技术角度讲，并无奇特之处。但现代考古学希望通过勘察，尽可能了解遗址的堆积形成过程和布局结构，这是一个非常高的期望。为此，就要把这些传统技术按照一个工作体系组织起来，以发挥最大效能。

1. 踏查

原则上，对一个遗址进行勘察，可以借用区域调查的工作模式，缩小应用在一个遗址之上，即对遗址做个网格规划，再沿着一定的路线，边行走边观察，以确保遗址上每个部分都观察到。当然，在规模较小的遗址进行勘察，也许不用如此机械，不过原则却是一样的，即不要遗漏任何细节现象。

遗址勘察需要将各种观察到的现象如遗物分布、不同地段地层堆积、遗迹种类及其分布等情况整合在一个平台上分析，通过缀合这些片段零碎的信息，来尽可能推测复原遗址的整体状况。因此，从勘察工作一开始，一张地形地貌准确的遗址地形图或高分辨率遥感影像就是必不可少的了。这张地图或影像，既是规划遗址勘察工作的平台，也是记录各种现象的平台，还是缀合分析这些现象的平台，同时，遗址的微地貌特征和很多环境内容已经在它上面表达出来了。

2. 钻探

如果遗址上暴露的现象太少，不能满足对遗址结构更为精细了解的需求时，则可考虑动用钻孔探查的办法，简称钻探。近些年来，学科研究取向向聚落形态的转变以及编制遗址保护规划的需求，都期望快速获得对遗址整体的布局结构方面的信息，于是钻探在遗址勘察中的运用有越来越普遍的势头，甚至出现了专门的商业化钻探队伍，服务于各地。鉴于这种情况，国家文物局于2018年颁布了《考古勘探工作规程》（试行）用于规范全国各地的钻探工作。

国内钻探一般使用的探铲称为"洛阳铲"。具有讽刺意味的是，洛阳铲是近代盗墓者的发明。考古学家因其探查地下情形时的简便、有效而引进到田野考古工作中，遂变成了服务于科学研究目的的工具。国外遗址调查也有钻探一法，工具借用地质学调查时用的地质钻。探铲的筒形铲头可以提带地下的土上来，有经验的考古工作者可凭借对土质、土色的辨认，推测出地下文化堆积的分层、深度、遗迹类型等。比如质地密实的夯土、有细微分层结构的淤土和分层结构相似却土质紧密的踩踏地面、含大量灰烬的垃圾土以及几种不同的土混杂在一起的"五花土"（通常是墓穴里的填土）等，都是可以识别出来的。高明的钻探者甚至可以结合几个相邻探孔的情况，大致勾勒出地下遗迹的大小、形状。

具体来讲，遗址的钻探有两种方式。一种称为"普探"，是对整个遗址进行的普遍钻探，以便从整体上了解文化堆积、重要遗迹的空间分布状况。普探多按照规则的方式布设探孔，很多情况下为了提高钻探的效率还会布设"梅花孔"（图2-14）。近年来，湖北黄陂盘龙城、北京房山琉璃河、陕西汉唐帝王陵园等大遗址的勘探中都采用了这种规则普探的方式。另一种钻探称为"重探"，是在最需要进一步了解情况的遗址关键部位所进行的钻探。例如，临淄桐林遗址的城垣工事已被晚期堆积覆盖，调查者在若干地段上分别布设一排探孔，找到了这些地段的城墙壕沟，也知道了它们的高度、宽度和深度等。陕西岐山周公庙遗址对周公家族墓地进行了重点勘探，所探出的各个墓葬边界与实际发掘情况相比并无二致。

图2-14a 利用"洛阳铲"的普探

图2-14b 洛阳铲钻探发现"白灰面"房子

实际工作中，每个探孔，无论普探还是重探，都要求编号和记录准确坐标位置以及随深度的土层变化情况，并标注在遗址地形图上，以便于与地表踏查观察到的其他信息进行综合。（图2-15）

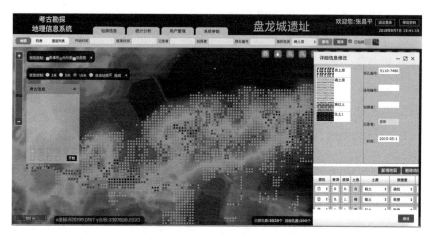

图 2-15　盘龙城遗址考古钻探地理信息系统

3. 地球物理勘探

地球物理勘探广义上属于近地遥感的范畴，即利用各种地球物理的理论和方法实现对地下埋藏遗迹的探测。第二次世界大战结束不久，地球物理勘探技术即开始应用于考古。目前，地球物理技术在考古调查与勘探中的应用日益活跃，勘探设备也逐渐朝向小型化、集成化和数字化的方向发展。我国考古界在20世纪50年代即有应用地球物理勘探技术的尝试。八九十年代，考古工作者对安徽亳县古墓、开封宋代城墙遗址、西安秦始皇陵、湖北黄石冶炼遗址、北京故宫地基等多种类型的遗址进行的地球物理探测，取得了较为丰富的成果。

目前应用最广泛的地球物理勘探技术有电磁波探测和电阻率探测。（图2-16）

电磁波探测的原理是向地下发射高频电磁脉冲，由于地下遗存的结构不同，接收到的回波就非匀质的。因此，可通过判读这些回波

图 2-16a　地磁勘探　　　　　图 2-16b　电阻勘探

信号，推测地下埋藏的遗迹位置、形状等。考古调查中使用最多的电磁波探测仪器是探地雷达（GPR）。目前，这项技术的最新进展是从单一传感系统发展到多传感器系统以提高探测的灵敏度，可以实现按照不同水平深度，分层处理回波信号，从而使考古学家了解遗址堆积的立体情况，也即堆积的形成变化过程。

电阻率探测方法的原理和电磁波法有些相似，不同的是向地下发射的不是电磁波，而是通过一根电极输送电流。土壤疏密程度不同，含水量的变化等，会对电流形成不同的电阻率，可通过另一根电极接收记录下来。电阻率探测尤其是高密度电阻率探测仪具有自动化程度高、异常值多解性低的特点，在考古勘探中也具有很好的应用前景。

在实际操作中，无论电磁波探测还是电阻率探测，都需要在遗址上一段一段地进行，再由 GIS 软件将许多段落的信息处理连接成整个遗址的图形。

特别需要说明的是，目前地球物理勘探技术在中国考古界虽有较多的应用，但并不普遍。相反，考古学家的不信任态度却很强烈。从技术本身而言，其所依据的原理是无可非议的，问题恐怕主要产生于这些技术的有效性上。若其探测精度赶不上传统的钻探，考古学家们的态度就是可以理解的了。这些技术的难点在于遗址的地下结构精细复杂，尤其是中国历史上大部分时段和大量遗留的是由土质遗迹构成的所谓的"土遗址"或"软遗址"，其产生的回波信号差异微弱，有效信息可能被淹没在强大的背景噪音里，不易分辨。且中国幅员辽阔，各地环境和遗址特点又千差万别，在一个地区或一种遗址类型上建立起来的技术标准，未必适用于其他地区。因此这些技术在"中国化"和"地方化"方面还需要大量实践探索。但无论如何不能小觑作为无损勘探的地球物理探测技术进步的潜力。

第六节　调查中的采样与记录

田野考古调查，尤其是以学术研究为目的的调查，需要采集样品和完成记录，为后续研究提供充分的资料。

一、调查中的样品采集

伴随调查过程，通常要收集一些遗物标本，供进一步分析了解遗址的年代、文化特征、功能性质乃至聚落结构等问题。经常用到的采集方式分为地表采集、剖面采集和特殊采集（图2-17）：

（一）地表采集

对遗址地表散落遗物进行采集，是每项遗址调查中都必须进行的工作，分为以下几种：

1. 目标性采集

目标性采集指基于某种明确的目的，采集与之相关的样品，对于其他则视而不见。这是最简单、最常用，也是最随意的采集方法。传统调查中于地表捡拾那些个体较大、特征明显的遗物，如陶罐口沿、陶鬲足等，以供时代分析，即为此类型的采集。目标性采集缺乏系统性和标准性，在以学术为目的的调查中并不推荐。

2. 全面采集

地表的目标性采集随意性很大，采集得来的资料所能反映的问题非常有限。前述遗址勘察内容时谈到，根据遗址地表散落遗物与地下遗址情况的关联性，需要对遗物散布情况进行观察，观察结果也可反过来用作推测地下遗址情况的线索。那么，在采集地表遗物时，也需要通过对这些遗物进行采集，把上述关联性信息的物证收集到手，以便经过分类整理、统计分析之类的作业后，将其转化为更具说服力的数据。

很明显，如果按照某种方式如以面积相等的网格将遗址规划成彼此连续的采集小区，按照统一的大小、种类等标准，把遗址地表全部遗物采集干净，所得将是一套最为完整的资料。这里，将这种一网打尽的方法叫作全面采集。

但是，全面采集只是一种理想的工作方式，在实际工作中，既不现实，也不应该这么做。因为无遗漏地将遗址地表所有遗物全部采集干净，工作量极大，而恰当的抽样采集，完全可以达到同样效果。而且全部采集这种竭泽而渔的做法完全断送了今后或其他研究者再做研究的可能，所以也是不应该的。

3. 抽样采集

抽样采集是地表采集遗物的最主要方法，在操作层面上一般有两种：

第一种方法是先抽样，再采集。这种方法需要首先确定采样区，将遗址上地表遗物分布的范围分割成相等大小的采样网格，然后按照随机抽样、系统抽样、分层抽样或簇抽样等合适的方法，抽取一定数量的采样网格。采样网格的大小需要事前做好预研究，避免过小导致工作量增加和过大而失去采样的意义，当区域系统调查中使用的记录网格大小合适时也可直接用作采样网格。设计采样区时，需要考虑到遗址地形地貌。如果遗址地表平坦，可考虑随机抽样或系统抽样。若地形起伏大或地貌单元复杂，可采用分层抽样或簇抽样，先分若干单元，如平坦开阔的坡底、坡面和坡顶，可将不同地貌单元分别作为相对独立的"层"或"簇"，再在每个"层"和"簇"内设计自己的随机或系统抽样。

选择好采样区之后，下面就需要在每个采样区内进行采集了。这时就需要我们设定一个最小采样标准，如果一个采样区内的遗物数量少于这个最小采样标准，假如是 20 片陶片，就全部采集；但如果多于这个标准，则需要再做第二步的抽样，比如赤峰地区的调查在采集区内随机选取一点，采集以此点为圆心，3 米半径内的所有陶片①。

图 2-17a　地表采集

图 2-17b　剖面采集

图 2-17c　特殊样品采集

　　第二种方法是先采集，再抽样。这种方法直接利用区域系统调查的记录网格，设定最小采样标准，对于小于此标准的网格，全部采集。当大于此标准时，再考虑在不同的调查网格中设计进一步的详细抽样采集方案。比如，伦敦大学考古学院主持的东欧地区的考古调查项目，将重点采集区按照 30×30 米进行网格化，在网点上设置 10 厘米为半径的采集点，现场对网格采集遗物的空间分布状况进行泊松分布检验。如果符合泊松分布则意

---

　　① 赤峰中美联合考古研究项目. 内蒙古东部（赤峰）区域考古调查阶段性报告 [M]. 北京：科学出版社．2003.

味着不存在空间模式,可转移至其他地区继续采集;不符合泊松分布则意味着存在一定的空间模式,还需要在这个范围内做更细致的采集[1]。

上述第一种采样方案适合于遗物分布范围广和相对分散的情况,而第二种方案则适合遗物空间分布不均匀,且集中在个别地点的情况。实践中无论采用哪种方案,要注意设定统一的采集标准,如只采集2×2厘米以上的陶片,是否采集红烧土块等,以便日后各采集区之间的数据分析在相同级别上进行,也就是要保证资料之间的可比性。毋庸赘言,每个采集点的采集标本需要单独编号、包装,勿使混淆。

(二)剖面采集

如果遗址上暴露有比较好的剖面,在清理完毕并划分清楚堆积层次后,可分层收集挂在其表面的遗物。暴露在剖面上的遗物和地表采集得来的不同,是有确定出土层位关系的。层位上的叠压或打破,意味着年代前后早晚顺序。在进一步比较各层采集的遗物后,可获得有关遗址更细致准确的年代认识。把遗址多个地点剖面分析的情况综合起来,还可在一定程度上推测复原各时段堆积在遗址上的分布情况。因此也是采集工作中十分重要的一项内容。

同样的道理,不同剖面要分别编号,一个剖面上的各地层单位也要分别编号,从中采集的遗物分别包装,不要发生混乱。

还要注意的是,不要为了多采集一些遗物,向剖面内掏挖,从而造成破坏。

(三)特殊样品的采集

在调查过程中,出于多学科研究的目的,有时需要采集一些特殊样品,如测年样品、环境分析样品等。这类样品的采集有相当一

---

[1] Orton, C. 2008. Horse kicks, flying bombs and potsherds: statistical theory contributes to archaeological survey. In: Whitehouse, R. (ed.) Archaeologocial International, 24-27. Institute of Archaeology, University College London 10 (2006/2007).

部分是在自然层或文化层的剖面上进行的。不同种类的样品需要根据不同学科研究的需要采集，采集和包装要求都可能有所不同。但这些样本的采集在遗址发掘中更为经常或必须。因此，有关内容可参照本书第四章的相关内容。

二、调查记录

调查记录是主要在调查现场完成的各种记录，从形式上调查记录有文字、测绘和影像三种。不同形式的记录有不同的特点和作用，不可偏废。

（一）文字记录

调查中的文字记录主要有两种形式：调查日记、日志和各类调查表格。

1. 调查日记与日志

调查项目负责人和调查队员都需要撰写调查日记和日志。

通常情况下，对调查日记的具体格式没有固定要求，但应包括如下内容：调查工作的经过，包括调查日期和时间、天气状况、参与调查人员、调查路线、工作完成情况；调查发现遗址的概况，包括相对和绝对位置、地理环境、微地貌特征、保存状况、堆积四至等；发现文化堆积的状况，包括厚度、分层、各层次土质土色、包含物状况、出土遗物状况；发现遗迹的类型、形态、尺寸、位置及编号；地表踏查、采样和记录的完成情况；等等。

调查日志则可记录一些有关人名地名、风土人情、民间传说以及与遗址有关的工程建设等，为深入了解遗址的历史和现状提供依据。

2. 调查表格

由于具有规范化的特点，表格应该是调查记录的最主要形式。调查表格主要有如下几类：

遗址登记表，主要记录与遗址相关的信息，内容包括：遗址名称、编号、地理位置、地貌与环境、既往工作情况、文化层分布面积、文化层厚度、暴露遗迹状况、文化性质与年代、遗物采集总体状况、记录完成总体状况、遗址保存状况及保护建议等。

遗迹登记表，主要记录地表或剖面观察到的各类遗迹现象，内容包括：遗迹类型、编号、形状、大小、结构、层位关系、年代、文化属性、所在土地归属、保护级别、保存现状、遭破坏的自然和人为原因、保护建议等。

调查记录表，以调查网格为基本单元填写的记录表，是区域系统调查的最基本表格，内容包括：网格编号、网格大小、记录者、调查日期、天气、土地利用状况、植被覆盖状况、地表可视度、土壤类型、遗物丰富度、遗物保存状况、遗物文化属性和年代判断等。

采样记录表，以采样网格为基本单元填写的记录表，内容包括：网格编号、大小、记录者、记录日期、天气、抽样方法、样本总数、抽样比例、样本号、材质、器类、数量、保存状况、年代判断等。

钻探记录表，以探孔为单位填写的记录表，内容包括：探孔编号、坐标、钻探者、记录者、分层记录的深度、厚度、土质土色、包含物、性质判断等。

除了上述表格之外，还可以根据具体的调查情况设置一些便宜的记录表格和统计表格。表格应以数字化的形式记录在调查数据库中，表格填写的内容应进行规范化和标准化处理，如尽量采用固定选项的方式，以方便数据统一和后期的检索、统计。

（二）测绘记录

测绘记录是利用各种测绘工具测量并绘制的各类图纸和数字化测绘产品。测绘记录是非常重要的记录形式，可给人以直观的概念性印象，而且诸如采集区规划、地层剖面位置及堆积层的情况等内容仅凭文字记录不能表述完全或表达准确的信息，均可利用测绘手段很好记录下来。调查测绘记录主要包括如下几类：

1. 地图类

地图既是考古调查工作依赖的主要工具，同时也是记录和展示调查成果的最主要方式。作为调查测绘成果的地图包括：

遗址分布图，在现有地图或测绘产品的基础上绘制的区域遗址分布图，底图应能全面反映区域地形地貌特征和主要参照物，遗址可以用点或面的形式标注在地图上。

遗址资源图，在与遗址分布图相同的底图上绘制，内容包括调查记录的土壤、植被、土地利用、矿产等与遗址资源相关信息的空间分布状况。

遗址平面图，在现有大比例尺地图或测绘产品上绘制，内容应当反映出遗址地表明显标志物、地貌特点、观察到的文化堆积分布情况、暴露出地层剖面的地点、遗迹遗物的分布情况、采集区规划及编号系统、实际样品采集区位置等。

2. 遗迹类

单个遗迹测绘图，对于暴露地上的遗迹，如建筑、石窟、碑刻、墓葬封土等，对于钻探发现的边界清晰的遗迹，应采用各种测绘手段，绘制标准的遗迹平、剖面（剖视）图，准确记录遗迹的外形轮廓特征。

断面遗迹剖面图，对于部分暴露在断面上的遗迹，如房址、灰坑、墓葬等，在搞清楚层位关系和暴露的轮廓后，绘制剖面图。

3. 地层类

地层堆积剖面图，对暴露在断面上的地层进行清理、测绘的剖面图，应准确反映地层堆积的层位关系和不同遗迹的开口层位。

钻探柱状地层复原图，根据特定位置的探孔记录表生成的反映大范围地层堆积状况的柱状复原图。

现代测绘记录一般都生成数字化产品，除了传统的测绘图之外，还提倡使用小型无人机、三维激光扫描、数字摄影测量等手段生产信息量更加丰富、使用更加直观的遗址、遗迹、地层的三维模型。

（三）影像记录

影像记录的特点是能给人以质感，补充线图之不足。影像记录包括摄影记录和摄像记录，其中以摄影记录为主。现代摄影术的技术变革已经基本淘汰了传统的胶片相机，数字传感器的功能越来越强大，一些技术甚至能够实现某些极端情况下的拍摄，如暗光、背光等。因此，当前考古摄影基本上都使用数码相机。

考古调查中的摄影记录主要包括遗址全景照、遗迹照和工作照三类：

遗址全景照，应能够反映遗址的全貌。全景照可采用广角镜头，也可采用多镜头拼合，必要情况下还可利用小型无人机协助拍摄。拍摄全景照时应选择合适的角度，恰当突出遗址在影像中的核心位置。遗迹照，包括地上遗迹、地表暴露遗迹、断面清理的地层和遗迹的全景照和特写。拍摄遗迹照时应尽量使用变形小的镜头，拍摄时需树立标杆或标尺。重要的遗迹需多角度拍摄，多拍摄局部特写，保证照片的数量和质量。工作照，应包括调查队员的合影和工作场景照。工作照应尽量全面反映调查工作的全过程。

需要注意的是，考古调查的影像资料也要有详细的记录，内容包括拍摄对象名称、编号、天气、光线、拍摄方向、拍摄者等，一些与拍摄相关的信息，如日期、光圈、速度等可以通过照片的数码信息直接查询。

本章最后需要说明的是，如果是学术目的的调查，作为一项完整的工作，最后还要编写发布调查报告，以供学术界了解调查工作的收获。调查报告的体例可参照考古发掘报告，兹不赘述。

第三章
考 古 发 掘

第一节　概　述

一、考古发掘的任务

田野调查得来的资料在系统性和整体性方面存在极大不足，不能依靠它解决考古学所关心的全部问题，必须通过发掘获得更系统全面的资料，这是田野考古发掘的基本任务。

考古资料不仅指遗址出土的遗物，还包括遗址文化堆积的全套资料。为了获得这方面准确翔实的资料，考古学家需要在发掘现场对各种堆积现象进行大量观察分析，同时还包括对田野考古作业方法技术的揣摩。因此，我们说考古发掘现场同时也是研究的现场，是整个考古学研究的第一现场。

二、考古发掘现场的主要研究内容

在发掘现场，考古学家能够把握住的唯一完整的资料是各种遗迹现象组成的文化堆积。诚然，考古学家在现场也不可避免地会对一些出土遗物发生兴趣。但由于遗物数量众多，能在现场被观察到的只是极其有限的一部分。对它们的全部观察、整体分析，必须委以发掘之后专门进行。因此，考古学家在发掘现场（图 3-1）主要研究的就是文化堆积的情况。具体而言，有以下四个方面的内容：

图 3-1　考古遗址发掘现场

首先，是分析堆积中各遗迹单位的层位关系，这是传统考古地层学最为强调的内容。

其次，是分析研究一座诸如房子、窖穴等的遗迹，从它的建造、使用直至废弃的完整过程中的每个环节，这些不同环节上的人的行为是否有可能留下了相应的堆积。

再次，讨论一个时期里，该遗址或该社区的空间结构，如哪里是居住区、哪里是举行丧葬活动的墓地等，进而居住区内房子的分栋、分群，大型和中小型建筑的分布情况等。这些空间现象和遗址的社会组织结构及其背后的人们的行为显然有着密切关系。遗迹分布的空间结构是依托在一个"地面"或曰"活动面"上展开的。所以在发掘现场，辨认这个地面就成为作业的关键。

最后，需要研究的是文化堆积的阶段性变化或文化堆积的分期。在长时间使用的遗址上，当人们从第一次踏上这个地点，其脚下依托的那个地面就随着各种建筑等行为而不断发生局部的损益，但全局的结构可能是稳定的，譬如建筑区已然是建筑区，墓地也总是墓地，它们的大致范围不变。但当人们的整体行为发生变化时，其聚落格局就有可能发生全局性的变化，如原来的生活区变成了墓地或者其他。这种全局性变化的卅始，是有可能在某个堆积的层面上辨认出来的。这个层面如此重要，以致应当给予一个专门的名称——"关键面"。而据此，就可以对遗址的文化堆积形成过程的阶段性进行把握和划分。这种文化堆积的分期不同于常说的文化分期，后者指文化面貌的分期，可能和人们集体行为的变化吻合，也可能相反。但这才是发掘现场要研究解决的问题，也只能是在发掘现场才能解决的问题。

三、"主动发掘"和"被动发掘"

就原因而言，目前考古工作者正在开展的发掘项目有两类。

一类是出于某种明确的学术目的组队进行的发掘，又称"主动性发掘"或"主动发掘"。一些大学为了完成教学计划，而这种教学计划又很难和其他考古机构组织的项目在时间上协调起来，也主动设计一些发掘项目。这类项目在设计时，通常会和学校教师的科研结合起来考虑，因此也属主动发掘的范畴。

另一类是由于工程施工或其他原因导致遗址继续保护前景堪虞，不得不进行的发掘项目，叫作"抢救性发掘"；因其多半和工程建设有关，又称"基本建设中的考古项目"，甚至叫作"随工清理"；又因由政府文物管理部门的指令组织，也称"行政发掘"；这类项目对于考古工作者而言颇有不得已而为之的被动感，所以还称为"被动性发掘"或"被动发掘"。

被动发掘不仅可能受到来自工程建设方面的掣肘，如预留的工作时间有限、发掘位置被限定得过于严格等，更由于对发掘者来说，这样的项目更像是一项工作任务而非自己感兴趣的研究课题，从而在学术目的上具有相当的模糊性。这些无疑是影响发掘质量的消极因素。为了克服这些消极因素，学术界不断呼吁基本建设中的考古发掘需要树立课题意识，国家文物局则通过颁布《田野考古工作规程》来规范被动发掘活动。但就近20年的情况看不容乐观，目前全国每年实施的被动考古项目占全部发掘项目的百分之八十以上。其他发达国家的情况也大致如此。如何进一步规范被动性发掘的行为，提高质量，将是一项需要长期努力的工作。

第二节　考古地层学

田野考古发掘主要依据考古地层学的原理来实施，我们首先介绍这方面的内容。

一、什么是考古地层学

考古学上有关遗址堆积形成过程的研究，叫作考古地层学，简称地层学。反之，地层学有关文化堆积形成过程的规律性认识，又指导了田野考古的发掘工作，是任何一项发掘必须秉承的原则，只有根据地层学原理，才能组织起有效的发掘方法，选择恰当的发掘技术，从而取得系统的资料。

二、考古地层学的产生与发展

考古学诞生之初，尚没有考古地层学，而是借用了地质学的地层学。

在自然界里，由于自然营力的作用，形成层层叠压的岩层，每层岩层都代表着一个地史时期，层位在上的，形成年代晚于被其叠压在下面的，这在地质学中叫作地层层序律。地质学家据此观察岩层的层位关系，讨论各地层的相对年代。古生物学家也根据不同地层内包含的动植物化石，来复原生物演化的历史。考古遗址上的文化堆积同自然岩层的堆积有一定的相似之处，且初期从事考古活动的又多为地质学家或古生物学家，他们很自然地把地质地层学的原理和观察方法用到了对遗址的文化堆积的考察上来了。

但是，人为原因形成的文化层与自然营力形成的岩层不同，它的堆积范围小，里面却存在着大量"侵入""扰动"与"被扰动"现象，复杂异常，不是用简单的"地层累进"就能解释得了的。随着对文化堆积中这些现象的逐渐深入研究，考古地层学也就从地质地层学脱胎而出了。

推动考古地层学发展的是考古学的研究需求。在物质文化史研究阶段，学科关心的核心问题是考古学资料的年代。文化堆积中的层序，给出了考古资料的相对年代关系。鉴于在相对年代研究上正确把握层序的重要意义，这个阶段的地层学主要针对地层堆积的层序关系提炼出若干概念，如"叠压"和"打破"关系等。也因此有些学者把这种地层学叫作层位学。

为了进一步从地层学出发研究考古学文化的分期，这个阶段的地层学还特别探讨了遗物在一个地层单位中的关系——"共存关系"，以及存在共存现象的资料的共时性问题。其实，这部分内容未必是地层学的任务，将其放在地层学中讨论，无非反映了学科在这个阶段对年代学问题的重视。

当考古学进步到以复原重建古代社会为主要目的的研究阶段，以聚落整体为研究对象的聚落考古大行其道。为了全面复原聚落生活，对资料的种类、数量、质量有了更高的需求，归纳起来可概括为两个大类。一是那些能够探讨聚落空间结构及其变迁过程的资料。二是可以用来复原一个特定结构内人们的各种行为内容，以及随着这个结构的变化人们行为变化的资料。

聚落的空间结构，指遗存的分布情况，依尺度可分宏观和微观两个层级。宏观结构指古代聚落（在一定意义上可将聚落视为遗址）的分布状况。聚落的位置、彼此之间的距离、聚落分布的疏密和规模等，都反映着宏观的社会结构及其与诸如环境、资源的关系等问题。获得这些资料，已经是当代考古学田野调查工作的主要内容。微观结构则指聚落内部房子、墓葬、窖穴、水井、农田等各种遗迹的分布情况。如果把这些遗迹视为具有各种社会活动功能的单位的话，那么从它们的分布中可以探索一个社区内部的社会结构及与之相关的各种问题。其实还有更微观的层级，即一座遗迹内部的结构问题，譬如一座房舍，其庭院、门、窗、灶塘、炕等设施及其相关的遗物位置等，都是讨论这座房舍所代表的一个社会单位的行为活动内容的线索。如果是一个长时段使用的遗址，则还要注意聚落结构有无发生过变化。

空间结构的资料为考古学家复原古代社会结构提供了重要线索。但要理解这个结构,还需要借助前面所说的第二大类资料,即能够反映在这个结构中人们的种种行为内容的资料。这类资料就更为庞杂,不仅有各式遗迹,更多的是遗迹中各种人工制品和与人的活动有关的自然遗存,它们的种类、数量及其摆放位置等,都包含着复原这座遗迹中人们各种行为内容的信息。

出于对上述资料的需求,原本主要是获得系统的年代学资料的考古学田野技术方法就需要进行调整变化。仅对层序关系进行阐释说明的地层学,也不再能满足指导旨在揭露聚落形态的田野考古之需要了,而必须有所发展。于是,研究人类活动的"行为考古学"和研究堆积成因的"埋藏学"开始进入考古学的视野。田野考古学在传统的以地层层位关系分析为主的基础上,进一步讨论了"地面"或"活动面"①、"最小堆积单位"② 两个重要概念。前者是在错综复杂的遗址堆积中寻找同一时间内不同遗迹空间分布的原理,后者则将诸如房子等的遗迹中的各个堆积单位看成过去人们构建、使用和废弃这座遗迹的行为过程中各阶段的遗留或物质形态表达。同时明确了文化堆积的分期与考古学文化分期的区别,而前者才是发掘者在发掘现场的任务。

如此,传统的考古地层学在内容上发生了很大变化和提升,并通过对发掘操作、资料和样品采集、记录方式这三个田野考古的子技术系统的重新设计,将上述两个新概念转化落实为技术措施。③

二、考古地层学的基本原理

当前,经过改进的考古地层学是通过若干核心概念来阐释的。

---

① 赵辉. 遗址中的"地面"及其清理[J]. 文物季刊. 1998(2).
② 赵辉,张海,秦岭. 田野考古的"系络图"与记录系统[J]. 江汉考古. 2014(2): 43—51.
③ 国家文物局. 田野考古工作规程[M]. 北京: 文物出版社. 2009.

1. 文化层与自然层

考古学是研究人类历史的学问，在野外的考古现场，考古学家主要关心的是过去人们创造并遗留下来的文化堆积。在考古地层学上，文化堆积又叫作"文化层"或"文化土"，泛指人为原因造成的一切堆积。这些堆积里面无论有无人工遗物，都属于文化层。在田野工作中，我们也习惯地称之为"熟土"或"活土"。由自然原因如洪水、泥石流、火山喷发的碎屑流等形成的堆积叫作自然层，也叫"死土""老土"或"生土"。

文化层因为经过了人为的作用，改变了原来土壤的结构和成分，因此可以根据其土质、土色和包含物状况等，将它和自然层区别开来。不同时期或者不同原因形成的文化层，土质土色及其包含物也不可能完全一致，彼此也是可以区别开来的。但要注意，在某些场合，自然条件剧烈极端，完全破坏了原来的堆积。如常年的风力侵蚀，已经把文化层中的土质完全吹走，仅体量较大而重的遗物散布现在地表，或者发生过滑坡、泥石流、崩塌等地质灾害，文化堆积脱离了原位置，尽管在新地点重新堆积起来，但原来的结构已经遭到彻底破坏。这样的新堆积，称为"二次堆积"或"次生堆积"。就形成的原因而言已经丧失了地层学研究的价值。

尽管考古地层学研究的是文化层，但是和文化层有直接关系的自然层也可能带有反映某种过去人们活动的信息。例如，通过讨论叠压着文化层和被文化层叠压着的自然层的地质年代，可以界定出遗址形成和废弃的时间，这上下两个自然层中包含的环境信息，还可以进一步提供遗址出现和废弃的原因等。所以，考古学并非不研究自然层。

需要指出的是，考古地层学的文化层，是对一处遗址上全部文化堆积的泛指。在一些考古报告中经常使用上文化层、下文化层，或第一文化层、第二文化层等的说法，这是发掘者根据某种标准对全部堆积的进一步划分，和这里说的文化层概念不同。

还有一个与文化层有关但却不严谨的概念——地层。有时，它泛指遗址上的全部堆积，甚至可能包括了遗址上那些由自然原因造成的堆积，如两个文化堆积之间的"间歇层"。也有时，地层一词专门指文化堆积中的层状堆积体，比如某探方第5层。还有的时候可以看到"地层单位"这个词。这是个泛称，一个地层单位，可以指一座房子或者一个灰坑的遗迹，有时候也可以指代一个堆积或界面。总之，需要注意这个名词的使用语境。

2. N 过程与 C 过程

这是由行为考古学家谢弗（M. Schiffer）提出的基本概念[①]，用以描述造成遗址堆积形成过程的不同营力作用。

N 过程（Natural Transforms）是由自然营力作用对遗址形成的影响。N 过程在不同类型、不同时代、不同生态区的遗址上的差异很大。通常 N 过程由如下几种因素构成：

（1）成土作用，即土壤的发育过程，包括土壤中各种矿物质和有机质的分解、合成、淋滤、淀积、迁移等。成土作用不仅发生在暴露地表的自然层，而且对于人类活动的文化堆积也持续发生作用，从而造成土质、土色、包含物、土壤结构等方面的变化。一些人类活动的文化层经过后期的成土作用甚至会形成富含养分的适宜耕作的土壤。

（2）生物作用，包括动植物和昆虫的作用。植物根系会深入土壤的内部，加速地下埋藏遗迹的分解，因此在遗址上种植根系发达的树木会对遗址造成潜在的破坏。一些小型动物的洞穴，如鼠、蛇等，会扰乱地下堆积，严重情况下会导致遗物的移动，从而破坏其原有的层位关系。

（3）化学作用，比如，土壤中的碳酸盐会在地表水的作用下形成钙化胶结物，如土壤中常见的料姜石。再比如，酸性土壤中铁元素的淋滤以及骨骼和有机质的分解。

[①] Schiffer, M. *Behaviorial Archaeology* [M]. New York and London: Academic Press. 1976.

（4）地质因素和物理作用，比如火山喷发、泥石流、地震等造成的地裂、位移等。一些情况下，遗址上不同时期的人类活动也会打破地下堆积的重力平衡，造成遗迹的空间位移。比如，河南淮阳平粮台遗址可见龙山文化晚期房屋修建在早期灰坑之上，由于地基不稳而造成垫土塌陷现象。同样在平粮台遗址还可以见到由于汉代挖墓而造成的临近龙山文化墙基的位移和塌陷的情况（图3-2）。

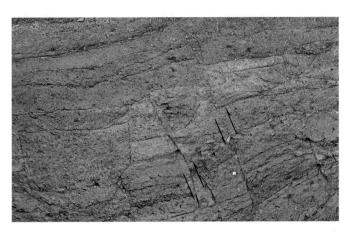

图3-2 平粮台遗址龙山文化房基塌陷现象

C过程（Cultural Transforms）是各种由人类活动所造成的遗址堆积的变化。无论是人类建房、筑城、挖沟、挖坑、取土，还是耕作、用火、肥田都会对遗址堆积产生影响。由于人类行为复杂多样，因此理论上C过程也有无限的种类和可能性。尽管如此，人类活动在遗址上的行为仍可分为加法和减法两大类：

加法原则（positive）或称为在遗址上做加法，指造成遗址上堆积体增加的人类活动，比如铺垫房基、修筑城墙、填满洼地等。

减法原则（negative）或称为在遗址上做减法，指造成遗址上堆积体减少的人类活动，比如挖坑、挖沟、挖壕等。

显然，人类行为对遗址堆积过程的影响都是通过做加法或做减法来实现的。

总之，无论N过程还是C过程都是考古发掘中要正确解释遗址堆积的形成过程所必须关注的内容。

3. 扰乱与被扰乱

遗址堆积的形成过程中，往往是 N 过程与 C 过程交织在一起的。事实上，只要有人们的活动，无论是做加法还是做减法，扰乱与被扰乱就几乎不可避免要发生。因为人们总要建设一些必要的设施，如地下的窖穴、地穴或半地穴式房子、水井等，都会破坏老堆积，即便是地上建筑，也要开挖基础，或者从老遗址上取土奠基等，都会扰乱原来的堆积。N 过程也有"侵入"等现象，但原因不同，也不常见，在文化层中人类活动造成的扰乱与被扰乱的现象大量存在，比比皆是。对这类现象的研究，成为考古地层学的重要内容，而在地质地层学中几乎微不足道。（图 3-3）

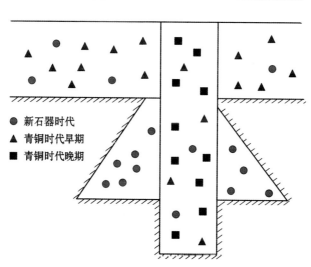

图 3-3　考古遗址中的扰乱与被扰乱现象

人为原因造成的"扰乱"是有方向性的，只能是晚新文化堆积形成时扰乱了早期地层，不能相反。在这个现象中，晚新形成的堆积是扰乱者，老旧堆积是被扰乱者。这个关系及其具体形态，当然是应该要在发掘现场仔细辨认出来的。把握这个现象，一方面有助于我们一定程度上推测被扰乱堆积的原貌，另一方面，由于发生了扰乱，老旧堆积中的遗物可能被带进晚新堆积，会在日后对考古资料做年代学整理时带来干扰麻烦。这方面的内容，还会在介绍资料整理的章节中专门论述。

还需要指出的是，国内学术界长期以来有一个似是而非的"扰乱层"的概念。一些田野考古报告在描述某一层堆积，常常是在描述遗址上的晚新地层时，将其称为晚期扰乱层或明清时期的扰乱层等。比如，名之为明清时期的扰乱层，但它指的是明清时代扰乱了早期堆积后形成的地层，还是被扰乱了的明清堆积？实际上，这两者还是有区别的。弄明白这个道理还有一个意义，就是在实际工作中，常常因为发掘者的学术兴趣是遗址下层的堆积，而用扰乱层的借口对上面历史时期的堆积草率处理。这是不合适的。

4. 遗迹——人类行为的核心

历史上的某一时刻，一群人首次来到一个地点驻扎下来，开始生活，文化层的堆积过程也随之开始了。人们将会对所驻扎的地点进行各种各样的改造，以创造出一处生活舒适、生产方便的场所。他们会平整土地，建造家居、仓储，建造从事陶器、石器、铜铁等金属器的制造场，开辟农田阡陌、道路渠沟，构筑防御工事，还埋葬死者，在特定地点举行宗教仪式，等等。于是遗址上便有了房屋、窖穴、陶窑、水井、广场、圈栏、路网、墓葬以及垃圾堆等各色人工堆积物。即便是早期狩猎采集民的短期营地遗址上，也会留下火塘灰堆、制作石器以及肢解猎物的场所等，至于历史时期的城镇遗址，其中的花样就更多更复杂。

聚落上的生活日复一日，家居、仓储等有损毁也有重建，以及人们不断丢弃各种废弃物等，人为造成的堆积也就日渐丰厚起来，直到出于某种原因，这个地点上人们的活动全部停止为止。在以后无人的岁月里，遗址表面会被风蚀、洪积之类的自然沉积层或地表植被的腐殖层封埋起来，静等考古学家重新发现它。也有的遗址上隔了一段时间之后再度有人群定居，于是新一轮的堆积也再度开始。还有些遗址上自开始有人直到今天，人们的活动竟一刻也没有停止过，如北京、西安、罗马等古今重叠城市。

　　从以上可见，遗址上的堆积，都是过去人们有意无意之间创造出来的，有意者如房子、无意者如一层垃圾，都因背后特定的原因和目的使然。因此可以把它们视作一个个的功能性单位。考古学家习惯的叫法如房子、墓葬，水井、陶窑等，也即依照功能的分类。当然也有很多一时难以判断其明确功能的，但相信它们也是事出有因。在地层学上，将这样的功能性单位称作"遗迹"或"遗迹单位"。这些遗迹都有空间上的三个维度。遗迹既是过去人类行为活动的核心，同时也是田野工作的核心。（图3-4）

图3-4　广富林遗址崧泽-良渚文化墓地

5. 遗迹的形态与"界面"

　　遗迹因需求被制造出来，因功能用途不同，形成了形形色色的形态外观。一般而言，常见的遗迹可以归纳为以下几类：坑状遗迹，如半地穴建筑、灰坑、墓葬；沟状遗迹，如水渠沟洫、残留的建筑基槽；丘状遗迹，如墓葬封土、建筑台基以及建筑上部结构的倒塌堆积；垄状遗迹，如城墙；层状遗迹，如庭院、广场的垫土层、农田耕土层。

但在发掘现场，考古学家首先面对的不是功能，而是形态。首先要做的是根据构成遗迹的不同堆积体的土质土色和包含物等特征，将它们一一框定出边界范围、分界面。遗迹的平面形态是根据其堆积的边界范围圈定出来的。但遗迹是具有三个维度的堆积体，因此，平面上看到的边界线，下面一定连着一个边界面，简称"界面"（interface）①。

界面概念的提倡者哈里斯将"界面"分为"地层界面"（layer interface）和"遗迹界面"（feature interface）两大类，每一类下又分为"水平"和"竖直"两种情况。"地层界面"是层状堆积之间的界面，为大致的水平层状界面（horizontal layer interface）。不同的层状堆积之间还常常存在共享界面的情况。直立堆积之间的界面为直立层状界面（upstanding layer interface），最直接的例子就是城墙的直立夯土块之间的界面。"遗迹界面"是遗迹的边界面：既可以是水平方向的边界面（horizontal feature interface），比如城墙的上部；也可以是竖直方向的边界面（vertical feature interface），比如最常见的灰坑坑壁。

实际上，任何人工原因造成的层状堆积，再大也有边界，至于它为平展还是弯曲，倾斜还是陡直等，是由构成遗迹的堆积体的形态决定的。因此，界面本质上是一座遗址的轮廓面。在它的上面，有时还保留建造或使用它的种种痕迹，如墙壁上的抹痕、坑壁上的工具痕迹、地面上的烧烤痕迹等，这在考古学上称为"遗痕"，也许还有岁月沧桑中大自然对它的雕刻打磨。所以，在发掘现场恰到好处地清理出界面，对于了解这座遗迹内发生的人们的行为，是非常有意义的。

值得注意的是，界面随着建筑物的坍塌废弃会发生变化，如一座塌毁了的半地穴房子，地穴部分的原生界面还保留完好，但上层

---

① Harris, E. C. *Principles of Archaeological Strategraphy* [M]. 2nd ed. Academic Press. London & San Diego.

结构的轮廓面已然发生了变化。不过，这种变化也是有原因的，个中原委则正是考古学家们的兴趣所在。

6. 地层关系

一座遗址上的文化层，是在一段时间里，先后产生的许多遗迹或地层单位陆续堆积而成的。它们挤压叠置或套叠在一起，结成了所谓的"地层关系"或"层位关系"。准确把握这个关系，也即了解了各遗迹单位的相对年代和整个遗址堆积的形成过程。这无疑是非常重要的田野考古工作内容。

两座接触在一起的遗迹，在形成时间上必定有个先后，其关系叫作"直接地层关系"。相对这组关系而言，其他遗迹与它们的关系叫作"间接地层关系"。

直接地层关系的具体表现形态无非是"叠压"或者"打破"，也称"叠压关系"或"打破关系"。打破关系指晚期的堆积形成时，对早期堆积造成了破坏，例如一座新窖穴挖穿了早期地层，或者挖掉了一座墓葬的一隅等。叠压关系指晚期堆积覆盖了早期堆积，常发生在层状堆积之间。但需要注意的是，这里所谓的叠压，是后期堆积对早期堆积没有任何破坏的覆盖，如果后期堆积形成时，对早期堆积的表层造成了破坏，则应视为打破关系了。例如遗址表面的耕土层，犁铧在耕作过程中破坏了遗址表面，这实际上是一种打破关系。

两个有直接地层关系的遗迹界面必定发生接触、冲突。哈里斯认为，无论"地层界面"还是"遗迹界面"都有"原生面"和"破坏面"的差别。从界面的归属角度或许更容易理解哈里斯的这个观点。

例一，唯一归属的界面：两座灰坑，编号 H1 的灰坑打破了 H2。H1 保留了完整的界面或轮廓面。H1 与 H2 接触部分的界面属于 H1，即为哈里斯所说的原生面。对 H2 而言，这部分属破坏面。同样道理，对于周围的堆积而言，H1、H2 的界面都是破坏面。（图 3-5）

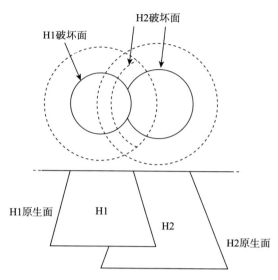

图 3-5 打破关系灰坑的原生面与破坏面

例二，唯一归属的界面：一个层状堆积覆盖了早期地层及其早期地层表面开口的灰坑，但晚期地层形成时，破坏了早期地面，因此，这是一个叠压关系的假象，实际上是打破关系的一种形态。那么，介于两层堆积之间的界面是上层堆积的界面，对层位关系在下的地层单位而言，它是破坏面，而非原生面。

例三，共有界面：上层堆积形成过程中没有对下层堆积的表面造成伤害，是"纯粹的掩埋"，则这个界面为上下两层堆积共有。

因此，界面既有归属，也有方向。破坏面意味着后发行为对此前行为结果的否定，意味着前后行为没有联系。共有界面意味着后发行为对早发行为结果的认可，前后行为间具有某种相关性。

7. 堆积过程

作为功能单位，任何遗迹都经过了建筑、使用和废弃三个环节。也有个例外，就是墓葬的使用和废弃这两个环节合二为一了。理论上，这三个环节都有可能留下相应的形状或堆积。事实上，大多数的情况更复杂，每个环节上还可能不止一种堆积。譬如一座房屋，仅在建造环节，就有可能保留下奠基、开挖墙基槽、立柱、填埋基槽、起墙、结顶、多层处理室内起居地面和墙面、砌建火塘等设施的多种行为造成的堆积。再如田野上所谓的灰坑，至少那些形状规则的，原本是作为窖穴挖掘构建出来的，后来其储藏功能废弃了，转用做倾倒垃圾的场所。这里很可能又经过了多次倾倒，窖穴才被填满。于是，坑内便保留下来层层的灰烬。

由于造成这些不同环节以及人们在每个环节上多次行为的内容各不相同，堆积的土质土色就各有区别，在发掘现场是可以识别分辨出来的。兹将一次人类行为活动形成的最小的堆积体称为"堆积单位"（deposit）。那么，显然一座遗迹是由不同的堆积单位构成的。西方考古学里也有类似的概念——"context"，只是堆积和界面都属于context。

一个堆积单位意味着和这座遗迹相关的人们的一次行为。一座遗迹之内的各堆积单位之间的关系，和上面说到的遗迹之间的地层关系一样，是依照时间的顺序依次形成的。这个顺序也就应当看作这座遗迹里人们各种行为逐次展开的顺序。如果再联系不同遗迹之间的人类行为次序，那就是整个遗址的堆积形成过程了。

8. 遗迹依托的地面——"活动面"

任何遗迹都是脚踏实地建造起来的。开挖一座窖穴或者在平地上起建一座房子，都需依托在一个地面上进行。与此同时人们从事的其他活动也是在这个地面上进行的。这个人们在一段时期频繁使用的地面叫作"活动面"[①]。

活动面和界面有关系，也不同。界面有两个重要特点，一是它是遗迹以及较遗迹更小的堆积单位的轮廓面，是这个单位的一部分，或者是它的"包袱皮"或"皮肤"。二是界面中有的在较长时间里为人们所利用，如窖穴的壁面和穴底，又如房屋建筑的居住面及其墙壁；也有的存在时间很短，几乎是形成之后立即被填埋掉了，它只是代表了该遗迹的建造活动，而没有使用这座遗迹的过程记录，

---

① 赵辉. 遗址中的"地面"及其清理 [J]. 文物季刊. 1998（2）.

如居住面的两层垫土之间的界面可能仅仅意味着人们上午和下午的两次铺垫工序，又如为修建城墙开挖的基槽等。这里所谓的活动面，则是指由若干同一时间内使用的遗迹界面连缀而成的那个地面。它可以从一座家居的室内地面开始，通过门道，与室外广场连接起来，再延伸到另外一座建筑，再到村落外的墓地、农田，甚至另外一座村落。因此，活动面在理论上是开放的，没有边界。

虽然活动面是由许多遗迹界面连缀而成的，但它却是一个整体，是囊括了许多同时存在和使用中的遗迹以及它们的界面的更大整体。作为一座功能性的遗迹，它记录的是建造它的那个社会单位的相关行为。譬如一座建筑，你可以推测甚至可以在一定程度上证明它为一个家庭所使用，这个家庭的生活起居、生儿育女、家庭手工业、宗教活动等是在这座建筑内进行的。一个村落，同时有若干家庭，也就有数量相应的家居建筑。然而，一个家庭的家居生活并非完全独立，既然它属于村落这个更大的社区，那么它的所有行为也就同时具有社区行为的属性和意义。此外还可以想见，村落还有相当多的集体活动，如村落会议、集体宗教仪式、集体生产等，这些是在家居之外，村落的其他地点进行的，这些地点上要么也有相关的建筑设施，如宗教建筑、纪念碑、陶窑作坊等，要么只是一块广场、一片耕地。所有这些活动才是一个完整的村落集体行为。活动面即为这种村落集体行为的载体。在集体行为这个层次上，活动面是个整体。说活动面是由许多同时使用的界面有机地连缀而成，并非机械地拼合而成，还不仅是从以上理论推演出来的，在发掘现场，其实是能够寻到证据的。例如从室外延伸进室内的踩踏路土、从一座院落延伸到另一座院落的小径，等等。

活动面代表了一定时间段里人们的集体活动，它在这段时间内总体上是稳定的，但在局部，却可能是变化着的。遗址上的建筑总有损坏的时候，毁弃和重建总是在遗址各处此起彼伏地进行着。新建造起来的设施虽然局部破坏了原来的活动面，但新设施内部的地面又和外面原来的地面联系起来，也即这个局部的新活动面融合进了整体。在遗址的聚落生活中，活动面的这种局部废弃和重新形成反复上演。因此，活动面又是一个动态的、生成性产物。

活动面这个概念之于当代考古学关心的聚落形态复原研究有三个方面的意义：

首先，根据这个概念，考古学家能够将复原社会的理念落实到寻找联系和构成社会整体的现场证据的技术措施，并有望获得这些证据。

其次，这个现场证据为考古学家提供了发现聚落集体行为模式的直观线索。

最后，通过对活动面此起彼伏的局部变化的追踪，考古学家还可了解人们是如何保持或部分修改集体行为模式的过程。

9. 文化堆积的分期——"关键面"

已经有大量经验表明，定居生活形成的遗址上，人们的集体行为模式在一段时间之内是得到尊重和保持的。例如在河南邓州八里岗遗址上发现了三排连间式建筑，每排房间二十间左右。每个房间面积和内部设施相仿，从出土遗物等情况综合分析，这些房间应当是核心家庭的住房。村落的布局透露出当时人们的生活严格地遵循着某种纪律规范。而多年的发掘发现，聚落三排建筑曾经多次毁坏和在原址重建，有的地段层层叠压的房子竟达六七层之多，表明八里岗"制度"被长期执行过。再通过对考古资料的年代学研究得知，这段时间约当仰韶文化中期到仰韶文化晚期的开始，持续了四五百年时间。到目前为止，八里岗的发掘大部分停止在这个层面，更早阶段的聚落情况仅有局部露头。但也可以据此得知，约当仰韶文化早期的建筑不是连间排房，而是半地穴式单体建筑，从中体现的行为模式和仰韶文化中期明显不同。进而在约当屈家岭文化时期，聚落布局再度变化，原来的居住区内出现了大量灰土圈，研究认为它们最有可能是一种高架起来的粮仓之类设施的基础，意味着人们的行为模式再度变化。

遗址上人们集体行为模式发生改变，可能是因为前后人群不同，早期人群出于某种原因终止了在遗址上的定居活动，新来的人群再度利用这个地点时不知道也不必遵守此前的规定。这种新旧交替，中间可能相隔了几年、几十年甚至几百年。还有一种情况是遗址连续使用过程中，出于某种内部原因，人们改变了聚落布局。例如山东龙山文化的城址大多有两三重城垣工事，研究得知它们是人们不断扩大城市的结果，而其间的人们活动没有任何间断。总之，导致遗址布局变化的原因可有多种，这正是历史研究中最令人感兴趣的地方。但在发掘现场，发掘者要做的是在复杂的文化堆积中，准确识别出变化发生的地层位置。

这个位置可能表现为一块新的许多遗迹界面连缀成的活动面，其上的遗迹种类、位置等和早前堆积中的不同，甚至这个新的活动面同时也是对此前堆积造成的破坏面；也可能是两层文化堆积之间的自然间歇层。以这个大界面为界，遗迹种类和聚落布局发生变化。这种现象在现场是可以从平面分析和剖面观察把握得住的。它意味着人们集体行为模式的重大转折，因此，将其称为"关键面"。

鉴于关键面在解释集体行为模式上的重要意义，我们可以据此对整个遗址的文化堆积进行分期。需要注意的是，文化堆积的分期不同于考古学家们惯常所说的文化分期。后者是文化面貌的转变，准确地说是考古学文化分期；前者是行为模式变化导致的堆积内容的变化，是堆积过程的分期。两者可能同步，也可能不吻合，例如前述龙山文化遗址上，考古学文化面貌上是连续发展的，行为模式却几度变迁。

20世纪80年代初期，俞伟超先生就首次指出了对遗址上文化堆积进行分期研究的重要性。[①] 但长期以来，并未引起足够重视。究其原因，当时的田野考古主要还是围绕为文化史研究提供系列的年代学资料展开的，并不十分在意聚落空间结构方面的变化。然而在考古学研究越来越指向古代社会的全面复原的今天，把握聚落结构及

---

① 俞伟超. 考古学是什么 [M]. 北京：中国社会科学出版社．1996.

其变迁之于田野工作的重要性，就愈发凸显出来了。

总之，过去的人类行为是一个连续的过程，这个过程产生的遗存被封存在了遗址之中，并经过了后期的自然和人为因素的转换才保存至今天。考古发掘的任务就是如何在尘封的遗址上，将过去人类遗留的静态遗存串联成一个动态的故事，而上述考古地层学的原理就是我们实现这个过程的基本理论依据。

四、小结

在田野考古发掘活动中，考古地层学扮演着指导思想的角色。根据地层学对文化堆积形成过程的理解，形成了以下几项任何遗址发掘都必须遵守的基本原则，也是我们解开一座遗址堆积形成过程秘密的钥匙。

1. 依据土质、土色、包含物并参考其他相关现象①区分堆积单位。
2. 完整把握遗迹单位的边界形态和轮廓面。
3. 依照堆积形成的相反顺序逐一按单位发掘。
4. 堆积单位是一次清理、采集遗物和记录的最小作业单位。
5. 人类活动迹象清楚的活动面是重要的遗迹现象，发掘中应尽量完整揭露，详细观察，多手段记录。
6. 关键面是解决遗址堆积过程分期的重要依据，发掘过程中应注意对遗迹分布发生变化的关键面的把握和记录。

第三节 考古发掘的准备工作

了解了考古地层学的基本原理，我们就可以组织实施考古发掘。首先，无论抢救性发掘还是学术发掘，都应当事先制订出周密的发

---

① "相关现象"指凭借土质、土色等均难以把握区分时，需结合遗迹间的地层关系、遗迹性质、分布走向的趋势等多种因素把握遗迹地层和单位。在初步判断探方的平面现象后，解释各遗迹现象间的关系更应考虑这些"相关现象"。

掘计划。作为教材，以下主要围绕学术发掘项目展开叙事。和田野调查一样，发掘的准备也包括了学术准备和发掘队伍的组织及物资装备。

一、制订工作计划

发掘工作计划应包括以下要点：

1. 选择发掘遗址

选择什么时代、什么类型的遗址进行发掘，是由学术课题的需求来决定的。而学术课题则产生于当地考古学研究的积累之中。因此，一项发掘的设计、组织者，应当是一位有相当学识的研究者。

在同类遗址有若干座的情况下，就面临如何从中挑选一座进行发掘的问题。原则上，在满足学术课题需求的前提下，应当尽量选择那些保存现状不佳或者继续保存的前景不太好的遗址。这就需要按照当地遗址的时代、性质、保存情况等分门别类，分出轻重缓急。在此基础上，制订出该地区考古的长期工作计划。为此而事先进行的全面调查是必要的。当然，在满足了课题需要之后，也要考虑工作条件、环境等方面的因素。

2. 制订发掘计划

选择好一处遗址后，需要制订出一个合理可实行的发掘计划。

制订一项合理的发掘计划，需要对拟发掘遗址有比较全面的了解。这种了解，一般是在此前对遗址详细勘察中得到的。此外，若为历史时期遗址的发掘，相关文献也可提供线索。例如《周礼·考工记》说，"匠人营国，九经九纬，前朝后市，左祖右社"，即是例子。总之，对与遗址性质、结构等方面的信息了解越多，越能减少工作的盲目性。

一次发掘的面积有限，很多情况下，一座遗址上的发掘需持续多年。因此也需要有个年度计划，确定在遗址上先发掘哪里，后发掘哪里。每次发掘区的选定，同样需要根据课题的阶段性要求来定。

如果课题要从遗址的文化编年开始，第一次发掘就不一定选择在建筑区，而以遗址的边缘为好。因为这里多半是当时人们丢弃垃圾的场所，在这里发掘，可以获得较多遗物，可供细致的年代分析之用。进而，若再要了解遗址的建筑情况，则再选择适当的新地点。

当然，在制订工作计划时还要考虑发掘面积、人员、财力、物力、时间等因素，最好留有一些余地。

二、发掘项目的申请报批

根据《中华人民共和国文物保护法》和其他相关规定，无论学术性发掘还是抢救发掘项目，皆应严格按照程序要求由地方政府文物管理机构上报国家文物局批准后方能实施。如果是在国家级文物保护单位的遗址上的学术发掘，在申报年度考古项目申请时，必须提前提出对该遗址的中长期考古工作计划。国家文物局会在组织专家慎重论证后，再决定是否批准实施。

三、组建发掘队伍

发掘一处遗址，通常是多人的集体行动，需要认真组织。一支考古发掘队，通常由如下人员构成：

总负责人，也被叫作项目负责人或领队，由具有国家文物局颁发领队资格证书的考古学家出任，并在本项目中得到国家文物局的领队任命。领队负责制订和调整工作计划，在发掘过程中及时收集各发掘区的情况汇总分析，全盘掌握工作进度和人员调配，负责各种遗迹的统一编号，监督或亲自绘制发掘工地总平剖面图，负责工地总记录，以及处理考古队各种行政事务和突发事件等。

队员通常有两种人员，一为具有大学本科以上考古专业学历，且有田野发掘能力和经验的考古工作人员若干，每人负责若干探方的分析、清理、采样和记录。一为具有一定工作能力的技术人员，在专业人士的指导下承担探方发掘和一些难度较大的遗迹现象的清理。队员还要根据领队安排，分工负责库房管理、测绘、摄影、出土器物的修复、整理等业务工作和一些具体的行政工作。

工人，按照现在的通行做法，考古队还会聘请一些当地的村民作为临时工人，在发掘现场承担一些重体力劳动。

此外，考古队还需联系诸如遥感、测绘、环境、地质、动物、植物等学科领域以及文物保护机构的专家，视发掘进程中的需要，来现场帮助工作。

西方的考古队中还常常可见志愿者的角色，他/她们多是由对考古工作感兴趣的爱好者申请加入，经过基础的培训后在考古队员的指导下从事发掘的各项工作。有时考古队也会公开招聘志愿者。这种方式既满足了公众对参与考古发掘的兴趣，又一定程度上解决了考古队人员短缺的问题，是一种值得学习的方式。

四、物资准备

一项发掘工作所需最基本的物资器材包括以下几大类：

1. 发掘工具

如清理遗迹的考古专用手铲、镐、锹、竹签、棕刷、扫帚等和出土运土器具等。

2. 测绘工具

既包括电子全站仪、RTK、小型无人机、三维激光扫描仪等高端测绘设备，也包括简易测绘器具如卷尺、水准泡、垂球等。

3. 采集和包装用具

包括用于干筛和湿筛的各类筛子、浮选器具，陶片袋、塑封袋、包装纸、线绳等各种包装用品和包装材料。

4. 记录用具

包括各种记录表格和记录本、各种规格的绘图纸张、摄影摄像器材和文具等。

5. 其他用具

包括保障人员安全、工地安全、文物安全的各种设施设备。

以上仅为考古发掘工作的基本器材用具。具体到一个项目，还须视需求增加。此外，田野考古的装备随科学技术的进步，是不断更新的。譬如大约在 20 年前，考古测绘用器材还是光学平板仪、经纬仪、水平仪为主，现在已经基本为更为精确和方便的电子全站仪、RTK 取代；各种纸本的记录表格、记录本等的功能，其相当部分也逐渐有为便携式计算机替代的趋势，使用胶片的照相摄影器材已经换成了数码产品，在各种田野考古资料的管理上正逐渐引入数据库和网络化的管理平台等。

五、测绘遗址和建立坐标系统

在正式开始发掘工作之前，需要首先建立遗址统一的三维测绘坐标系统，绘制遗址大比例尺地图，并依据测绘系统对遗址进行分区规划，预设探方和编号系统。

（一）测绘遗址

一张带有详细地貌内容的大比例尺遗址地形图，同样是发掘工作的必须。发掘者要利用它规划和标注遗址的坐标系统、规划布设发掘探方、标注每个年度发掘区的准确位置。如果是经过了矢量化处理的电子图，还可以将发掘过程中陆续发现的各种遗迹现象的测绘直接叠加进去，形成一张遗迹分布总图。

按照调查工作的程序要求，在对遗址勘察时，就应当对这座遗址进行了测绘。

（二）建立三维测绘坐标系统

在遗址的发掘过程中，任何迹象的记录，都需要有明确的三维坐标数据。为此，在发掘工作开始之前，应当首先在遗址上建立起一套永久固定的三维测绘坐标体系，以保证该遗址无论经过多少个年度的发掘，每个测点的三维数据都是在这个坐标系统之中。

我国考古界对必须建立一个永久固定的坐标系统的认识并非是一开始就有的。早年的考古工作如西阴村、殷墟等遗址的发掘，也都测绘三维坐标,但仅限于发掘区之内,而没有将整个遗址都规划进去。不同年度的发掘,也未必坚持使用同一个坐标系统。此后一段时间的田野考古发掘,尤其是多年度发掘工作,在这方面仍没有给予足够重视。如不同年度的发掘区布设、探方编号等都显得随意,多有重叠错位的情况。而且所有的深度数据都从设定高程为"0"的探方西南角测量而来。然而不同探方的西南角是否高程一致,却无从得知。如此,这些高程测绘数据也就形同虚设了。当时的光学测绘仪器使用上很不方便,可能导致了这种情况。但当时学科关心的是文化堆积的相对年代序列,并不十分追求平面整体情况,这可能是忽略这个问题的最主要原因。在国家文物局 2009 年颁布的《田野考古工作规程》中,再次将在遗址上建立固定永久坐标系统作为强制性标准要求。而现代可以便捷使用的测绘仪器也使得这项工作变得轻而易举。

建立坐标系,首先需要设置永久性测量控制点。控制点应当和附近的大地测量标志点取得关联,这样就可以准确知道遗址的地理位置和海拔高程,并方便考古测绘与遗址保护和当地基础设施建设的对接。利用高精度静态测量型的 GPS 可以更简便地完成这项工作。(图 3-6)

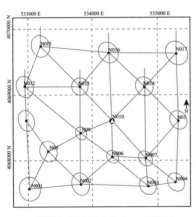
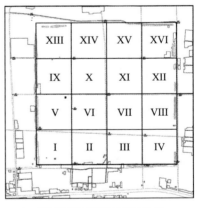

三维测绘控制网(静态GPS联测)　　基于测绘控制网的遗址分区

图 3-6　遗址三维测绘控制系统及分区

控制点是以后发掘中各种度量作业的起点。最好将其设定在能直视全部遗址的位置，这对日后发掘中大量数据采测的方便是很要紧的。但这只是一种建议，而非硬性规定。因为在发掘过程中，自控制点引出临时测站和变动测站的情况是时有发生的。

坐标系统的方向一般选择为北方向，包括磁北、真北或坐标北[①]。但有些特殊场合，如遗址狭长、走向倾斜，也允许考虑按照遗址方向建立坐标系统。

（三）遗址分区

在利用控制点设置坐标系统方面，一般会根据遗址的具体情况分区并设置原点，每个区均以自己的西南角为各自测绘的原点。

如果是一座小型遗址，如面积不足1万平方米的史前遗址，从工作方便计，可考虑在遗址上建立一个单象限的坐标系统，即把原点设在遗址的一隅，遗址全体落在一个象限之内。

大型甚至是特大型遗址的坐标系统需要首先对遗址进行分区规划。区划设置应以满足遗址保护和考古工作的实际需求为准。考虑到探方编号的问题，每区的大小一般不宜超过500×500米[②]。

遗址分区有固定式、开放式和半开放式三种方法（图3-7）：

固定式分区：一次性确定遗址的分区及编号，适合于范围明确且工作范围不再扩展的遗址，一般采用罗马数字进行编号。

开放式分区：开放遗址的分区及编号，适合于工作范围不断扩展的大型遗址，一般采用NSEW坐标方式进行编号。

半开放式分区：依据单一的方向开放遗址的分区及编号，适合于在单方向上工作范围不断扩展的大型遗址，一般采用南北方向字母+东西方向数字方式进行编号。

[①] 磁北为地球北磁极的方向，一般使用罗盘测量获得；真北为地球北极所指的方向，即南北子午线的方向，可通过测量北极星的方位获得；坐标北是地理坐标系中某投影带的中央子午线方向，可通过与国家测绘控制网点的联测获得。

[②] 超过这个大小，会增加探方编号的长度。

I区	II区	III区	N1W1区	N1E0区	N1E1区	C1区	C2区	C3区
IV区	V区	VI区	N0W1区	N0E0区	N0E1区	B1区	B2区	B3区
VII区	VIII区	IX区	S1W1区	S1E0区	S1E1区	A1区	A2区	A3区
固定式			开方式			半开放式		

图 3-7 常见遗迹分区编号

（四）布设探方

探方是田野考古发掘中发掘、记录、采样的基本作业单位，探方一般为正方形，最常用的是 5×5 米或 10×10 米的规格。既然探方是等边的四方形，在建立遗址的测绘坐标系统时，就可顺便规划出探方的网格。之后需要为每个探方给予编号。在编号中，探方写成汉语拼音"探"字的第一个字母 T。在一座遗址上，任何一个探方的编号都应当是唯一的。常见的编号方法有以下两种。

序号法，即随着探方陆续开挖，探方号也从 T1 开始陆续编排。这个方法简便，适合试掘和小规模发掘的场合。如果用在较大规模或多次发掘时，可能发生探方排序上不衔接的现象。为了避免这种情况发生，目前最常用的是坐标法。

坐标法，依照遗址分区规划的坐标系统对探方进行的编号。坐标法的探方编号常常以字母 T+四位阿拉伯数字组成五位编码。如T3119，表示该探方位于遗址某区自原点算起向北第 31、向东第19 个探方。探方编号前多加上分区号，以区分不同区内的探方，如Ⅲ T3119、S1E1T9797。但需要注意的是，每区最北、最东一列探方，因编号 100 超出两位数，一般情况下可缩减为 00 代表，如S1E1T9700。如果按 10×10 米规格规划的大探方还可兼容 5×5 米规格的小探方，其编号以 10×10 米规格大探方为基准，附加大写ABCD 字母区分。（图 3-8）

III T3419	III T3420	III T3421	III T3422	S1E1T0097	S1E1T0098	S1E1T0099	S1E1T0000	II T3210A	II T3210B	II T3211A	II T3211B
III T3319	III T3320	III T3321	III T3322	S1E1T9997	S1E1T9998	S1E1T9999	S1E1T9900	II T3210C	II T3210D	II T3211C	II T3211D
III T3219	III T3220	III T3221	III T3222	S1E1T9897	S1E1T9898	S1E1T9899	S1E1T9800	II T3110A	II T3110B	II T3111A	II T3111B
III T3119	III T3120	III T3121	III T3122	S1E1T9797	S1E1T9798	S1E1T9799	S1E1T9700	II T3110C	II T3110D	II T3111C	II T3111D

图 3-8 常见探方编号

按照坐标编号，不仅不会发生混乱，而且依据探方编号可以方便推算出探方在遗址上的位置，同样任何一处遗迹，也可依据坐标反推其所在的探方。坐标法可以方便地实现遗迹、探方与测绘系统的统一，最值得提倡。

第四节 探方发掘法

探方（英文一般称为 trench，或者 square、grid）是控制发掘的基本单位，在发掘现场，一般要将发掘区划分成边长、面积相等的若干正方形，再由若干发掘人员分别负责一个或几个探方的清理。

一、探方发掘法的由来

早期的考古发掘均使用探沟法。这是因为，一方面纵横交错的探沟更适合于大面积寻找遗物，另一方面也方便考古学家观察地层。这不仅在西方，我国早年安阳殷墟的发掘也是这样，如殷墟第二、第三次发掘使用的"纵、横、支沟"等。在西方，最早使用探方发掘法的是英国考古学家惠勒（M. Wheeler），他于20世纪40年代在印度河流域的摩亨左达罗遗址的发掘中尝试使用探方和相应的三维坐标记录系统，受到了推崇。我国安阳殷墟在梁思永主持下从第十三次发掘开始，也尝试使用了探方发掘和坐标记录法。（图3-9）相较于探沟，探方发掘的优势在于既可以控制发掘的层位，更有助于关注平面的遗迹现象，能真正有效实现发掘的平剖结合和对遗址堆积的立体复原。因此，探方发掘法很快就成为考古发掘的主流方法。21世纪以来，随着考古学研究对聚落形态的关注，西方考古学兴起了所谓的"开放式发掘"（open area excavation）的理念，实际上这与我国探方发掘中依据清理遗迹的情况随时扩方和打隔梁的做法在观念上是完全一致的。当前，探方发掘法仍然是我国田野考古最基本、最重要的工作方法。

1944年惠勒在阿里卡梅都遗址发掘中的探方　　1930年代安阳殷墟发掘中的探方

图 3-9　早期探方的形式

中国考古学开始的时候对探方的规格尚无统一的规定。后经过长期实践摸索，将其规定在 5×5 米、10×10 米两种，实际工作中也有变通为 5×10 米的。探方的大小因遗址堆积的复杂程度和发掘者能力所及而异，旧石器时代遗址的发掘，作业精细，一位发掘者只能负责较小面积的清理，探方以 1×1 米的规格为主。北方地区新石器时代、商周时期的遗址发掘多采用 5×5 米规格的探方；南方地区同期遗址的发掘有时则可能采用 10×10 米的探方，这是因为南方往往地下水位高，过去人们在遗址上构筑各类设施如窖穴、房子等时，做加法的堆积作业多于做减法的挖掘作业，少建地下或半地下设施，留下的堆积相对简单，考古工作者在发掘时可以照顾的范围就大一些。历史时期人们的技术水平高了，建造的各类设施体量大，堆积却相对简单，探方规格大一些，发掘者是可以照顾得过来的，同时也避免了小规格探方可能妨碍对大体量遗迹现象整体观察把握的弊病，故多采用10×10米规格的探方。当然，这里所说的只是一个大原则。此外，在一座遗址上，最好只采用一种规格的探方。

设置探方进行发掘的理由之一是一名发掘者的精力有限，在发掘现场只能负责有限面积的堆积现象的判断、清理、采样和记录。但最重要的原因是，按照探方进行发掘，发掘结束后，可以沿探方四壁取得整个发掘区纵横方向的多条地层堆积剖面记录。这套网格状地层堆积资料，是日后研究遗址堆积、重现遗址堆积的依据，因而是诸多田野考古资料中最重要者之一。

二、探方发掘的程序

探方的发掘，有一套程序。以5×5米探方发掘为例，发掘时不是一下子就将探方全部挖开，而是先留出"隔梁"。所谓隔梁，是探方边上一条1米宽的地段，现在一般的做法是在探方东、北各留出这样一道，每个探方都是如此，则相邻探方之间就都间隔开了。（图3-10）

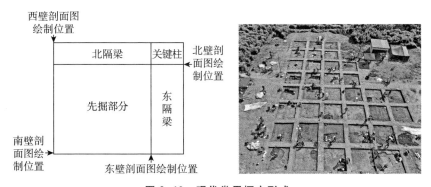

图3-10 现代常用探方形式

留出隔梁的作用一是便于发掘人员行走和搬运，二是其壁面上保留了地层堆积的剖面，可供随时分析研究。探方内的发掘清理到生土后，测绘探方四壁剖面，每个探方都是如此，再清理隔梁，连接相邻探方剖面，从而得到整个发掘区内的地层堆积的网络资料。过去，这样规划探方还有一个原因，即将探方的西南角暴露在外，作为本方测量记录的原点。但是由于测绘设备的进步和考古工地实行统一的三维测绘坐标体系，这个理由已经不复存在了。

东、北两条隔梁的交汇角称之为"关键柱"，过去在清理掉隔梁之后还要求保留关键柱，目的是保留遗址上地层堆积的证据。现在聚落形态研究理念以及测绘、记录手段进步的条件下，在做好记录的前提下，隔梁和关键柱都可以随时打掉。

发掘一个探方的作业程序一般为：

1. 用全站仪、RTK 等精确测量仪器定点每个探方的准确位置，打木桩框定出探方四角和隔梁、关键柱。暂时保留隔梁和关键柱部分，着手发掘清理探方先掘部分。

2. 我国的遗址上覆盖的表层土通常是现代耕作土。揭去探方内的这一层表土后，垂直铲齐四壁，刮干净地表，暴露出被现代耕作破坏了的文化堆积表面，也即一个破坏面。在这个破坏面上也许不止一个遗迹单位，需要根据土质、土色和包含物把它们一一识别出来，准确辨别它们的形状轮廓和它们之间的地层关系，给予遗迹单位编号，做好各项记录后，进行发掘清理。

3. 各遗迹的清理顺序必须按照地层关系提供的时间顺序的相反方向清理，首先清理在地层关系上最晚的单位，然后是次晚的单位，依次至最早单位。

4. 每个遗迹的清理也需要严格按照遗迹内各堆积单位的地层关系逐次清理，按照堆积单位采集遗物，做好各项记录。直到一个遗迹彻底清理完成后，汇总各堆积单位记录成遗迹单位总记录。再转入下一个遗迹的清理作业。

5. 待到这个平面上的所有遗迹清理完毕之后，这个平面实际也已经不存在了，暴露出来一个新的层面。对此需要仔细判断它是否为一个活动面还是关键面。进行这项观察判断，不应当局限在自己的探方之内，而需要视情况及时打掉隔梁，在发掘区内做更大范围的整体观察。如果坐落在这个层面上的一些遗迹延伸到相邻探方去了，就更有必要打掉隔梁。

在这个层面上对各种遗迹的辨识、清理要求同上面第 4 步。如此重复，直到清理到生土。这个过程中，需要依照前述活动面、关键面的概念，随时注意地面上遗迹现象是局部变化还是整体变化，以便把握文化堆积的分期。

6. 伴随向下清理的进度，及时和准确地勾画探方四壁剖面，直到四壁皆清理暴露出生土，对四壁地层剖面进行总记录。

以上是探方发掘的一般流程。实际操作中（图3-11），探方包括探方中遗迹的清理是伴随着样品的采集和各种记录的完成一并开展的。这里我们可以给出一个发掘的详细流程图，其中有关采样和记录的部分，可进一步参照第四、五章的内容。

需要补充说明的是，在传统的探方工作要求中，一般要求首先清理探方隔梁以内的部分，尽量保留隔梁到清理至生土。然后打掉隔梁。打隔梁的办法和探方内发掘一样，逐遗迹单位清理，同时注意其地层现象和相邻探方的对应衔接关系。当然，隔梁的清理记录也是同步进行的。两条隔梁相交的一平方米部分，是最后才清理的。它保留到最后，呈柱状，上面保留了通联本方与三个相邻探方地层堆积的情况，非常要紧，故称关键柱。关键柱一般不再清理，作为原始证据永久保留下来，供日后研究、观摩之用。

以上做法显而易见的优点是发掘者责任范围明确，由于传统的田野考古主要是为年代学研究提供资料，因此发掘者只要将自己负责的探方内各地层单位的相互关系搞清楚，按顺序清理出来，即可达到目的。但这种方法在划分明确的探方内工作，容易忽视本方现象与相邻探方乃至整个发掘区内的关系，这就几乎等于对遗址整体现象进行了肢解。随着当代考古学对聚落整体布局结构及其变迁过程的资料的追求，落实为田野工作中对各种界面，特别是对活动面、关键面的整体把握，因需要随时打掉隔梁和未必保留关键柱就变得十分平常了。而现代测绘和记录技术可以随时再现已经清理掉的现场情况，因此也完全可以支持这种灵活的做法。

另外需要再做些说明的是，早年的田野考古工作规程要求，一项发掘一经开始，一般要将探方内的所有文化堆积全部清理完毕，

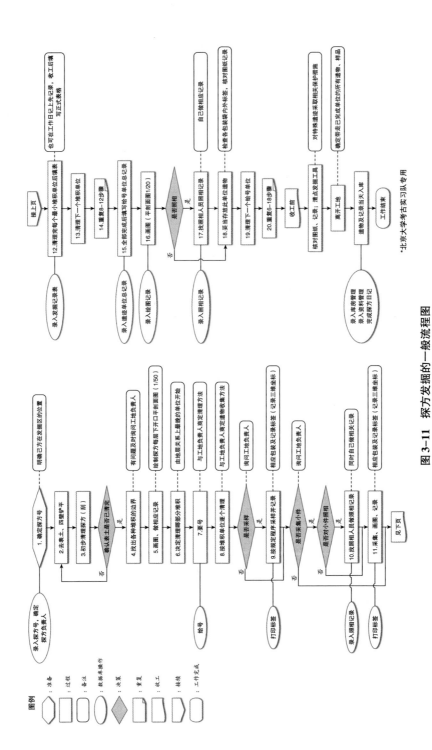

图 3-11 探方发掘的一般流程图

116　田野考古学

露出生土，才算完成。但也解释说，如果遇到特别重要的遗迹，应当采取妥善措施予以保留。当代考古学出于对聚落形态的整体资料的需求，常常将年度发掘区的工作停留在一个重要平面上，以待来年的发掘扩大这个平面，达到整体观察的目的。与此同时，社会对文物价值愈发重视，希望发掘停留在精彩的遗迹现象上，以便向公众展示，服务现代社会文化生活的需求。还有一些发掘，根本就是为了遗址保护提供确凿证据，更没有非挖掘到生土的必要。因此，发掘工作停止在文化堆积的某个层面即告结束的情况已经越来越普遍了。当然，有关停止的层位和层位的堆积情况都要有详细说明、记录，以方便之后的学者在必要时继续工作。

最后还有一点要注意的是，一个探方一旦挖开，就要把工作做完整，不要因为这个探方内没有发现墓葬、房子等就以"空方"为理由半途停止。一个遗址上并不是每个地点都有这类遗迹的。"空方"的地段很可能是广场、道路等，在讨论聚落布局时，同样具有重要意义。

总之，当代考古学越来越强调聚落空间的整体性资料，当代田野考古工作也越来越把发掘区看作遗址整体的一部分，在技术上千方百计减少资料的整体性损失。这对发掘者尤其是发掘领队提出了更高要求。要求他把更多的注意力放在对活动面、关键面这类贯通遗址现象的观察分析上，视需要指挥打隔梁和关键柱，协调整个发掘区的工作进度等。严格按探方各自为政发掘的方法已经不合时宜了。

第五节　发掘技术与常见遗迹的清理

本节重点介绍一般发掘技术和常见遗迹的清理方法。

一、发掘技术

1. 遗迹的识别

当发掘区的表土被清理掉后，遗迹的识别随即开始。在这个平面，往往分布着若干遗迹，遗迹内还可能有若干堆积单位也暴露出来。在错综复杂的现象中将它们一一识别出来，依据的是土质、土色、包含物及其他相关现象。但在这个平面上，很可能是若干个遗迹纠缠在一起，仅仅按照土质、土色和包含物将它们一一区别开来还远远不够，还要从错综复杂的地层线条中找出哪些才是遗迹的轮廓线。

凡人工建造的单体遗迹，如房子、窖穴、墓葬、水井、陶窑以及连排建筑等，平面上都有闭合的轮廓线。城垣之类体量超大者也有闭合轮廓线，只是在有限的发掘区内可能无法整体暴露出来。人工铺垫的广场庭院、倾倒的垃圾层等，往往没有明确边界，这类层状堆积，田野上习惯称之为"地层"。在一个平面上，将单体遗迹一一识别出来之后，其余部分就是"地层"了。

单体遗迹的轮廓一般比较整齐，平面多呈较为规整或近似规整的圆形、方形、矩形等，复杂一些的呈"甲"字形、"中"字形等。沟渠、城垣等遗迹由于延伸很长，在发掘区内往往找不到端头，只呈现为两条平行线。当然也有一些边缘不规整的遗迹，如所谓的"不规则灰坑"，可能原本为取土坑，后来充填了垃圾之类。但这类不规则坑的平面形状也是闭合的。结构简单的坑状遗迹，在这个封闭轮廓里的土质、土色可能完全相同，而区别于轮廓以外的部分。结构复杂的或规模较大的遗迹，轮廓以内的按土质、土色或许还有区别，但只要它们被约束在一个规则的大轮廓之内，则可以基本断定这些小块土是该遗迹中的不同堆积单位。但是，如果在一个大轮廓之内发现了一个小却完整、规则的轮廓，则需要引起注意，看它是否为另一个遗迹单位了。

对于已经划分出来的圆形或条形轮廓，还需要进一步确认它们是一座坑状或沟状遗迹，还是一座丘状或垄状遗迹。若为丘状或垄状遗迹，它的外壁呈坡状。虽然在一个平面上看不到壁面，但用手铲轻刮平面的轮廓线，如果轮廓在扩大，那么就可以断定它是一座丘状或垄状遗迹在地表的露头，周围（或两侧）是叠压在它外壁面上的堆积。如果轻刮轮廓线，轮廓形状不变或缩小，意味着下面的遗迹壁面为陡直或收敛的，则很可能就是坑状或沟状遗迹了，而它周围（或两侧）的堆积，是被它打破的堆积。若平面判断困难，可垂直轮廓线方向切开一条解剖沟，观察剖面情况。如果遗迹的轮廓线延伸到探方壁上，则在探方壁上可能已经些许暴露出一点轮廓线下延的情况，可为判断提供依据。比较特殊的情况是新石器时代北方地区经常有一种口小底大的袋形坑，如果仅凭借平面轻刮，看轮廓线变化来判断，容易误判。不过通常坑状遗迹里面的堆积较为松软，而丘状遗迹的堆积紧密坚实，亦为在这个场合进行判断的辅助标准。

2. 判断层位关系

发掘区内平面上见到的往往不止一个遗迹，更多的情况是若干个遗迹，且它们纠缠在一起。根据地层学原理，对遗迹的清理一定要从若干单位中最晚的一个开始，所以不仅要把它们一一识别出来，还要弄清楚它们之间的地层关系，也即它们形成的先后顺序。

一座遗迹形成之后，若再没有在这个位置建造新的遗迹，则它的轮廓线必定是完整的、封闭的。在若干座灰坑、房子等纠缠在一起的一组遗迹中，轮廓线完整的那一座，也就是形成时间最晚的那一座。

既然遗迹的轮廓是封闭的，它的轮廓线一定是向外突出的曲线，下接这座遗迹的界面。因此如果有两座接触在一起的遗迹，接触在一起的部分，形成年代早的遗迹之轮廓线必定是不完整的，或者是向内凹陷的，这一段轮廓线下接的是破坏面。在两个遗迹接触的部位观察轮廓线的方向，即可判断出它们孰早孰晚。依此标准，还可以了解第二与第三、第三与第四、第四与第五座等遗迹的早晚关系，直到捋清楚这个平面上开口的各遗迹形成的早晚顺序。

小到一座探方，大到整个发掘区，平面情况也许非常复杂，但是只要是纠缠在一起的遗迹，它们只能有一个单方向的顺序，就像单行道上前后的一串车辆。例如，A→B→C，或者 B→C→A，或者 C→B→A，或者 A→C→B，或者 B→C→A（以"→"表示打破方向），但不可能有 A→B→C→A 的情况，也不允许做出这样的判断结果。

一座探方内所有单体遗迹识别和划分出来，且判断清楚它们之间的先后关系后，剩下的部分就是层状单位了。但层状堆积有的水平、有的倾斜，人工铺垫堆积起来的层状堆积范围再大也有边缘。所以在一座探方之内可能不止一个层状堆积。两个层状堆积接触的地方一定有一条或直或弯曲的边缘线，这条线是谁的边缘，那么具有边缘线的地层就是两层中层位关系在上的那一层。具体的判断方法前面曾经谈到，用手铲轻刮边缘线条部位，边缘线向哪个方向位移，它就是这一侧层状堆积的边缘。

以上道理，同样适用于一座遗迹内各堆积单位之间关系的判断。

3. 两种发掘方法

将探方平面所有的遗迹单位都识别出来，所有的土块都有了遗迹单位的归属，而且所有遗迹间的地层关系判断清楚之后，即可着手发掘它们了。发掘的方法大致有两种。（图3-12）

遗迹发掘法

水平层发掘法

图 3-12　两种发掘方法

方法一，也是最为普遍采用的方法，即以遗迹为单位的清理。按照构成遗迹的堆积的先后和早晚的顺序清理。复杂的遗迹，内部可能存在若干堆积单位，应当按照它们的地层关系，从最晚的堆积单位开始，并且以一个堆积单位作为一次清理、采样和记录的单位。如此重复，将这座遗迹内部的堆积全部清理完毕，再转入下一座遗迹的清理，直到完成发掘区内这个层面开口的所有遗迹的清理。最后处理被这些遗迹打破或叠压其下的层状堆积。

按照遗迹单位发掘清理的办法，优点是可以在发掘现场直观整体地把握遗迹的轮廓面也即界面的情况，同时也能准确把握遗迹间的地层关系，是地层堆积情况复杂、遗迹数量多的遗址发掘时最适合的方法。目前，中国新石器时代及以降各时代遗址的田野考古中，普遍采用这个方法。

方法二，水平层发掘法。多用于地层关系简单、遗迹现象单薄，但清理作业需要十分仔细的旧石器时代遗址的发掘。在一些欧美的田野考古中，多采用此法。其做法是在观察并详细记录了发掘区内平面所见各种现象之后，按照深度逐层发掘，如每次向下清理5厘米，再做观察记录和发掘清理，如此至生土。严格按照深度发掘，方便测量和记录每件遗物精确的三维坐标，这对于日后遗物整理，了解遗物个体之间的关联等信息非常方便，这是此法的优点。用这个方法也是可以把握住遗迹现象的。例如在-0.45米深度的平面上测绘记录到一块特别质地颜色的土，在-0.50、-0.55直至-1米深度，都分别记录到同一块土，只是面积越来越小，直到消逝，那么也是可以通过图上作业，把这个深0.55米的尖底坑轮廓复原出来的。但这个方法的缺点是不能在现场就把握观察到一个遗迹的整体。在遗迹众多、地层关系十分复杂的场合，其作业程序也显得过于烦琐。

两种方法，前者是针对遗迹现象复杂以及重视对遗迹的整体把握发展起来的，后者针对必须通过遗物之间的关系提取分析信息，以弥补遗迹现象简单、有关信息量不足的需求发展起来的。它们各有所长，各有适用场合，也可互补，在一座遗址的发掘中同时运用。例如若遇到一个堆积单位需要仔细清理时，为保万全，在这个堆积单位范围内也可采取按深度清理的办法。

二、几种常见遗迹的清理方法

作为功能单位，任何一种遗迹都经过建造、使用和废弃三个环节,每个环节都可能留下相应的堆积或痕迹。唯一的例外是墓葬的使用和废弃两个环节合二为一了。在发掘现场,首先暴露在发掘者眼前的是它的废弃堆积,然后是使用期间的遗留,最后是建造过程的种种现象。发掘者在清理时,不但要时时注意遵循这个过程关系,还应建立一个理念,即清理一座遗迹的作业,同时也是现场复原该遗迹从建造到废弃的研究过程。

人类活动复杂多样,由此而产生的遗迹也是丰富多彩,我们很难在此将其穷尽。这里仅列举田野发掘中最常见的几种遗迹的清理方法,其他类型遗迹可参照相同的原理发掘。

1. "灰坑"的清理

"灰坑"泛指人工开挖的窖穴和用途不明的坑状遗迹。原有功能废弃后,多半转用来充填生活垃圾,坑内除了残破器物之外,有很多灰烬,故称灰坑,是遗址上最多见的遗迹种类。常见的灰坑,按口部形状有圆形、方形或长方形、不规则形坑,按剖面有直筒形、袋形、坑壁缓收成的锅底形坑等。(图3-13)

图3-13 常见灰坑(窖穴)

一座灰坑理论上可以划分为构筑、使用和废弃三个阶段,每个阶段皆可能留下相应的堆积、痕迹。灰坑构筑阶段的堆积包括构筑时挖出来并堆在坑口附近的土、灰坑轮廓面也即坑壁形态以及壁面上未能消抹掉的工具痕迹或抹的泥灰等。使用阶段的堆积包括坑底踩踏面以及可能遗留摆放着的什物。最后是废弃过程中的填充物。当然，能够保存下来堆积的未必完整。

  清理灰坑，当然首先要判断它的开口层面和平面形状，同时需要注意坑口周围有无堆土、为蓬盖坑口搭建的棚户一类设施的痕迹等。坑内的填充堆积可能分许多层，应当视为不同的堆积单位。慎重起见，填充堆积的清理要求先清理一半，大型灰坑还可考虑从坑口划分十字线，按照对角清理，以便保留灰坑的纵横两个剖面。清理过程中以堆积单位为一次清理、采集遗物、分析土样以及记录的工作单位。随着向下清理，需要仔细剔剥坑壁。一般情况下，坑内堆积因为和坑外的土质不同，轻轻敲打剔剥，贴在坑壁上的坑内填土会自行剥落，露出一片坑壁，壁面上留有当初挖掘的工具痕迹或抹灰层等，也就暴露出来了。在接近坑底的部分，也要求用此法作业，尽量不损坏坑底原貌。这种方法在传统的中国田野考古中称之为"找边"。如此，将灰坑 1/2 或两个对角 1/4 清理至坑底后，对灰坑剖面和剖面位置上的轮廓线测绘记录，然后再按同样方法清理余下的 1/2 或两个对角 1/4 部分。需要注意的是，在做 1/2 或两个对角 1/4 的清理时，有的灰坑在某层堆积单位面上可能有些特殊迹象，例如摆放了一头猪、狗甚至是弃葬人骨架，这时就不要机械地再按 1/2 或两个对角 1/4 进行清理了，而需要将这个层面全部清理出来，对灰坑这层进行整体观察记录和采样，待这层现象全部处理完毕后，再按原来划分的 1/2 或两个对角 1/4 继续向下清理。在接近坑底时，也需要注意，有些灰坑坑底还摆放着当初使用这个灰坑时的什物，这时不要急于采集提取出来，而是保留在原位置，待灰坑其余部分也清理到这个层面上，做整体观察记录。最后，当所有堆积单位清理完毕，还要再对灰坑的轮廓面做整体观察，记录各细节部分，如工具痕迹、抹灰的层数、厚度、底面踩踏、烧烤痕迹等。如此，一座灰坑的清理方告完成。（图 3-14）

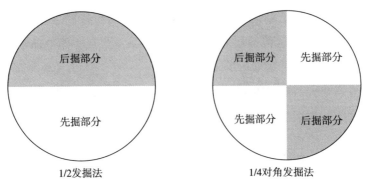

图 3-14 灰坑常见清理方法

灰坑的清理办法也可用于大部分坑状遗迹和沟状遗迹的清理。

2. 房子的清理

不同历史时期的房屋建筑，其规模、形状、结构、建筑技术、建筑材料等都会有所不同。旧石器时代晚期的人们最多能架构简陋的窝棚。新石器时代多木骨泥墙的房子，又依各地环境区别而有多种建筑形式，如干燥的北方地区多半地穴房子，黄土堆积十分丰厚的陕北、晋中北地区则多为窑洞，潮湿的江南以地面建筑为主，河网地带还有干栏式建筑等。在新石器时代晚期，人们发明了土坯、三合土、白灰等新型建筑材料。一些考古发现证明，所谓的"秦砖汉瓦"，其实在这个时期或稍晚就已经出现了。随着建筑技术的提高，在新石器时代晚期，房屋的结构变得复杂，有了多间、连排的建筑，也有能力建造宫殿一类的大型建筑和建筑群。商周时期，重要建筑已经普遍使用夯土台基，从柱网可推测上层有了复杂的木构。再至秦汉，中国传统建筑技术和建筑形式已经成熟。但这里仅以新石器时代的小型建筑为例，介绍发掘清理技术。大型或结构复杂的建筑的清理，本质上与小型建筑的清理技术相同，也可以说是后者的放大应用。（图 3-15）

和灰坑一样，一座房子也可能保留着建筑、使用和废弃三个阶段堆积。发掘中首先看到的是房顶和墙壁的倒塌堆积。因为它们是塌毁的，多半已不是原来的形状和结构，也不一定是按照房子的平

八里岗遗址史前房屋

八里岗史前房屋的倒塌堆积

图 3-15　房屋的清理

面形状堆积的。所以仅从平面观察，有时一下子很难断定它曾为一座建筑。但倒塌的堆积的土质、土色杂乱斑驳，若为火毁的倒塌堆积，还有大量红烧土块、灰烬等。见到这种情况，就应当引起警觉。此外，倒塌堆积平面轮廓尽管不太规则，但大致上还是堆积在房子平面轮廓的附近，多少是能反映出房子的平面形状的。

确认了房子的倒塌堆积后，便可着手进行清理了。清理时，为谨慎起见，应当至少沿堆积居中轴线上留出纵横相交的两条小隔梁，以便观察和记录倒塌堆土的情况。也可采用灰坑清理时清理对角 1/4 部分的办法。如果建筑规模较大，还应当考虑适当多留几条隔梁。隔梁宽度可视具体情况决定，一般 10—20 厘米之间。待房子的四壁及居住面暴露出来，并做好小隔梁剖面的记录之后，再将其清理掉不迟。

清理倒塌堆积时还需要注意的是，有些房子的墙、屋顶在倒塌时是整体落架的。其上部结构尽管已经碎裂，但大致位置关系尚在，是复原屋顶结构的绝好材料。遇到这种情况，就未必一定按照预留十字隔梁的方式清理了，而是要先把散碎的浮土清理干净，暴露出尚存的构件，从中观察分析屋顶结构。河南邓州八里岗仰韶文化遗址上发现一座火毁的房子，墙、房顶被火烤陶化成坚硬的红烧土，其多层抹泥的房顶平板式地落在了室内，将这些大块红烧土取出，反过来拼接在一起，抹泥面上残留的木梁、木椽等痕迹尚历历在目。如果是倒塌的墙壁，还要看它的倒塌方向，计量墙顶距墙基的高度，以复原建筑高度。可能的话，还要找一找门窗，并观察记录墙的构建方法和建筑材料等。

当倒塌堆积的清理接近墙壁、居住面以及室外地面的时候，要仔细剔剥，因为这个界面上暴露的是房屋倒塌之前使用和建筑时段的迹象。此时首先应注意房子使用期间的各种遗留迹象，如居住面以及室外地面上的踩踏路土等。贴靠在地面上的遗物，可能是当时房子主人日常生活中使用的器物。此时不要急于采集，而应仔细观察它们的出土状态，记录其摆放位置，以获得复原使用期间的场景资料。房子塌毁时，倒塌的上部结构可能会把原来摆放的器物砸碎砸飞，对遗物的散落情况也是要记录的，至于遗物原有的位置，可以考虑以器底残片所在位置为准。

房子内部还应有一些设施。如支撑墙壁和房顶的柱子，虽然早已朽毁，但埋设它的柱洞犹在。另有灶塘、矮炕、门道等，皆需要仔细剔剥出来。以山东长岛北庄遗址的半地穴房子为例，地穴四壁有对称的柱洞，居住面中央有中心柱。房子的矮墙只起维护作用，构建在地穴的外围。室内一侧有一座箕形火塘，火塘以低矮的泥坎围拢，火塘面经过长期烧烤，并多次修补，旁有斜伸向地下的贮火坑。房子的一个转角处开设斜坡门道等。河南邓州八里岗遗址的房子是一种地面起建的多连间式建筑，结构复杂得多。大房间里一般在中央设方形火塘，两侧立约80厘米高的挡墙，墙内有柱子，四角的柱子比较粗大，当是向上直通房顶与之相联的结构。房门为侧拉式，门道部分的墙体上还保留着木质门槛、门板的滑道、门框等结构残余等。各种现象，皆需要仔细清理出来。（图3-16）

进而还需考察房子的建筑堆积，包括地基的处理，如是否垫土，垫几层土，土质如何，是否夯打，是开挖墙基槽还是挖坑埋柱，柱洞内是否有垫板础石之类抑或经过捣实以承柱，如何编排泥墙的木骨栅栏，墙体抹泥层次，抹泥的技术手法，室内地面的处理方式等，以及这些工程的实施工序。要全面了解这些情况，需要按照这些堆积单位的先后关系逐一发掘清理。有的房基土中会埋有完整器物，

史前房屋隔墙的门　　　　　　史前房屋的"木骨泥墙"

图 3-16　史前房屋的建筑结构

可能和当时人们建房子时举行的某种仪式有关，在稍晚时期的建筑中甚至还有用人、畜奠基者。这些情况是需要在清理作业中格外留心的。

一座保存比较完好的房子是难得的资料，不到万不得已，应尽量完整地原址保存，以供向公众开放展陈。但研究需要了解房子地面以下的建筑程序，此时变通的办法是利用后期破坏了房子的坑、洞的侧壁面，刮净观察暴露出的局部基础结构。再把房子不同位置的局部剖面情况串联起来，从而获得一个整体印象。如果依然不能达到目的，还可考虑在关键地方开挖小的解剖沟。

除了房子本身的结构之外，还应关注房屋外侧的室外活动面以及室外活动面所依托的室外垫土。对室外活动面的把握有助于我们了解不同房屋之间是否同时使用，是研究更大范围内聚落时空关系的关键。这部分内容详见本节第 4 部分地面的清理。

3. 墓葬的清理

埋葬死者的习俗大约出现在旧石器时代晚期，其后作为人类文化的一个组成部分，一直延续至今。所以墓葬是各历史时段文化遗存中最常见的遗迹种类，也是各时段田野考古的主要工作对象之一。

从地层学的角度看，一座墓葬就是一个地层单位或遗迹单位，和房子、灰坑相比，一座墓葬也有其建筑环节及其相应的堆积，即便是最简单的竖穴土坑墓，也可以把墓圹的形状轮廓面看作建筑过程的遗留。墓室内安置的葬具、死者、随葬品以及殉牲殉人等，相当于其他遗迹使用环节上的遗留，且更为完整。再以上的墓穴填土乃至地表以上的封土，是为保存墓葬而设，原因上不同于其他遗迹的废弃堆积，但程序上是墓葬这个遗迹形成的最后环节，可视同与其他遗迹的废弃堆积相当。（图 3-17）

商周墓葬清理至棺椁顶板　　　　　商周墓葬清理至墓室

图 3-17　常见墓葬的清理

一般认为，西周墓葬不封不树，战国的墓葬上开始有了封土。其实在新石器时代晚期，一些文化的墓葬就已经有了封土。封土的清理首先要搞清楚形状、范围，一般用对角 1/4 的办法清理，过程中需要观察封土结构和做好相关记录。

墓葬的发掘是从确认墓口的开口层位、墓口形状开始的。墓葬的形制因不同历史时期或不同地区而多种多样，兹以最常见的竖穴土坑墓为例，介绍墓葬的基本清理技术。

找清楚墓口后，首先清理墓内填土。此时需要注意有无后期破坏的现象，如在历史上被盗过，墓口附近会有盗坑、盗洞，其中可能会留下盗掘时的物品和散落的被盗品，是分析失盗年代和被盗前墓室情况的线索。这类盗坑、盗洞应作为一个独立的地层单位清理。

小型墓葬的填土通常一次完成，分不出层次，也即只为一个堆积单位。但墓内若有木质葬具，年代久远而腐朽坍塌，填土则会随之塌陷，填土的纹理状况是可以反映这些情况的。因此，填土的清理也需要按照先清理 1/2 或对角 1/4 的方法进行，以便观察和记录填土剖面的情况。规模较大的墓葬，其填土可能经过一些特殊处理，例如经夯打，有的填土中放置器物，有的放置动物甚至有殉人，是埋葬过程中的有意义的行为，应当注意辨识。

随着填土向下清理，还要注意剥离墓圹的边壁，观察土圹壁上有无工具痕迹、壁龛、侧洞等。接近墓室时，由于墓室内有机质遗存腐朽污染等原因，通常土质土色会发生变化，而与填土不同。此时应仔细剔剥，将填土全部清理干净，让墓室表面全部暴露出来。

最简单的墓葬往往只埋葬人骨和几件随葬器物，复杂一些的可能有棺椁之类葬具，也就有所谓的"二层台"结构，随葬品也丰富，摆放位置可能不止一处。

由于墓室现象集中复杂，清理时需要特别小心谨慎。常用工具除了手铲外，还要用到竹签、扫把、毛刷等，甚至用到牙科医疗器具、工笔刀之类，严禁使用大型工具。

墓室内的清理应从一端开始。若有棺椁之类的木质葬具，尽管腐朽了，很可能还会留下一些朽灰，保存好一些的还可能残留下些髹漆。它们的范围、形状等，是复原葬具形制的依据，故应当整体剔剥出来，记录以及视情况提取测试样品之后，再清理棺椁内部，最后清理棺椁外的四周部分。

当揭掉棺盖残留后，多数情况下就会局部暴露出人骨了。人骨是需要全部剔剥出来的。操作程序也是从人骨的一端开始，通常是从头部开始剔剥，且应选用有弹性的工具作业，如竹签。过程中，还需要留意有无妆奁衣被之类的残留，有无铺撒朱砂的痕迹等。铺撒朱砂的现象在新石器晚期至商周时期的墓葬中会经常遇到。在这个过程中，若墓室内有随葬品，也已经暴露出来了，故剔剥人骨的作业往往和剔剥随葬品的作业是同时进行的。此时需要注意的是，无论人骨还是随葬品的剔剥，都不要移动位置，更不要遗漏。因为死者的葬式，随葬品摆放位置等都可能有其特定的含义。因年代久远，墓室内的空间可能会发生过一定程度的变化，从而使得人骨和一些随葬器物发生位移。但这也是复原原初情况的线索、依据，因此应该将墓室全部清理暴露出来，进行整体的观察判断。当然，在清理过程中，各种必要的记录也需同时进行。

取出随葬品、人骨之后，还要再仔细观察有无被人骨压着的随葬品，棺椁底板的情况，有些地区的特定历史时段的墓葬有在墓室底部挖腰坑之类的，也是要清理和记录的。至此，一座墓葬才算清理完毕。

4. 地面的清理

传统的发掘方法对遗迹界面如房屋的室内居住地面、灰坑坑壁和坑底等的清理有严格要求，但对这个界面延伸到室外的那个活动面的清理就没有明确要求了。然而当前的聚落考古对遗址的空间结构越发重视，那个在一定时间段里承载着人们各项行为的地面也即活动面就成为田野发掘的重要目标了。

地面的清理难度很大。原因之一是遗址中的活动面很难完整保存下来，绝大多数情况下会被晚期坑、穴等打破得支离破碎。二是这个地面在理论上是没有边界的，在偌大范围内很难找到相同的土质、土色这样一种判断一个遗迹现象的物理标准。三是活动面尽管承载了当时人们的所有活动，但这些活动不会平均分散在各处，而是不同位置上多寡不一，地面上留下的活动痕迹——如踩踏路土、焙烤痕迹等——也不会平均分布。四是活动面在其存在期间里总是因为老旧建筑设施废弃和新设施的建设而在局部上是变化的。所有这些，都增加了地面清理的难度。

根据经验，地面的清理可先从清楚的局部入手，再尽量扩大清理范围，串联成片。例如河南邓州八里岗遗址有南北两排连间房子，房子外墙角下的地面保存很好，沿着这个清楚的局部地面扩大清理，最后将两排房子中间的广场清理了出来，由此构成了一组社区生活的景观。又如在湖北天门石家河遗址群肖家屋脊遗址的发掘中，发现一座水塘，塘岸边缘处的一些地方铺垫了陶片，并似乎因为踩踏而龟裂成小块，这很可能是当时人们为了经常来此汲水、洗涤等活动方便而有意为之。从这个清楚的局部扩大清理，发现这个活动面延伸向稍远的居住区，如此就将水塘和房子联络了起来。在湖北荆州鸡公山旧石器时代遗址的发掘中，发掘者注意到散布着大量石材和石制品的一个层面，其上还有可能系取火烧烤过的痕迹和窝棚之类的地点，尽可能扩大清理的结果是发现了一块面积数千平方米的早期人类活动场所。这在中国旧石器时代旷野遗址的发掘中还是首次。这里应当说明的是，在这样较大范围的活动面上，未必都是均一的土色、土质，因为它的上面承载了各种人们的活动，导致地面斑驳陆离。判断它们是一个整体而非一座座遗迹，主要根据是这些色泽斑驳的土块其边界是否清晰规整，如果既清楚又规整，如呈现为圆形、矩形，则它是一座灰坑、墓葬之类的遗迹单位的开口的可能性极大，反之，它就可能是地面上的一块垫土了。

地面上保留的烧烤、踩踏、遗弃的遗物等迹象，既是复原当时人们活动的重要资料，也是上述判断其为一个整体的另一项重要参考。但它只是一个二维度的面，如果覆盖在它上面的堆积没有清理干净，它就不能充分暴露出来，反之，如果发掘稍微过头，它就可能完全消失。恰到好处的清理剔剥，是地面清理的关键。剔剥过程中，不仅要注意地面上有无遗痕，还要注意将地面上的遗物暂时留在原地，待做完整体观察和记录后，再一并采集。也需要在此说明的是，过去的考古地层学只有层位的说明，却无有关"面"的概念说明，也没有对地面清理的严格技术要求，对于位于地面上的遗物，允许放在上面叠压覆盖它的地层单位中一并收集，理由是晚期地层中包含了扰动上来的早期遗物是正常的，这部分扰动上来的遗物是可以通过日后资料整理时类型学作业予以甄别出来，排除出去的。这是重视发掘资料的年代分期的做法。但当代田野考古追求的是在一个面上的人类行为的资料，观念的变化提升，也决定了田野工作中不能再墨守成规。

最后，因为新建筑设施替代老旧设施，在局部形成了新的活动面，而这个局部又在更大范围里和原来的活动面连接在一起，仍然构成一个大整体，其实这种局部变化的现象在遗址地面的各个部位、角落是此起彼伏般出现，大量存在的。捋清楚这个过程，有助于了解地面之上人们的行为及其变化过程。但捋清楚这个复杂过程，仅在一个局部是很难做到的，需要在较大范围里整体观察。譬如当时人们在一座塌毁的房子原址上重新建造了它，新建房子的室内地面覆盖了原来老房子的地面，但新的地面延伸出去，又和远处持续使用的老广场联系成整体。如果发掘局限在两座房子的范围内，就不容易察觉到这是一块地面上的局部事件，且这个事件背后人的行为并没有改变老房子和广场关系所反映的行为模式。显然这类局部与整体的关系是要在较大面积范围内才能识别出来的。要实现这个意图，工地负责人就需要随时协调遗址各探方的清理进度，务使它们始终保持在一个层面上，以及根据需要随时打开隔梁做大范围的整体观察。这也是地面清理中的一个技术关键。

第四章
实物资料和信息的采集

第一节 概 述

遗址的文化堆积中,除了保留着各种遗迹,还有大量人工遗物和与当时人类活动息息相关的各种自然遗存①。采集这些实物资料,从中提取相关信息,并且和遗迹结合起来研究讨论,方能完整复原和理解古代社会。因此,实物资料和相关信息的采集是田野考古的一项非常重要的工作内容,自打田野考古一开始,就受到重视。

考古发掘就是"挖宝"的坊间说法,显示出对实物资料尤其是精美文物的收集从来都是被强调的。甚至于在某些情况下,挖到重要文物恐怕就是一般人理解的考古发掘的主要目的。另一方面,随着近年来多学科交叉和各种所谓"高科技"在考古中应用的"泛滥",传统考古学家看不见摸不着的各种"科学信息",又成为各路人马光顾考古工地各自忙活的主要目标。

上述这两种"传统"与"科学"的现象都不可提倡。

随着文化遗产认知水平的逐步发展,将考古遗址视为一种文化遗产,将田野发掘视为不可逆的对遗产的发现、研究和"破坏"行为,这样的理念已成为中国考古学界的共识。在国家行政管理层面,

---

① 人工遗物是田野考古工作中采集的由人类制作和使用的各类遗物的总称;自然遗存是田野考古工作中采集的能够反映与古代人类活动相关的各类非人工遗存的总称。

保护为主也因此成为主导战略。在主动发掘日益减少、基本建设和抢救项目为主的工作环境下，对资料和信息采集的本质，以及一个合理的技术系统的重要性，都有必要重新认识和梳理：

第一，考古发掘是一种不可逆的特殊研究保护手段，在这一过程中对于实物资料和相关信息的破坏和遗漏是不可避免的。一个合理的采集技术系统是保障这种破坏最小化的基本前提。

第二，考古发掘在人力、物力、财力及保存条件等各方面存在客观限制，面面俱到的采集是不可能实现的。一个合理的采集技术系统就是在各种局限性下实现的最切合实际又最大化的保护方案。

因此，本章以下将主要从如何在田野工作中构建一个"合理"的实物资料和信息采集系统的角度展开论述。

英语语境中，实物资料和信息的采集在一个田野考古项目中统称为"采样"或"采样策略"（sampling or sampling strategy），以下我们也使用"采样"和"采样系统"来对应上述内容。

作为一个技术系统，当代考古学的采样已经发生了很大变化。

一、传统的采集作业

在以物质文化史为主要研究目的的学科发展阶段，采集对象、种类和相关技术标准等，都是围绕这个目标设计制定的。概言之，这个阶段采集作业的特点是：一般情况下，人工遗物要全部采集，但对于海量山积的人工遗物，如砖瓦、瓷窑址的残次窑具、瓷片等，做有选择的"目的性采集"；对自然遗存的采集要求不甚讲究，多数情况下，对人骨只选择头骨、骨盆、肢骨采集，其他种类的采集甚至可有可无；采集目的主要用作种属、器形鉴定之类的定性分析，很少考虑样本大小、数量所表达的信息的重要意义，因此这种采集缺失相关的技术标准要求，缺乏后续进行定量分析的可能性。

出于年代学研究的目的，这个时期已经确立了一条重要的采集原则，即把遗迹单位视作一个时间单位，各项采集必须按单位进行。而在操作中，对那些恰好位于两个单位交界处，不能准确把握单位所属的遗物，允许暂时收入地层关系晚的单位中。因为晚期单位既然存在对早期单位的扰乱，可能原本就有一些因扰乱而混入的早期单位的遗物，再多一点，也不会影响日后的年代学整理。

这一时期的采集方法主要以人工拣选为主。

二、当代考古学田野考古采样技术的变化

20世纪60年代以来，考古学学科研究目的发生变化，逐渐进入古代社会的复原研究阶段，遂产生了一系列对研究资料的新需求，相应地，采样技术方法跟进，方法论的思考也深入起来。这种变化主要体现在如下方面：

首先是采集对象范围的扩展。原本不在田野考古采集视野之内的遗存被视为重要研究资料。比如，各种动植物自然遗存、与生产加工有关的人工遗物的伴生品和半成品，以及很多无法提取但通过仔细的考古作业能够观察到并用特殊方式提取（如翻模等）的现场信息。

其次是对采样质量的追求。为了满足进一步深化和多样的研究目标的需要，对采集方法，样本大小、数量等都提出了明确的技术要求和标准，以满足后续的定量分析研究的需要。

最后是对采样方案设计的重视。将之视为一项考古发掘项目开始之前就需要进行的规划性工作，而不是碰到什么采集什么。同时对抽样方法、提取方式、样本大小和数量等内容变化对考古学研究结论的影响进行了诸多反思和讨论。

总之，这些变化呈现为全局性和系统性的，资料的采集不再是一项简单作业，而被视为一个技术系统。

第二节　采样系统的分类

一、基于采样方式的分类

采样方式就是样品在发掘现场的提取方式，可分为全部采集和抽样采集两种。

1. 全部采集

顾名思义就是对文化堆积中所有能发现的实物资料或特定信息全部采集。全部采集要求采用统一的方法，如筛选法，对所有清理出的文化堆积的土样全部进行筛选，获取特定筛孔下拣选的所有遗物。

一般情况下，人工遗物包括各种人工制品以及相关的伴生品和半成品，如原料、坯料、废料等，都应全部采集。部分自然遗存也需要全部采集，如动物骨骼。但全部采集也并非一网打尽，不同规格的筛孔下采集到的遗物和遗存的种类和数量都会有差异。详见本章第三节的内容。

全部采集是收集遗物最全面的方法，但很多情况下囿于具体的条件，如时间、经费等的制约，全部采集很难实现。

2. 抽样采集

在无法实现全面采集的情况下，更多的是变通采用抽样的方法，以求从部分认识整体。一般情况下采样是按照堆积单位进行，常用的抽样采集方法有：随机抽样、系统抽样和判断抽样三种。

随机抽样，又称"简单随机抽样"。采用随机性的原则选取采样区域进行取样，是最简单、最普遍的抽样方法。选取取样区域时，要保证每个取样区域应独立地、等概率地被抽取。过去常用多面骰子，现在可以方便地利用计算机的各种随机数生成器来帮助进行随机抽样。

系统抽样，又称"等距抽样"或"机械抽样"，是首先将总体平均分成几个部分，然后按照预先定出的规则，从每个部分中抽取一个个体，得到所需的采样区域的方法。系统抽样方法同样可以保证每个采样区域被抽到的可能性是相等的，这种方法可用于总体中个体数较多的情况，比如很多探方、很长的探沟等；同时这种抽样方法操作简便，实施起来不易出错，所以在考古采样中应用十分普遍。但这种抽样方法也可能产生系统性的误差，所以在设计系统抽样时，常抽取一定数量样本后对抽样距离进行适当错位后再继续抽样。

判断抽样，又称"目的抽样"或"立意抽样"，是一种由专家或研究人员根据自己的判断决定所选样本的方法。这种抽样方法一般是对调查的总体先作总的了解，然后主观地、有意识地抽取具有代表性的典型个案，并通过典型个案的调查研究借以掌握总体的情况。判断抽样可根据研究的需要选择抽样的区域，因此这种方法在田野发掘取样中具有更强的针对性。但是这种抽样研究所得结果一般不宜推广到大范围，否则很可能造成失误和遗漏。

辩证地讲，全部采集只能在局部实现，而抽样采集争取要全面实现。

二、基于采样对象的分类

另一种对采样的分类，是基于采样对象来进行。不同于后续研究或博物馆陈列中经常运用的材质分类法，在田野发掘的实际工作中，是无法对文化堆积中的包含物预先进行材质属性的分类并进行分别采集的。因此，合理的采样系统中，对采样对象的分类往往依据其不同尺寸和保存状况，即采集的不同方式来进行。一般而言，可以根据采集技术的不同，分为大遗存、微遗存、原址性信息和其他特殊采集四大类：

1. 大遗存

大遗存（macro-remains）泛指所有肉眼可见，肉眼可以直接研究的实物资料。包括大部分人工遗物和部分动植物自然遗存。前者主要包括陶瓷器、石玉器、骨角蚌器、金属器、砖、瓦等不同材质的人工制品以及相关的残次品、半成品等，后者如哺乳动物、鸟类、鱼类、两栖类动物的骨骼等。

大遗存资料多数需要全部采集，提取工作通常在发掘现场进行，由发掘者承担，如对发掘采集的土进行现场的筛选。

2. 微遗存

微遗存（micro-remains）是指肉眼看不到或者能看见但需要在显微镜下进行分析研究的资料信息。包括部分人工制品，如细小玉石屑、残留物等，以及普遍存在的自然遗存，如细小动物骨骼、软体动物、碳化植物果实种子木炭、孢粉、植硅石、淀粉颗粒、硅藻、寄生虫卵、昆虫等，以及进行物理、化学分析的土壤样品。

微遗存资料的采集方式主要是抽样采集，有些微遗存采集需要相关领域专家现场完成，样品的提取工作一般在后期的实验室内完成。

3. 原址性资料和信息

原址性资料和信息（on-situ info）是指不宜单独提取，而需保持相对位置和空间关系的资料和信息。主要包括两大类：一是各类有机质痕迹和行为痕迹，比如木头、编织物、骨骼等留下的印痕；车辙、足迹等痕迹；二是需要有序定向采集的土壤样品，比如土壤微结构分析样品（soil micromorphology）。

各类印痕本质上是判断式采集。确实需要对这类实物资料完整采集时，通常会同现场文物保护人员协商，通过局部破坏的方式套箱提取；无法对实物进行完整采集时，通过翻模或三维扫描等记录系统来保存信息。土壤样品一般是运用抽样方法获取，要有相关领域专家参与或由经过培训的发掘人员来进行样品采集、标记和包装。

4. 其他特殊资料和信息

除了上述三种常见的情形之外，田野考古中还会遇到一些特殊情况下的采集。比如出于保护需要的面向实验室考古的特殊采集和埋藏环境的信息采集。

受各种条件制约，无法短期内在发掘现场完成清理工作或因文物保护的特殊需要，一些重要的遗迹会采用整体切割方式搬迁至实验室稳定条件下进行清理，也称作"实验室考古"。此类采集需会同文物保护人员和工程施工人员协商，采用局部破坏的方式进行。采集前应做好工作方案，并制定应急保护措施。埋藏环境的信息采集包括只能在发掘现场第一时间采集的地下水文、岩土矿物、土壤温湿度和酸碱度等信息。此类信息采集需会同文物保护和科技考古工作者根据遗址的保存状况和科学研究需要进行。

第三节 采样方案的设计

当代考古学田野工作中采样任务繁重、采样技术复杂，一个考古项目开展之前，必须有一个明确并经过设计的采样方案。

一、制订采样方案的原则

任何一项考古发掘都会受到人力、物力、财力及保存条件等方面的客观限制，面面俱到的采集是不存在的。一个合理的采集技术系统就是在各种局限性下实现的最切合实际又最大化的保护方案，而一个合理的采样方案需要满足以下四个基本的原则。

1. 系统性

系统性指在一项田野考古发掘过程中自始至终贯彻执行的采集内容和技术标准。由于认识水平和科技手段都在不断发展，对一项长年实施的发掘项目或研究计划能够自始至终保持统一的采样标准和方案是不现实的。采样方案和标准也会随着研究目标的变化和客观条件的不同进行调整。但是系统性仍然很重要，只有满足了系统性的要求，才能保证同一个发掘项目获得的实物资料可以置于相同的层次下开展研究。这里的系统性主要在于两点：

第一，每个发掘季度应有明确、一致的系统采样要求。每个发掘季开始之前，都需要制订针对本发掘季的采样方案和实施计划，并将具体的要求准确传达到每一位发掘队员。在发掘开始时，还应该及时检查每一位发掘队员的采样工作是否到位。如果存在问题，可以在发掘项目负责人的协调下，通过队员之间的协商，修订之前的方案。如此反复，直到发掘方案能在队员之间无差别地贯彻执行下去为止。

第二，发掘季度和项目之间能满足基本的可比性。在制订本发掘季的采样方案之前，需要仔细核对整个项目的采样方案以及上一个发掘季的采样方案及其执行情况，保证基本内容的一致性。尤其是当更换项目负责人时，更应该强调整个项目的延续和统一。当采样方案需要作出调整时，一定要在发掘开始时先试行并检查实施效果，确定有效后，方可全面实施。

2. 针对性

所谓针对性包括三个具体的内容。

一是自上而下，针对特定的研究目标设计采样方案。尤其是学术性的发掘项目有着明确的研究目标，采样方案总体上要围绕着这个目标设计。比如，河南淮阳平粮台龙山城址的发掘，一项重要的目标是研究城内的排水系统，因此采样方案中针对发掘到的排水沟和排水管内的堆积都需要按深度采集沉积物粒度分析样品和土壤微结构样品。这个采样方案是在发掘之前就设定好了的。

二是自下而上，针对特定研究对象设计采样策略。比如，发掘中要采集碳化植物遗存就需要考虑在哪种类型的堆积中取样，取多少土样，所取土样采用什么样的浮选方法等；墓葬发掘中的人骨，如何取样，如何包装，是否取与人骨相关的土样，如做寄生虫卵分析等。

三是针对遗址特定的保存埋藏条件，设计合理的采样计划。其中针对遗址保存状况进行采样方案的设计是最重要的。发掘之前，首先要对遗址的保存状况有充分的了解。比如，酸性土壤中人和动物骨骼不易保存，很难获取相应的遗存。在饱水的厌氧环境下，有机质保存完好，但发掘过程中保存环境的突然变化会造成有机质文物的损坏，因此相应的保护方案就必须充分考虑到大量有机质遗存出土的现场保护问题。

3. 有效性

所谓有效性是指采集的实物资料能够满足日后研究工作的需要，

也是制定采样方案的主要目标。采样方案的有效性主要是通过采样方法的规范，样本数量、样本大小以及记录、包装、保存运送方法等方面的保障来实现的。如何保证采样方法的有效性是我们下面将要重点讨论的内容之一。

4. 兼顾性

考古发掘的过程即保护和研究的过程，因此发掘不仅仅是为了提取到实物资料和信息，采样方案的设计在有限的人力、物力条件的前提下，需要兼顾发掘、记录系统的基本要求，并非是独立存在和实施的子系统。比如，在灰坑的发掘过程中，常采用 1/2 或 1/4 对角清理，先清理部分一般不取样，因为在层位把握上难免有"做过"或不到位的情况，而后掘部分因为有明确的堆积剖面信息，再取样才能尽量保证不同堆积的样品不混。另外，取样会造成破坏，一般情况下尽量在完成测绘、照相记录之后再进行取样。

就取样本身而言，由于采集对象种类繁多，在采集过程中更会存在互有破坏的现象，特别是整体提取时对遗址堆积会造成破坏，而采集系列环境样品也会对剖面造成破坏。因此，在取样过程中不仅要考虑发掘、记录与采样之间的关系，而且更要考虑不同的取样之间的"主次"和"缓急"的关系。

首先是"主次"关系。考古发掘的首要任务是理清遗址堆积的过程，重建过去人类的行为，尤其是在保护性发掘的理念下，要尽量避免发掘本身对遗址的破坏。一些所谓的"科学研究"，在遗址的有限剖面上任意取样，甚至为了取样而任意挖掘小探沟的做法，不仅破坏遗址，而且所获样品的层位关系和背景信息也往往是有问题的。目前考古学的一个发展趋势是随着从业人员结构的变化，对"微遗存"的强调越来越多。国外甚至提出了所谓"微考古学"（micro archaeology）的说法，但作为一个完整的田野项目，切记要分清主次，厘清"芝麻"与"西瓜"的关系。

然后是"缓急"关系。有些资料和信息的处理是可以在发掘结束后逐步深入开展的，比如对各类人工遗物的研究。但有些情况一且不进行现场提取和评估,则会产生不可逆的损失,比如各类印痕和有关堆积过程的一些证据。因此,作为一个完整的田野项目,需要有缓急的概念,把工作重心放准。

二、采样系统的有效性

判断采样系统的有效性即要讨论构成一个田野资料采集体系合理性的基本因素。这些因素严格意义上均是针对抽样采集而言的。如果是全体采集便无所谓下述的各类取舍。但正如前文所说,考古发掘中不存在全面的全体采集。因此了解各种因素对采样结果的影响,是很必要的。

1. 采样对象与采样方式

不同采样对象在土壤中的保存状况、数量都有差异,后期开展定量研究所需的样本量也不相同。因此,针对不同采样对象需要设计不同的采样方法,规定最少的采集样本量。

常见采样对象的采样方式和所需样本量见下表(表4-1)。

表4-1 考古发掘常见采样对象及采样量[①]

分类	遗存类型	土壤类型	可提供的潜在研究信息	获取及研究方式	需要的样本量
微遗存	硅藻	所有	堆积环境的盐度、酸度	实验室处理,400X显微镜观察	100毫升
	花粉,植物孢子等		地区性的植被环境及变化;地区性的水文及气候;遗迹单元的功能;人类活动对景观的干预;农田管理;植物资源		50毫升或柱状剖面取样
	植硅石		地区性植被环境、水文、气候;遗迹单元的功能;农业相关问题		100—200毫升或柱状剖面
	有孔虫类		潮汐环境下的盐度和水位变化		100毫升
	寄生虫卵	饱水环境	病理学;环境及生业经济形态		250毫升

---

① Murphy & Wiltshire. 1994. A guide to sampling archaeological deposits for environmental analysis.

(续表)

分类	遗存类型	土壤类型	可提供的潜在研究信息	获取及研究方式	需要的样本量
	果实、种籽	所有（碳化）；饱水环境（未碳化）	地区性植被；植物类资源的利用；农业相关问题，作物生产、加工与储存；地区性景观和土地利用	浮选（碳化）、湿筛（未碳化饱水环境）至0.2—0.5 mm；10—60X显微镜观察	20升左右
	木头（木炭）		地区林业资源的构成；树木资源的开发、管理与利用	浮选（木炭）、湿筛（未碳化饱水环境）；150—400X显微镜观察	20升左右，或可见性全部采集
	昆虫		地区性景观；林地结构；虫害研究	实验室处理，至0.3 mm；10—60X显微镜观察	10—20升
	水生软体动物	碱性或中性；小型（碱性）	堆积环境的盐度等；贝类的采集与消费	小型需筛选至0.5 mm	小型需10升
	陆生软体动物		地区性植被结构		
大遗存	鸟类骨骼	所有（非酸性）	狩猎；食物储存与管理；动物驯化	手工拣选、筛选、浮选，至1 mm	取定量土样后的全部堆积
	鱼类骨骼		渔猎；鱼类食品的加工与消费		
	小型哺乳动物		地区性生态环境；动物群研究		
	大型哺乳动物		狩猎；动物驯化；动物的消费模式（加工、储存、管理与消费）；动物的病理学	手工拣选、筛选	
	人骨		食谱；病理学；人口；生活方式或埋藏方式		

(续表)

分类	遗存类型	土壤类型	可提供的潜在研究信息	获取及研究方式	需要的样本量
土壤、沉积物	微形态学分析		成土作用；土壤结构与人工干预；遗迹单位的功能；堆积埋藏学研究	连续柱状剖面；或局部特征剖面	
	化学分析	所有	成土作用与气候影响；土壤酸碱度；耕种与畜牧管理的影响	连续柱状剖面	150—200毫升
	粒度分析		沉积序列；水流冲积的影响		
	磁化率分析		古气候、古环境变化；人类活动影响		

上表主要针对自然遗存的情况，人工遗物和大遗存中动物骨骼的获取方式基本一致，也通常是在一个工作流程当中完成。

2. 样本的提取方式

田野发掘中，收集文化堆积中所包含的陶片、骨骼等遗物是最常见的一种采样工作，以往主要由发掘者进行人工拣选。近年来，由于人工拣选方式的随意性，这一方式现在正在逐步被筛网筛选所替代。然而一定是筛选的结果优于人工拣选吗？筛网的尺寸有什么讲究呢？这些问题，实际上都牵涉到样本的提取方式，即用什么样的技术来获取土壤中包含的研究对象。这个问题可以用以下实例来说明：

图4-1是在西亚地区史前遗址进行的动物骨骼采集实验的结果。实验对同一堆积单位、同等保存状况下、同体量土壤样品中的动物骨骼分别采用四种不同的提取方式进行采集，然后对采集结果进行分类统计，我们可以看到这样的结果：（1）在人工拣选的方式下，获得最多的是牛、马类的大型哺乳动物遗存（占总重量的80.2%），20%左右猪、羊类中型哺乳动物遗存，几乎完全不见其他小型动物；（2）用10 mm尺寸的筛网进行筛选时，能获得占比重微量的鱼类、鸟类和软体动物，同时猪、羊等中型哺乳动物的比重上升到40.4%，

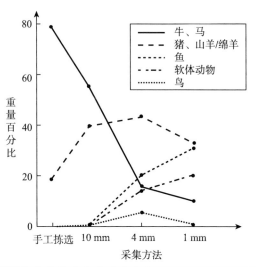

	手工拣选	10 mm	4 mm	1 mm
牛、马	80.2	56.1	15.5	11.1
猪、山羊、绵羊	18.6	40.4	46.3	33.2
鱼类	…	0.6	19.3	31.6
鸟类	0.1	1.3	3.1	1.1
软体动物	0.2	0.9	14.0	21.1

图 4-1 样本不同提取方式的比较[①]

牛、马等大型哺乳动物的比重相应下降到 60% 以下；(3) 当筛网尺寸缩小为 4 mm 时，所获动物遗存的比例发生了明显变化，牛、马等大型哺乳动物所占比重锐减至 20% 以下，取而代之的是占比 19.3% 的鱼类、14% 软体动物和 3% 左右的鸟类，猪、羊等中型哺乳动物所占比重相对稳定；(4) 当筛网尺寸变成 1 mm 时，筛选工作变得十分缓慢和低效，鱼类和软体动物所占比例继续增长，鱼类所占比重十分接近中型哺乳动物，二者均超过 30%，软体动物占 21.1%，牛、马比重继续缓慢下降，占 11.1%，而鸟类比重再次减少到 1% 左右。

上述实例中动物骨骼比例的变化是十分易于理解的，牛、马类

---

① Orton, C. 2000. *Sampling in Archaeology* [M]. Cambridge: Cambridge University Press.

大型哺乳动物所占比重的突出变化，是因为随着提取方式的变化，大型哺乳动物骨骼的数量不会随之增加；当其他种类动物遗存随着筛网尺寸缩小日趋被筛选出来时，大型哺乳动物的比例自然就随之下降了。同时从数据比例和变化分析，4 mm 的筛网对这个实验遗址的保存状况来说，是研究鱼类、软体类和鸟类动物的合理尺寸。

由上述实例，我们可以进一步对采样中的提取方式做如下三点总结：第一，不同的提取技术标准获取的资料和信息是不对等的；第二，不同技术标准下获得的数据不具备可比性；第三，技术标准的选择和研究目标、工作条件有关。

因此，在采样过程中，对提取方式的记录十分关键，如果后续研究者不能了解到这些实物资料的提取方式，就无法对其进行相应对等的比较研究。假设上述实例中手工拣选和 4 mm 筛网的提取方式被运用在两个不同遗址，同时又没有提供采集方式的说明，那么动物考古研究者很可能就会根据不同类动物骨骼比例的差别来进一步阐释不同地点肉食资源获取方式的差异，进而讨论文化、社会的差异——殊不知这样的差别是由提取方式导致的，并不能反映古代社会真实的状况。

那是否不同提取方式的结果就完全不能拿来进行比较研究呢？又不完全是这样。正确的表述应该是：不同技术标准下获取的数据不能进行直接比较。但是可以通过计量方式减少偏差，进行标准化以后再做比较分析。仍然举上述实例，如果某遗址只获得 10 mm 以上动物骨骼，另一个遗址则获得 4 mm 以上骨骼样品，那么需要在比较研究之前，将筛得更细的遗址（4 mm）做再次分类，提取其中大于 10 mm 的骨骼数据进行对应比较就可以了。

值得注意的是，上述实例提供的另一个重要视角，是充分说明了考古发掘中的筛网并非越细越好，需要根据自身的研究目标、工作条件来选择合适的技术标准。如果不是为了专门研究软体动物或者鱼类，又或者在大规模的发掘中，不具备足够时间和人力条件进行所有堆积的细筛作业，那么上述 1 mm 甚至 4 mm 的筛孔大小，就不现实也没有必要实现了。事实上，即使是专门研究小型动物的考古学专家,也会建议发掘者进行局部采样后再提取小筛孔下获得的特定动物遗存,这是因为这些鸟类、鱼类和软体动物个体小,包含密度相对高,即使在发掘中做到了全体采集,要在实验室进行全体分类统计也是很难实现的。一方面海量数据无法处理,一方面随着筛孔的变小,新获得的大多为不可鉴定的碎片类遗存,不具备分类统计的意义。

通过提取方式的讨论,我们也能充分理解前文所说"大遗存"和"微遗存"的一些区别。正是因为遗存本身尺寸差异,及其在土壤中包含密度的差别,决定了不同尺寸实物资料需要选择合理有效的筛孔尺寸进行筛选;而不同的研究目标和工作条件,也往往是选择提取方式时需要考虑的重要因素。通常在中国北方砂质土壤地区,要满足一般研究需求,10 mm 的筛网是相对合理又有效的选择。

3. 样本大小

样本大小(size)是指一份样本的尺寸或体量。比如,一份浮选土样有 10 升或 20 升,或者一个堆积单位中共获得多少片可进行分类统计的陶片,这些都是样本的大小。

样本的大小直接关系到从中提取出来资料的个体数量和种类。以下图为例说明样本大小对于满足研究多样性和定量分析的重要意义(图 4-2):

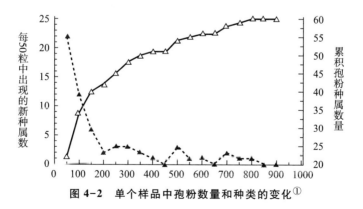

图 4-2 单个样品中孢粉数量和种类的变化[①]

---

① 吕厚远. 2009 年北大讲座讲义.

这个图是用来说明在单个样品中孢粉数量和多样性的对应变化的。其中空心三角和实线对应右侧纵轴，表示随着可鉴定孢粉数量增加，种属总数发生的变化；实心三角和虚线对应左侧纵轴，表示每鉴定 50 粒孢粉会出现的新孢粉种属的数量。从这份样品中，我们可以清楚地看到如下变化：（1）随着鉴定孢粉数量的增长，种属的多样性在逐步提高；同时出现新种属的概率在逐步下降；（2）从虚线的变化看，最初统计时出现新种属的数量很多，数到 200 个之后，再出现新种属的概率变得少而稳定，一般每 50 个在 0—3 种之间；（3）从实线变化看，最初随着数量统计的增长，孢粉表现的多样性也迅速增长，而到 300 个之后，这种多样性增长减缓，700 个之后，多样性趋于稳定在 55—60 个种属之间。从这个实验数据中，我们可以理解，目前国内环境考古研究中，单个样品孢粉计数到 300 个左右的标准是如何建立的——这一数量大约是鉴定统计工作量和样品多样性相互平衡的一个结果。

这个实例虽然是关于孢粉研究的，但是对于考古学研究是同样的道理。因为我们需要研究的内容是关于各类对象的多样性和数量（比例），所以同时满足对象的多样性和定量统计所需数量是所有考古实物资料研究都要达到的前提。比如，对一个单位的陶片进行分类统计时，我们需要通过陶片统计充分认识这个单位表现出来的陶质陶色的多样性、器形的多样性，并且需要一定数量来进行不同种类的比例计算，满足这些统计需求的单位往往被作为后续比较研究（通常是类型学比较）的"典型单位"。从采样角度讲，满足一定样本大小的单位才是"典型单位"。

那为何这个样本大小针对不同的研究对象会是一个相对稳定的值呢？因为我们所研究的对象都是有边界的，即各类遗存的多样性是有边界的。人类的生存状态是由我们所处的自然环境、所掌握的知识技术、所能获得的社会资源等多方面条件限制和决定的，不同的自然环境提供了相应的自然资源，不同水平的知识技术决定了人类可以利用和改造其中哪些资源，而不同的社会地位和社会发展状况又决定了特定社群或个体能够获取资源的距离和质量等。因此，我们研究的对象一定是有一个特定的多样性边界，偶尔超出边界的遗存可以有不同角度的解释（比如舶来品，外来物种等），但找寻本地区本遗址多样性的总体特征才是认识和研究古代社会普遍性的基本内容。为了达到这个研究目标，我们分析统计的每个样本都需要满足一定的样本大小。

同时，样本大小的标准又不是一成不变的，对于采样方案来说，样本大小本质上与研究对象在土壤中的密度有关。因此，采集多少体量的土样，才能满足某类研究的多样性需求，这需要有相关人员的指导以及对本地堆积状况的经验。以植物考古中碳化植物遗存的需求为例，一般北方遗址，如果是新石器晚期以后的农业聚落，浮选样品要 15—20 升，才能达到一定的种属多样性；因此，样本的大小就是 15—20 升。

人工制品是一类特殊的研究对象，从文物保护的角度出发，所有发掘中包含的人工遗物我们都会进行全部采集（用合适尺寸的筛网），并且做全部的分类统计和登记；而从定量研究的角度出发，又并非所有采集和登记的人工遗物都有统计分析的必要。通常情况下，我们建议在分析数据之前对获得的人工遗物进行一些预研究，通过类似上图这样的统计工作，了解某类人工遗物达到多少数量后所体现的多样性是趋于稳定的，寻找一个数量和多样性的平衡点，以此为标准，对达到标准的单位才进行有效的比较分析。

因此，从抽样统计的角度来说，抽样率不是最重要的，样本的大小才是前提和关键。只有满足样本大小，即足够反映样本多样性的采样才是合格和有效的。

4. 样本数量

样本数量（number/amount）指同类型样本的份数，比如多少份浮选样品，多少单位筛选了陶片等。达到一定的样本数量，才能反映出这类资料的普遍性和特殊性。

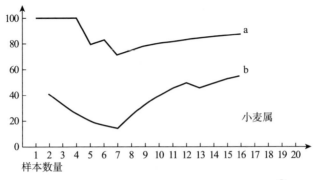

图 4-3 样本数量和 a/b 两遗址差异性的比较[①]

为说明样本数量，我们同样以西亚地区新石器时代遗址的采样为例。上图是西亚 a 和 b 两个同时期的新石器时代遗址出土小麦属比例的变化。横轴是样本数量，纵轴是这类遗存在总的植物遗存中所占的比例。由此可以看到，总体上 a 遗址农作物所占比例非常高，b 遗址同类作物所占比例低不少；同时，在比较最开始 10 份样品的累积数据时，两个遗址数据的波动都比较大，两者间差异大小也有所变化；而到 10 份以上样品后，累积数据逐步稳定，一方面两个遗址自己的数据曲线相对平缓，说明逐步反映出这类遗存的真实比例，另一方面两遗址之间的差异也逐步稳定下来。这个实验数据显示，在比较两个遗址植物遗存差异时，大约 10—15 份样本是保证有效性的一个最基本的样本数量。

同样的道理放到我们传统的遗物研究中也易于理解，两个遗址进行考古学文化面貌分析时，各选一个典型单位的陶片统计结果进行比较，其结论显然不足信；通常情况下，进行统计和比较的单位数量越多，大家会觉得结论更反映真实的情况。这就是采样方案有效性中的"样本数量"。

考古学研究面对的对象永远是局部的，采样方案的设计一方面要避免出土单位特殊性干扰，反之，又要力求在统计数据中甄别和

[①] Orton, C. 2000. *Sampling in Archaeology* [M]. Cambridge: Cambridge University Press.

显示出这类出土单位的特殊性。可以说，考古学分析就是寻找数据中普遍性和特殊性的研究，而普遍性与特殊性均需要通过一定的"样本数量"来实现。

那么多少才是有效的"样本数量"呢？根据不同研究对象及其包含密度，这个数量的标准不是一定的，但需要满足一个基本原则——就是能反映稳定的差异性。进行比较研究时需要注意两者之间的差异是否真实存在；两者之间的差异程度是否相对稳定。只有样本数量达到一定程度后，上述条件才能满足。

5. 抽样采集的作用与局限性

鉴于在资料采集中，抽样采集的作用越发重要，应用越发广泛，有必要对其原理和各种影响抽样资料分析结果的因素做较深入的了解。

任何一种抽样方法，都有其缺陷。例如系统抽样中的"系统误差"、判断抽样中过多的主观干扰等。但说到底，从抽样资料中产生的结果是一种概率结果，具有统计学意义，却未必完全符合实况。因此，抽样统计方法本身不能够回答考古学问题。然而它提供了一套方式来获取我们需要的信息，同时有它自己的语言来释读这些信息。

由于考古学面对的总体是不完整的，通过采样方法永远无法直接评估我们所希望复原的"整体"，这是考古学的定量分析不同于其他一般社会科学之处。所有的考古遗存都经历了从"原生状态"到"死亡状态"到"埋藏状态"到"沉积状态"的过程，在这个过程中，由于不同自然和人文环境背景下复杂的 N 过程和 C 过程的综合作用，今天保存在遗址上的古代遗存只能是过去人类活动的有限部分，其时空结构不仅不完整，而且不同遗址间的差异很大。因此，考古学的定量研究只能控制从"样本"到"样本总体"的过程，而无法直达"目标总体"。简单来讲，古代人类活动的遗存有多少保留到了遗址上，而遗址上又有多少遗存被考古学家有效发掘出来了呢？（图 4-4）

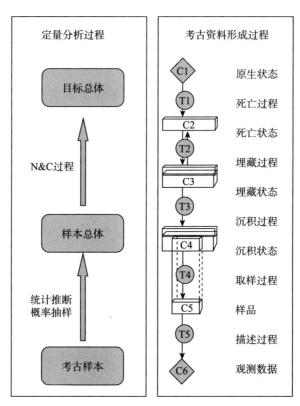

图 4-4　田野考古采样中的"样本"与"总体"

尽管如此，并不是说一个遗址的采样方案无法考虑从样本总体到目标总体的不可控过程，相反一个有效的采样方案的制订必须建立在对遗址形成过程中各种因素的有效认识和评估的基础之上。与此同时，虽然我们无法通过样本来直接评估整体，但是通过对样本的比较我们可以了解个体之间的差异。只是对这个差异的解释需要我们首先考虑是否是上述考古资料形成过程中的哪个环节造成的。只有当我们确定了遗址形成过程中的不变性，通过比较获得对差异的认识才是我们所希望"复原"的古代历史。

三、采样方案的基本内容和要求

综合上述有效性分析结果，我们可以开始设计相应的采样方案，满足系统性、针对性、有效性、兼顾性原则，是采样方案设计中自始至终需要贯彻的内容。

1. 制订采样方案的流程

参考国外采样方面的实例，一个优秀的采样方案需要基于预研究和小型发掘的实验结果才能合理设计出来：

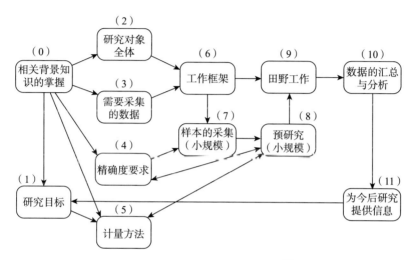

图 4-5　采样方案的形成过程[①]

下面我们对图 4-5 中的每个步骤做简单说明：

（0）相关背景，考古学研究不是在真空中进行，我们的研究目的、方法都是已有认识的体现，这里的相关背景包括：考古背景，对遗址本身的认识、经验，对研究对象数据特征的把握和估计；取样技术背景，对特定取样方式的掌握及相关取样设备的保障。

（1）研究目标，没有清晰的研究目标，一项考古发掘以及与之对应的取样方案就无法实现。事实上，没有目标的取样本身就无所谓成功与否了。在目前多学科研究的趋势下，需要考古项目的负责人权重不同学科介入发掘工作的必要性、具体方式、合作模式、相

[①] Orton, C. 2000. *Sampling in Archaeology* [M]. Cambridge：Cambridge University Press.

互间的互补性以及对遗址保护可能造成的影响等。

（2）研究对象必须明确，包括有哪些潜在的研究对象，其中哪些需要研究，以及这些研究对象在遗址形成过程中的各种 N 过程与 C 过程的影响是什么？这些研究对象可能的保存状态如何等。

（3）需要采集的数据包括两部分概念，即需要采集哪些类别的数据和需要从哪里获得这些数据。

（4）通过这项研究达到何种精度，以及如何实现？

（5）计量方法，在野外也可以称为评估方法，是具体操作层面上的考虑。比如，我们经常讲的"重要单位"都要过筛采样，那么所谓的"重要单位"是否可以客观界定？用于碳化大植物遗存的浮选土样，取每个堆积单位的 10% 还是大约一桶土更为合理等。

（6）这里的工作框架简单说就是按什么单位取样。比如，哪些样品按照最小堆积单位采集，哪些样品需要在剖面上按照相等深度采集等。

（7）试掘中具体实施的采样方案，包括采样的类型和方法，样品提取方式，不同样本大小、样本数量的采样实验等。

（8）对试采样的预研究。从道理上讲，最合理的采样系统通常都是工作完成之后才能设计完整的。因此如果时间、经费允许，和试掘一样，都需要进行采样方案的预研究。通过预研究，一方面获得相关背景知识，对原来的目标进行修正、取舍；一方面检验采用的技术方法能否达到设计的精度要求、满足研究需要，包括选择合适的样本大小、样本数量和取样手段等。预研究还可以发现方案中的漏洞，比如定义是否明确、记录方式是否明确、是否可操作等。

（9）正式付诸实施。

（10）这一步花费时间很多。在没有结果之前类似的田野或取样工作没有必要重复开展。

（11）积累经验，并为下一个发掘季采样方案的修订提供依据。

上述采样方案的制订流程虽然引自外文文献，但大体上符合我国田野发掘的实际。在采样方案产生的过程中，我们需要注意：第一，一些箭头是双向的，如精确度要求和计量方法，也就是说通过预研究的结果及时反馈，进一步修订采样方案是非常重要的；考虑到考古发掘不可逆的特殊性，及时反馈也是更好实施保护性发掘的一个重要保障。第二，相关背景知识的掌握是所有工作的起始点，因此在现有发掘队伍的知识储备下，寻求更多相关领域研究者的帮助和指导，共同来设计采样方案会是目前最行之有效的方法。

2. 采样方案的内容

具体到采样方案的内容，在一般田野发掘项目中，一个完整的采样方案应考虑如下方面：

（1）首先需要明确这个方案应用的范围。采样方案的实施是具有不同层次的。一般以一个发掘季度为单位，比如某某遗址某年度资料与信息采集方案，或以一个研究项目为单位，比如某某调查项目的采样方案。为了管理工作的便利，有些研究单位也会根据需求提出一个相对固定的基本采样标准和要求，这类也可以视为采样方案的一种形式。

（2）一个系统的采样方案需要包括如下要点：

第一，前期调查、研究对遗址堆积性质的认识和保存状况的了解；

第二，本发掘项目的研究目标；

第三，不同采样对象的系统采集要求。比如：陶片，除耕土层外全部采集，采集尺寸为 1 cm 以上；石器，除耕土层外全部采集，采集尺寸为 1 cm 以上，对特定堆积单位进行抽样细筛，采集尺寸为 0.2 cm 以上，主要为获得石屑等跟石器加工相关的资料；动物骨骼，除耕土层外全部采集，采集尺寸为 1 cm 以上，对抽样单位进行细筛，采集尺寸为 0.2 cm 以上；植物遗存，所有堆积单位采集浮选土样 5—30 L，特殊情况需全部采集；环境土壤样品，在探沟剖面系统采集……

第四，制定各类采集资料的记录编号方式；

第五，制定各类资料样品的清洗、包装和田野库房管理制度；

第六，制定各类资料采集的工作流程并指定负责人。

（3）对于发掘结束后样品的后续处理、去向和进一步分析研究需要有全面的掌握和计划。

（4）对于发掘过程和资料采集中可能出现的问题进行评估，并有相应的补救措施。

（5）项目完成后，对采样方案有汇总和分析，为今后研究提供信息。

总之，一个田野发掘项目对资料信息的采集需要有全面的设计和掌控，绝不是请各路专家分工各行其是的事情，既要尽量满足多学科研究的需要，同时也要平衡各类研究的需求，分清楚主次缓急。从某种意义上说，随着技术的进步，采样是无穷尽的，而合理的采样系统是针对特定遗址、特定研究目标设计的。因此田野采样不是一场竞赛，不是采得多、采的全就是考古赢家。这里要提倡一个双R原则，即精简（reduction）和代表性（representative）的结合。如果一定要有一个采样系统优劣的评价，两者兼顾应该是努力的方向。

随着科学技术的发展，微观考古学兴起，田野考古也会相应发生改变，新兴技术和专业领域的扩展，反映在田野考古的发掘、记录和采样系统上，对采样系统的影响是最大的。因此，对一名考古领队或项目负责人而言，全方位的知识背景、明确的研究目标和"田野现场实验室"（预研究）的引入，将是面临挑战和变化时缺一不可的内容。

第四节　采样流程

调查中的采样可参见第二章第六节，这里仅介绍田野发掘过程中的采集作业。

一、扰土中资料的采集

扰土包括各种形式，最常见的是地表的耕土。首先需要明确的是尽管扰土已经失去了遗物的原生信息，但扰土的采集仍然重要，也应有相应的采样方案。

一般情况下，耕土层的采集方法类似于田野调查。常见的方式是手工拣选，拣选的标准也与田野调查中采集"典型遗物"的方式类似。更合理的方法是对耕土层进行抽样采集，具体可参照调查中的遗物采集。

一些情况下，扰动的堆积也需要全部采集。比如，盗墓者在盗掘过程中经常会在盗洞中遗留重要遗物，尤其是较小的遗物，如耳环、戒指等，因此重要墓葬的盗洞里的堆积也需要全部筛选。

二、堆积单位内的全部采集

堆积单位是遗物采集的基本单元，堆积单位内的遗物采集是伴随着发掘过程而同步进行的。堆积单位内的人工遗物和自然遗存中的大遗存均需要全部采集。

1. 拣选

手工拣选是普通的全部采集方法。手工拣选的随意性强，因此在实际采样中应尽量避免。但如果在人员、经费等条件制约导致筛选难以实现的情况下，手工拣选也需要制定相应的标准，比如，拣选尺寸大于 2 cm 的遗物，拣选遗物的类型有哪些。这些标准需要所有参与拣选的发掘人员严格执行，并做好记录。

2. 筛选

筛选是最常见的全部采集方法。不同类型的遗址在发掘之前应根据实际情况制订筛选的具体方案，包括干筛还是湿筛，筛孔大小，过筛后采集哪些遗物等。需要注意的是，由于不同遗址堆积状况的差异，一些情况下用于筛选的土需要做预处理。比如，过于潮湿的土筛选过程中会粘结成球,需要提前晒干再筛选;碳酸钙含量高的土壤中容易形成钙化物,一些情况下在筛选之前需要使用机器粉碎,但粉碎会破坏遗物,需要慎用。

3. 小件

小件是遗物采集的一个特殊概念,专指发掘现场遇到的完好保存或者现场判断为珍贵文物或重要的遗物。小件采集的主要目的有二:其一,方便对发掘现场重要文物的及时处理,凡是小件都要求记录三维坐标和拍照,都要求单独包装,单独存放;其二,一些现场可以观察到的完整但破损的器物,按照小件处理,单独包装,方便后期室内整理时的拼对和修复。小件提取之前需先做完整的测量、拍照记录。

需要注意的是,小件与室内整理后挑选出的文物标本是有区别的。小件均要求发掘现场编号,以方便与所属遗迹一起整体绘图,也方便器物的提取,这个编号一般也会在室内整理后沿用至文物标本的编号。但实际情况中也存在现场判断小件数量不准确的情况,比如现场判断为一件遗物,但室内整理后发现实际上有多件,或者现场判断为多件,但室内拼对后发现其实为一件。这种情况下小件编号就会与文物标本的编号不一致,所以小件也是发掘取样过程中一个方便操作的权宜性和过渡性的概念。

4. 完整的人类和动物遗骸

未经扰动的墓葬、祭祀坑等会保留有完整的人类或动物遗骸,对这类遗存也应全部采集。提取前应首先完成测绘、拍照记录。提取时应事先准备好完整骨骼的简图,按照部位提取并标注在简图上,以防止遗漏。头骨、长骨等较大的骨骼需要单独包装,并附相应标签;指骨、趾骨等小块骨骼可合并包装,标签和记录中需要注明种类和数量。散落的牙齿也需要单独包装。

需要做寄生虫卵分析、纺织品分析等情况的,应在提取人骨之前首先取样。骨骼保存状况差的,可在做完上述分析取样后,先对骨骼进行加固处理，然后再提取。

5. 包装、记录要求

全部采集的遗物需要按类包装。有条件的情况下，不同质地的文物在手工拣选或筛选过程中即应分类包装。一方面，不同质地的文物，如陶器、石器、骨角蚌器等混在一起，会造成质地脆弱器物的损坏，另一方面后期整理都是按类进行的，不同种类文物的清洗处理方式也不相同，因此发掘采样过程中做好分类可以减少后期整理的工作量。

采集遗物需有相应的记录。按堆积单位手工拣选或筛选的遗物，均按堆积单位包装、记录。记录内容包括采集方式、采集标准、采集的数量等，相关信息应填写在该堆积单位的发掘记录表中，需要详细记录的还可单独填写采样记录表（详见第五章的相关内容）。包装袋内应同时放置采样标签，标签上需记录采样单位、种类、编号、数量、采样者、采样时间等基本信息，数字化的记录标签上还应打印二维码，方便入库出库管理（详见第五章的数字化记录系统部分）。包装袋的外包装上也应用不易褪色的记号笔等标注与采样标签相同的内容，以方便后期的整理和查找。

小件需要测量并记录三维坐标和拍照，并根据材质单独包装和保管，包装的材质要注意防水、防潮、防霉。小件、完整的人和动物骨骼都需要单独的标签。

三、堆积单位内的抽样采集（举例）

体量大且重要的堆积单位，在无法实现全部采集或全部采集没有必要的情况下，应采用抽样采集的方式提取遗物。

一般情况下，我们将堆积单位当作不可再分的最小地层单位，同一个堆积单位内部被认为是均质的。但实际上，堆积单位内部也有差异，尤其是体量大、遗物异常丰富的堆积单位，其内部的差异往往具有重要的研究意义。因此，堆积单位内的抽样采集应有明确的研究目的，应以寻找堆积单位内部的结构性差异作为设定抽样采集方法的目标。

人类活动形成的大体量和异常丰富的堆积多数是与生产、生活中长期堆积的各类垃圾有关，如史前贝丘堆积、商周时期冶炼的炉渣堆积、历史时期瓷窑专业化生产的垃圾等。英文文献中常用midden一词来指代考古发现的生活垃圾堆。对这类堆积的抽样采集，首先应判断堆积的性质，包括堆积的包含物是什么，大致的密度如何，是否存在堆积的倾倒方向等。然后，根据对堆积性质的大致判断和研究的目的初步设定抽样的方法，包括样本的大小（单个样品的体量）、抽样的比例（样本的数量）和抽样的方法（随机抽样、系统抽样、分层抽样还是判断式抽样）。一些情况下，有必要事先对堆积体进行小规模的解剖，了解其堆积的层次结构，估算其大致的体量，为制订抽样采集的方案提供依据。

抽样实施过程中，需要绘制抽样单位分布图，对抽取到的每一份样品做完整的记录，抽样编号一般直接取自抽样方法。样品的包装和记录方式可参照全部采集。对堆积单位实施抽样采集，应尽快在发掘现场对抽取的样品进行初步的实验室分析，根据分析结果反馈样本的大小和数量是否能够满足研究的需要，并对抽样方案及时作出调整。

四、其他采集

在满足堆积单位采集的基本要求之后，可考虑一些其他研究所需样品的现场采集。环境科学分析的样品一般需要采用柱状剖面采集法在探方、探沟或其他堆积剖面上采集；土壤微结构样品的采集，可根据需要在地层剖面或遗迹的界面线上采集；一些重要的活动面，如石器加工、铸铜等手工业生产的工作面，还可以考虑按照抽样采集的方法获取工作面上的微小遗留，如小石屑、铜液等的种类和密度，以了解其空间分布的特征；水稻田等遗迹，也可根据空间布局的特点，设计抽样采集方法获取植硅石等样品，了解农田管理系统等。

这些采样工作应尽量放在常规采样完成之后，主要是因为这些采样会对堆积或遗迹造成不可逆的破坏，一些情况下会影响其他采样工作或记录的完整性，比如摄影记录。待发掘结束至生土层后，还应对生土进行环境样品的采集，以了解遗址上最早人类活动所依托的地貌环境的特点。

除了上述遗物的采集之外，一些情况下发掘现场还需要对特殊遗迹和遗痕进行采集。条件允许，保存完整的遗迹和遗痕的采集可采用与实验室考古相同的整体套箱的方法。对于一些遗痕，如手印、脚印、车辙等可采用翻模的方式采集其原始形状，或者直接使用高精度三维扫描建模的记录方式替代。

对于一些原址损坏遗迹的采集，比如塌落的房顶、瓦、红烧土墙块、砖石等，为了做好后期的复原工作，在采集之前应对遗迹的碎块分别进行编号、位置测量和详细记录，必要时可借助三维激光扫描的方式。埃及、希腊等地神庙的发掘即多采用这种方法对塌落的石雕、石柱等进行记录，帮助后期依据图案、铭文等进行进一步的复原和修复工作。

五、特殊采集（实验室考古）

受各种条件制约，无法短期内在发掘现场完成清理工作或因文物保护的特殊需要，一些重要的遗迹可采用整体切割方式搬迁至实验室稳定条件下进行清理，也称作实验室考古。此类采集需会同文物保护人员和工程施工人员协商，采用局部破坏的方式进行。

由于实验室考古的采集对遗址的破坏大，因此从工作流程上一般放在采样环节的最后一步完成。实验室考古采集应做好充分的预案，尽可能减少对遗址堆积的破坏。

六、临时库房管理

临时库房是发掘现场用于临时存放发掘采集样品的库房，包括待整理的人工遗物、自然遗存和已经整理完毕但待移交的文物标本和科学检测样品。

临时库房建设应符合存放样品的安全标准,比如安装 24 小时监控摄像头和防盗门窗,并配置消防设备。库房内部应规划使用,保证样品完整、气密,置放器物架,小件入柜,珍贵文物应置于保险柜。临时库房还需制定管理制度,由项目负责人指派专职库房管理员负责,文物进出临时库房应履行登记手续。

第五节　采集技术与方法

考古发掘现场可用到的采集技术十分多样,本节主要介绍其中最常用的部分。

一、筛选采集

堆积中各类包含物的提取方式,基本上是遵循分离物质的两个基本原理来进行(图 4-6),即通过对采集对象的尺寸或物质比重的差异来实现。

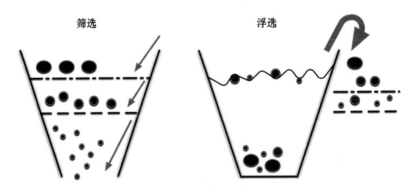

图 4-6　提取包含物的基本原理

根据采集对象的尺寸(体积),我们可以调整筛孔的大小进行分离拣选。田野考古中,可以定制固定筛孔的筛网,也可以在当地地质或建筑部门购买不同尺寸的分样筛。筛网的尺寸有两个计量系统,一个是"目数",指每平方英寸（6.45cm²）筛网上的空眼数目,比如50目就是指每平方英寸上的孔眼是50个,500目就是500个,目数越高,孔眼越多,能通过的粒径越小。但是由于制作筛网的材料有差异,开孔率在各国各地区存在不同标准。简单说如果用来制作筛网的丝粗细有差别,那么同样目数下能够通过的粒径就不完全一样了。因此,为了明确提取方式,我们也常常用"孔径"来表示筛网的尺寸,"孔径"顾名思义就是每个筛孔的内径,即可以通过的粒径。我国制作的筛网,常用目数和孔径的对应关系如下表（表4-2）:

表4-2　常见筛网尺寸

筛孔尺寸（孔径 mm）	目数（目）
2.00	10
0.85	20
0.60	30
0.43	40
0.25	60
0.18	80

一般田野中用到的筛网,大约就在10—80目之间,可根据不同研究对象进行选择。

提取采集对象的另一个原理就是根据水（液体）、土壤颗粒和采集对象比重的不同,将需要的对象"浮"起来或"沉"下去。比如在获取碳化植物遗存的浮选法中,不需要配比,直接用比重为1的水,就能把轻于水的碳化物浮选出来（当然也包括现生植物根须等）,其他土壤颗粒均重于水,就会沉下去。然后再根据碳化植物遗存的尺寸,选择60目或80目的筛网对浮选物进行采集,即可获得供一般研究使用的碳化植物遗存。

同样道理,如果是提取孢粉类遗存,根据孢粉的特点,一般配一个比重2.0左右的重液,可以浮选出孢粉富集物,再用10—

160 μm 的筛孔筛选；而植硅体比孢粉略重，一般配 2.3—2.4 比重的重液，来浮选提取植硅体遗存。

总体上说，就是利用不同植物重量和体积的差异，在不同尺度的设备下反复交错使用筛选法和浮选法，这是一般筛选所需实物资料的基本技术。

1. 干筛

干筛法是一般保存条件下所有遗址最常用的采集方法。一般自制筛网，一人就能完成堆积的筛选（图4-7）。干筛一般用于全部采集人工遗物和哺乳动物等大遗存类资料，效率高，又可以用筛孔来控制一定的提取标准。

图 4-7　干筛法示意（单位：mm）[①]

干筛中需要注意的要点包括：（1）筛孔的选择不是越细越好。上文已经讨论过，筛孔的大小是根据研究目标和遗存保存状况来选择的。我国大部分地区用 8—10 mm 的筛孔，能满足一般考古学研究所需的要求，获得相应的实物资料；（2）对不同对象和采样区域可采用不同筛网的做法；（3）保存条件的特殊性。并非所有遗址或者

---

① Akira Matsui, 2007. Fundamentals of Zooarchaeology in Japan and East Asia. Independent Administrative Institution, National Research Institute for Cultural Properties, Nara.

所有发掘获得的土壤堆积都适合直接干筛。有的遗址土质太黏，有的遗址发掘时湿度很高，这种情况可以把堆积翻倒在发掘区外，稍微干燥后再进行干筛；或者用木槌轻轻打碎结块的土壤颗粒，避免干筛后遗物和土块仍然粘连成球；（4）筛后的土壤即时处理，避免混淆和污染；特别是不能用干筛后的废弃土再进行二次取样，因为所有提取方式和取样都是基于包含物在堆积（沉积物）中原生的保存状况来进行的。

2. 湿筛

当遇到饱水遗址或者粘土质遗址时，干筛往往就无法进行。这种情况下一般采取湿筛，也就是常说的"水洗"法。湿筛的原理仍然是根据采集物不同尺寸对其进行分离，不过因为土质黏软，大部分遗物是饱水状态，需要借助水流冲刷的力量来分离土壤颗粒和包含物。

湿筛一般会用多层不同尺寸的筛网同时进行，即完成筛选就分类的粗分结果。筛孔的设计根据研究目标而设，但注意筛网叠用时，要把大尺寸孔径的放在最上面，依次往下，才能依序筛选出逐渐细小的遗物。湿筛的要点包括：（1）筛孔设计和针对性；筛子的直径尺寸和样品量的对应；因为湿筛带水非常沉，注意不要贪多；（2）保存条件的特殊性，在饱水遗址、南方黏土遗址等特殊遗址采样使用；（3）在水源匮乏，无法冲水的条件下，静止水源可以重复使用，但要注意避免倒灌现象；（4）筛后的处理和初步分选费时较多，因为湿筛后无法即时拣选出不同筛网上需要的那部分实物资料，所以要等待筛选样品阴干后进行分类拣选。（图 4-8）

3. 浮选

浮选是通过碳化物比水轻的原理提取碳化植物遗存，并用湿筛法获得沉淀物中小型动植物遗存的一种常见取样技术。一般国内有两种方式进行浮选：机洗法和桶洗法。

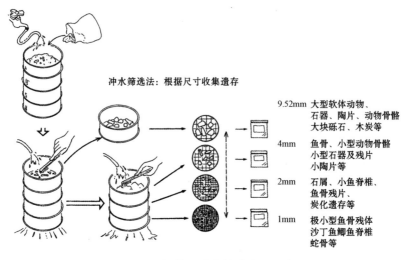

图 4-8　湿筛（冲水筛选法）示意

(1) 机洗法

一般用赵志军根据国外同类仪器改制的"水波浮选机"[1]。这是一种较为复杂的浮选设备，由水箱、粗筛、细筛、细筛托和支架五个部分组成（图 4-9 左）。

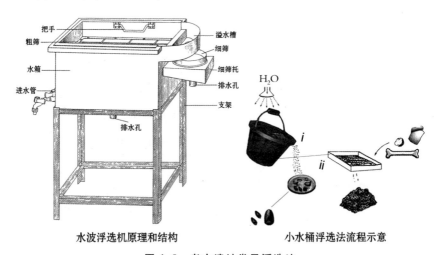

图 4-9　考古遗址常见浮选法

---

[1] 赵志军. 植物考古学的田野工作方法——浮选法 [J]. 考古. 2004 (3).

水箱是主体，由不锈钢或有机玻璃制成，长方体，容量在 50—80 升之间为宜。水箱一端的上部有凹口并联结着一个突出的溢水槽，溢水槽的底部有出水孔。水箱另一端的下部安装有进水管，水管向内连接两个纵向排列的朝上的喷头，水管向外连接水源。水箱的底部有排水孔用以排泄泥水。粗筛用不锈钢制成，长方体，高度约为水箱高度的一半，口径略小于水箱，但口沿外翻以便放入水箱时能够挂在水箱的上部。水箱下部装有孔径为 10—20 mm 的不锈钢筛网。细筛是直径为 0.18 mm 的不锈钢分样筛，规格为 80 目。细筛托也用不锈钢制成，主要起到支托细筛的作用。支架用一般角铁制成，用以支撑水箱。

使用时，用支架将水箱支起，将粗筛放入水箱内，然后将细筛安置在溢水槽下方的细筛托上，最后接通水源。具体操作过程是，先封住水箱底部的排水孔，然后打开水源，水通过喷头灌入水箱，待水箱灌满后，继续保持水流畅通，水会顺着水箱上部的凹口流入溢水槽排出，由于喷头所产生的压力，水面上会形成两朵水花，由此增强了水的浮力。这时，称量需要浮选的土样量，做好记录和标签；然后开始均匀地将土样撒入水箱内，土样中比重小于水的部分包括碳化植物遗骸浮出水面，并随水流顺着凹口流入溢水槽，然后通过溢水槽的出水孔落入细筛中；土样中比重大于水的部分自然下沉，其中体积大于粗筛孔径的各种物质被粗筛收住，而体积小于孔径的土壤颗粒透过粗筛沉入箱底，待浮选结束后打开水箱底部的排水口将其排出。收入细筛中的部分被称作轻选部分，即是我们所要的植物遗存浮选结果，主要由碳化植物遗骸组成。收入粗筛的部分被称为重选部分，这实际是浮选的副产品，其中包括许多使用一般干湿筛尺寸很难获得的珍贵的细小文化遗物，如鸟类、鱼类、啮齿类等小型动物的骨骼，石器加工过程中产生的石屑或石叶，某些装饰品的小部件，以及碎陶片等。

（2）桶洗法

桶洗法是一种非常简易的浮选方法，所用设备仅是普通的、容

积约为 20 升带刻度的小水桶和一个规格为 80 目的分样筛、一个 10 目的重选筛。（图 4-9 右）

具体操作过程是：称量需要浮选的土样量，做好记录和标签；先将其中的一个小水桶盛水至三分之二处，将少量土样均匀地撒入桶内，用木棍在水中轻轻地搅动几下，或直接用手将沉积物搅散捏碎，使碳化物质浮出水面，然后立即将上浮液通过分样筛倒出，倾倒时注意力度，不要将沉入桶底的泥沙倒出，浮在水面上的碳化物质就被分样筛收住。而后，继续加水搅拌，待剩余的碳化物质浮出水面后，再次倾倒。如此重复两至三遍或直至无碳化物质浮出为止。浮选完成后，在桶中沉淀物内加入清水搅拌后，倒在 10 目的重选筛中，冲水清洗后移出晾干后进行拣选（程序同上述机选法最后对重选的处理）。

小水桶浮选方法的优点是显而易见的，首先这种方法对水源要求不高，对水压没有要求；其次操作过程简单，除了需要准备特定尺寸的筛网滤布，其他设备就地都能买到。但是由于这种方式完全靠人力进行操作，处理单份样品花费的时间较长，并且由于是人为决定土样的制备和重复浮选的次数，难免存在人为差异，可能会造成最后浮选结果的偏差。

机选法相对来说更为标准化，结果相对更客观。不过其缺点也很明显，首先就是对水源水压有一定的要求；其次是需要准备大型的浮选机；最重要的是这个浮选过程浪费大量的水资源。这些都是不利于随时随地开展机选的原因，同时也存在不够环保的问题。当然机选最大的问题，还是在于对土壤的状况有非常严格的要求。一般需要先将获取的浮选土样打开晾干，对个别结块的土要用木槌打碎，因为在水波作用下，未打碎的硬块或者比较湿润的土样中的包含物就不能迅速在冲洗中被浮选出来。另外，在我国南方地区普遍分布着黄棕壤和红壤，这些黏结性和可塑性很强的土壤干燥后往往坚固地板结在一起，使用机器浮选有一定的难度，往往只能采用小水桶浮选的方法。同时这样的土样，还需要先浸泡打散，必要的情况下可以往水里加入适量的碳酸氢钠（小苏打）或者软水剂（纯碱 Na_2CO_3 或磷酸钠 $Na_3PO_4 \cdot 12H_2O$），能使板结的土壤快速分解，有助于获得包裹于泥中的碳化遗存。

长期饱水的遗址中，碳化物也长期吸水，产生较大的比重，就很难通过机选或桶选的方式被提取出来。因此饱水条件下的文化堆积，建议用浮选加湿筛的方法，即在浮选之后，仍然用三到四档，最小孔径至 0.2 mm 的分样筛对浮选后的重选沉积物进行湿筛，不要遗漏泡水变重的那部分碳化遗存。

机洗和桶洗可以说是各有所长，不分上下的。很多人更关心的问题是这两种提取方式获得的资料是否具有直接的对等性。我们在河南邓州八里岗遗址发掘时，曾经做过系统的比较实验（图4-10）：

图4-10 八里岗遗址机选和桶选方法比较实验

结果显示，从外表观察桶选结果比机选结果碳化物纯度更高，杂质较少，因此比较受植物考古学家的青睐；而机选样品由于水流太大，随着浮选物也往往泥沙俱下，样品内杂质较多。不过，在包含物的数量和多样性两项指标上，机选和桶选的结果并没有显著差异。这说明在中国大部分适合机选的地区，机选和桶选的结果还是可以直接拿来合并分析的。

4. 浮选样品的选择和采集

浮选样品的大小由碳化植物遗存在堆积中的分布密度来决定。一般而言，狩猎采集社会利用植物遗存的整体比例较低，并且大多数仍然是非定居或半定居状态，留在聚落内部的遗存相对较少，在这样的情况下，越早期的遗址需要的单个浮选土样体积就会大一些，建议可以先实验一下，取 30 升左右土样，现场浮选后检查统计一下出土的浮选物数量种类，再决定是多取还是少取。

浮选样品的数量和来源可以根据不同遗址的发掘目标来确定。由于浮选出来的植物遗存是人类长期活动扰乱后留下的不同"模式"性质的遗留，我们一般很难用浮选数据直接来讨论出土单位的特定功能等问题，反而是大量浮选数据更有利于说明这个时期的整体特点，也可用以比较说明同一时期聚落内部不同区域间的差异。有些单次或重复燃烧的特殊遗迹现象，比如火塘、窑址或烧毁的粮仓、房屋等，则是难得的机会，通常需要全部采集进行浮选。

很多研究者通过实验讨论了不同性质遗迹单位内浮选样品的优劣和反映信息的差别。一般来说，灰坑填土内的浮选物相对比较丰富，信息量较大；编号为地层的堆积中通常密度略低；而特殊搬运形成的遗迹，比如夯土层、垫土等则少见包含物。还有一些情况，如在堆积中看到灰烬层、草木灰等，一般认为是有机质含量丰富，但由于已经完全燃烧，这样的堆积中几乎不见任何碳化遗留，不妨采样进行植硅体分析。

总之，如果预先对该时期该地区遗址的浮选物包含情况有一定了解，并且对不同性质遗迹内的堆积差别也有一定认识，那么在确定浮选样品的大小，即土样量时就会更有的放矢。根据现有发掘状况，对一般居址类的采样方案，我们的建议是所有编号的遗迹单位（堆积单位）均需要采集浮选样品。

二、环境/土壤样品的采集

1. 三种剖面采样方法

环境样品采集通常采用柱状剖面采集法。图4-11中三种具体的剖面采样方法，均在地质学研究中被使用。针对解决考古学问题的剖面采样，其基本原则仍然是要按照能够甄别出来的最小人类行为单位进行取样。因此，考古学的剖面采样不能用水平分层法[①]，只能严格按照人为划分的考古学地层单元，进行分层取样。在分层中出现较厚堆积时，可以根据不同样品的采集要求在 个考古学单位内进行水平层取样。（图4-11）

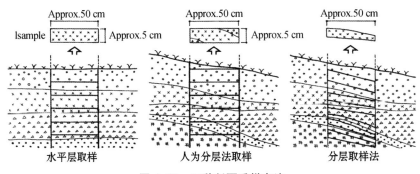

图4-11 三种剖面采样方法

2. 不同样品的剖面取样方法（图4-12）

（1）土壤微形态样品

土壤微形态（soil micromorphology）研究是德国地质学家Kubiena于1930年代开创的。他常用一个通俗的例子来说明土壤微形态学的基本原理：土壤在其复杂性、动力和生物的变化性上和不同组配的

---

① 旧石器遗址的发掘和采样方法，同一般考古发掘略有不同。

钟表有些相似。我们可以从很多角度来研究一块表：第一种方法是将其粉碎成粉末后进行化学分析，从而会知道制造它时所用的金属类型等。但我们对各种部件的特征、相互组合方式及各元件的工作原理却一无所知。第二种方法是如果我们对钟表再进行机械分析，则可以知道其中所用部件的特征（机械表、电子表之类的），但我们仍然不知道各种部件及钟表的工作原理。第三种方法是在不破坏钟表的情况下对各个部件进行研究，则更有利于了解其结构和原理。第四种方法是在钟表工作时对各个部件的特征、位置及其作用进行研究。微形态学就是第三、四种方法。

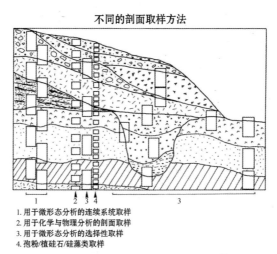

1. 用于微形态分析的连续系统取样
2. 用于化学与物理分析的剖面取样
3. 用于微形态分析的选择性取样
4. 孢粉/植硅石/硅藻类取样

图 4-12　不同的剖面取样方法[①]

在考古学中，微形态学研究的应用潜力很大。作为一种微观的观察分析手段，通过土壤微形态研究，我们能对考古堆积形成的原因和结构有更明确的甄别和理解，比如田野当中出现的各种灰堆灰层，是什么灰？是本地形成还是后期搬运？这些都能够通过微形态学分析来回答；又比如关于古代建筑的技术与材料，用土壤微形态分析方法，可以复原到房子墙面涂抹过多少层，并且根据包含在涂

---

① Macphail, R. and Goldberg, P. 2017. *Applied Soils and Micromorphology in Archaeology*. Cambridge：Cambridge University Press.

层内的花粉可以获知涂抹墙面的季节和周期等；而结合农学在土壤科学方面的进展，用土壤微形态方法对考古学中发现的古代农田进行研究的前景也很乐观。

土壤微形态学的主要特点是研究非扰动的定向样品。因此，在采集时要突出注意"非扰乱"和"定向"的特点。采样时一定要标出方向，比如用箭头表示顶部位置，以便切片后能正确摆放观察；同时在用套盒提取的方法时，要非常注意样品盒内的沉积物不能松动移位，不然就丧失了"非扰乱"的特点，一般可以在密封包装前进行填充加固，而对于特别疏松的堆积可以现场进行石膏加固等处理。

实际上，土壤微形态研究的主要应用对象还是各种包含人类活动的堆积或遗存。纯粹在自然堆积和第四纪环境科学研究中开展土壤微形态研究的情况并不多见。因此，在发掘现场土壤微形态样品的采集一般需要有明确的研究对象和研究目的。比如，解决某类堆积的性质问题、了解某种建筑的工艺问题等。河南淮阳平粮台遗址的土壤微形态研究聚焦在排水设施和土坯房的外墙建筑工艺方面，前者的主要目的是了解排水设施的功能和效果，后者则是为了解决发掘现场观察到的外墙多层抹泥现象的工艺和材料问题。

（2）孢子/花粉样品的采集

孢子（spore）和花粉（pollen）简称为"孢粉"，是菌类和植物的生殖细胞，对孢粉样品的研究属于微植物考古的重要组成部分。这类自然遗存在遗址内外的堆积中均广泛存在，是研究区域环境和景观变化、植被覆盖和生态群落、人类季节性活动以及土地和植物资源利用等方面的重要指标。

影响遗址堆积中孢粉的种类和浓度的首要因素是不同孢粉的传播方式。传播方式的差异也决定了遗址中发现的孢粉究竟是反映的区域性还是本地性甚至是现代生态系统的内容。一般来说，遗址上发现的孢子的数量要少于花粉，主要原因在于孢子不像花粉一样需要依赖其他个体完成生殖过程，因此传播能力略差。常见孢粉的传播方式有四种：（1）风媒传播，比如松科、禾本科、莎草科等，这类植物花粉的产出量远超过其他类型，花粉的传播距离可达10—100千米，松科花粉甚至可以传播300千米远，不同风媒花粉常常会混合形成"花粉雨"（pollen rain）影响范围大，但风媒花粉并不聚集，因此遗址上如果有含量较高的风媒花粉的集中出现，也应考虑属于本地植被。（2）昆虫和动物传播，比如油菜、瓜果等，这类植物一般花冠大，有气味，花粉营养丰富，适合昆虫或动物食用，由于黏性大，容易粘在昆虫和动物身上被带到其他地方。这类花粉通常较重，传播距离较短，只有10—100厘米，花粉雨中基本不见。但是它的指向性很强，一些特殊的花粉只由特殊的动物传播，并在特殊的季节开花，因此考古遗存中的发现可用以指向季节性和本地活动。（3）水生植物的孢粉一般沉积在水底，很少有机会被古人利用，而且由于外孢壁薄或缺乏花粉素而难以保存，因此遗址上的发现首先考虑的应该是现代植物。（4）自媒授粉，如小麦、豆科等，这类植物花粉产量很少，而且很多情况下在授粉之前不开花，因此在遗址上几乎见不到此类花粉，这与黑麦等风媒传播的作物有很大不同。总之，昆虫和动物传播、水生传播和自传播的孢粉反映的是本地生态系统，风媒传播孢粉则反映区域生态系统。除了传播方式之外，遗址中保存孢粉的数量还取决于取样点附近不同植物的丰度、孢粉产量、生殖周期的频率以及当时的沉积速率、湿温度等多种因素。

  遗址的形成过程也会在很大程度上影响堆积中孢粉的含量。孢粉中孢粉素的存在，使得孢粉能够较长时间地保存。但是不同保存环境会对孢粉的含量产生重要影响。首先是微生物扰动活动，包括孢粉在堆积中的空间位移以及一些微生物食用并消化花粉导致花粉的损坏和含量降低，因此干冷的细菌和真菌活动弱的地区，孢粉的保存相对较好。其次，土壤中的一些物理过程，如淋滤和重力作用加速土壤的水循环，便于生物活动对孢粉的破坏。最后，化学环境可以显著加速或降低土壤中孢粉的保存状况。研究表明，酸碱度

(pH)超过7的土壤中几乎见不到任何孢粉,pH值在5—6之间多数孢粉遭到破坏,而 pH 值小于 5 的酸性土壤中孢粉保存最好①。主要原因是酸性土壤可以有效抑制微生物活动。同样,厌氧环境(Eh)也有助于孢粉的保存。因此,最利于保存孢粉的沉积环境是低水动力、酸性和还原环境,这也是湖沼沉积物中孢粉保存好的原因。

基于上述孢粉形成、传播和沉积的特点,结合遗址的堆积过程,考古遗址上孢粉的来源主要有五个方面:(1)风媒传播,由"花粉雨"而来;(2)由人类搬运的货物运输到遗址;(3)建筑材料中带来,如用于铺垫地面的泥土、用于覆盖屋顶的植物等;(4)人和动物的排泄物;(5)反复的再堆积和再利用过程。(图 4-13)

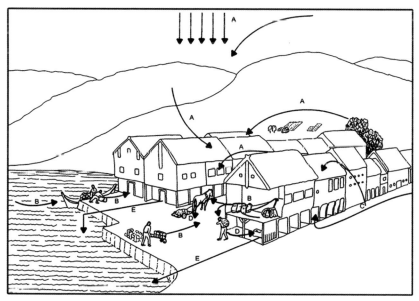

A: 风媒传播,"花粉雨"; B: 货物运输; C: 建筑材料; D: 人和动物排泄物; E: 再堆积、再利用

图 4-13 考古遗址孢粉组成②

---

① Dimbleby, G. W. (1957). Pollen analysis of terrestrial soils [J]. *The New Phytologist*, 56, 12-28.

② Pearsall, D. 2000. *Paleoethnobotany: a handbook of procedures*. Academic Press, 2nd edition.

考古遗址中孢粉样品的采集应注意如下方面：

第一，遗址上取样最重要的一点是制订有效的采样方案。由于考古遗址堆积中孢粉来源的复杂性，在遗址上采样进行孢粉分析，需要明确研究的目的和具体采样的对象。这方面需要联合相关专家一起讨论方案的可行性和具体的实施措施。

第二，应同时考虑在遗址内和遗址外分别取系列样品和对比样品，在复原区域植被景观和准确认识遗址堆积性质的基础上选择取样对象。

第三，孢粉取样要特别注意防止污染，尽量避免在大风、植物授粉的季节取样。在剖面上采用柱状剖面取样时，应采用自下而上依次取样的顺序，避免上部样品对下部的污染。每取完一个样品都应用净水冲洗取样工具后再取下一个样品。

第四，所取样品应采用密封包装的方式，一般可采用塑料保鲜膜将样品包裹严实，尽量隔绝空气，并放置在坚固的包装盒中运输防止损坏。孢粉样品需要放置在冰箱中冷藏存储。

（3）植硅体样品的采集

植硅体又称为植硅石（phytoliths），是一种硅化的微植物遗存。蕨类植物、裸子植物和被子植物都产生植硅体，它是通过根系从土壤中吸收硅元素并沉积在根、茎、叶、种子、果实的表皮细胞中而形成，一些单子植物的花瓣也产生植硅体。除了能够提供基本的形态学鉴定特征之外，很多植硅体还可以用来区分单子植物与双子植物，草本植物的叶子、茎与花瓣，植物的野生与驯化等。

植硅体位于细胞壁之间，通常能够呈现出植物细胞的形态，它能够与纤维素和木质素一起给植物细胞提供一定的保护作用，比如免受病毒侵害和细菌、微生物的吞噬等。因此，一些情况下可以利用植硅体鉴定木材和植物纤维。如果植硅体被火烧，甚至能鉴定出火势大小以及是自然火还是人工用火。一些植物的植硅体在形状、大小上的变化特征还可以用以鉴定其驯化的程度。

相对于其他微植物遗存，植硅体属于无机质，即使是被火烧或腐烂的情况下也能保存，因此更容易在考古遗址中保存下来，这就大大扩大了其在植物考古中的应用范围，尤其是在炎热、潮湿等极端环境而其他遗存难以保存的情况下。对一些农作物特殊部位的植硅体鉴定，还能在遗址上研究作物加工行为的空间分布特征。因此，植硅体在考古遗址的研究和取样中有广泛的应用。

虽然植硅体较容易保存，但并不是说植硅体保存不受遗址堆积过程的影响。首先，不同植物、植物的不同部位产生植硅体的能力不同。然后，不同保存环境下受不同理化机理作用下的植硅体降解的程度也不一样。研究表明，在碳酸盐饱和或高碱（pH值大于9）的环境下植硅体保存极差，尤其是伴随着高温、多雨的情况时[①]。但是，在氧化环境和pH值在3—9之间的常见地区植硅体的保存较好。植硅体与孢粉不同，在被其他动物吞食之后也不会被消化掉，因此在粪便中也能发现。风和水动力对植硅体的搬运作用影响不大，相反遗址上发现的植硅体大都与人类活动有关，比如人类在遗址外的采集、放牧等活动，尤其是食草类动物的粪便中保存有大量的植硅体。这对于研究畜牧生产和动物驯化具有重要的价值。除此之外，植硅体还会附着在器皿、工具等的表面，为研究它们的具体功用提供便利。

遗址中植硅体样品的采集应注意如下方面：

第一，与孢粉不同，植硅体具有原地保存的特点，因此遗址上植硅体样品采集应有明确的研究目的并针对不同的堆积类型。相对于土壤、孢粉的柱状剖面采集，更多情况下植硅体样品的采集要依据人类活动的堆积单位。如果研究特定器皿或工具的用途，用植硅体做残留物分析，还需要采集比对样品，详见下文。

第二，植硅体采样应尽量避免污染，每次采样之前需清洗采样工具，样品需密封包装，包装袋内不能直接放置纸质采样标签，以

---

① Piperno, D. R. (2006). *Phytoliths: A comprehensive guide for archaeologists and paleo-ecologists*. Oxford, UK: Altamira Press, 22.

防污染。

第三，用于碳十四测年和稳定同位素分析的植硅石取样，应严格按照无菌程序，使用无菌设备，以尽可能减少污染。

三、特定研究目的样品的采集

田野发掘中会经常因特定的研究目的而采样，最常见的包括碳十四年代样品、残留物和包含物分析样品的采集。

1. 碳十四年代学研究样品

年代学是考古学的基础，尤其是碳十四测年样品的采集在现代考古发掘中已经非常普遍。年代学采样对于满足后续的考古年代学研究是最重要的基本前提。在传统的物质文化史研究阶段，碳十四年代学的主要目标是建构考古学文化的谱系，因此在单个遗址上采集的数量和质量都不高。但进入以聚落形态为研究方法和复原古代社会为目标的学科发展阶段，年代学研究的重点转向以完整建立一个遗址或发掘区堆积形成过程的年代学框架为最终目标。要实现这个目标，就需要保证采集碳十四测年样品的数量和质量。

影响碳十四测年的不确定性的因素主要有如下三个方面：

第一，样品的年代与地层堆积形成年代的关联性问题。由于文化堆积中普遍存在的各种扰乱现象，晚期单位中混入早期遗物的情况十分常见，作为测年对象的有机质也不例外。一些堆积的形成时间较长，需要充分考虑地层堆积形成过程与其中包含物的等时性问题。

第二，样品本身的寿命问题。由于碳十四测定的是生命体的死亡年代（即有机体与外界大气之间的碳循环终止的时间），因此需要考虑人类对遗址上发现的不同有机体的利用问题。比如，树木生长周期长，用木材测年需要考虑木头的芯还是皮的问题。

第三，一些特殊环境下，需要考虑环境所导致的测年数据偏老的问题。比如，研究表明我国南方石灰岩洞穴中采集的水生动植物遗存的碳十四测年受环境影响明显偏老[①]。

由于受到上述原因的影响，发掘中碳十四测年样品的采集，需要特别注意以下几个要点：

第一，保证所取测年样品的质量，尤其是样品本身的年代单纯。比如，尽量选择短年生的动植物样品做加速器测年（AMS），而减少常规测年方法因使用大量样品而可能造成的不同年代样品混合的情况。

第二，尽量选取堆积中包含物年代单纯的堆积采集样品。比如，遗址上打破生土的单位，其包含物的年代单纯，能够避免晚期单位混入早期遗物的情况。

第三，对于同一个堆积单位，尽量多的采集测年样品，尽量采集不同类型的样品，比如人骨、动物骨骼、碳化植物种子等同时测年，从概率上排除一些异常值。

第四，对于存在地层序列关系的情况，可以按照地层关系选取系列样品。系列样品不仅可以依据地层关系，有效排除异常值，减少每个堆积单位的采样数量，而且后期分析还可以设置恰当的边界条件，提高校正年代的精度。

第五，充分参照与采样堆积相关的各种考古背景信息，并做好样品采集的各项记录。

2. 研究残留物/包含物的采样

残留物或包含物的研究是当前很多科技考古关心的问题，残留物/包含物的采样主要用于对发掘出土器皿或特殊遗迹的残留物/包含物中的淀粉、植硅体、植钙体、脂类、寄生虫等微遗存的提取和分析，从而确定器皿或遗迹的功用。

影响残留物/包含物分析有效性的因素主要在于确定分析对象是

---

① 北京大学历史系考古专业 C^{14} 实验室，中国社会科学院考古研究所 C^{14} 实验室. 石灰岩地区碳-14样品年代的可靠性与甑皮岩等遗址的年代问题［J］. 考古学报. 1982.

来源于器皿/遗迹还是周围的埋藏环境。因此，用于研究残留物/包含物的样品采集应注意以下要点：

第一，注意采集样品的清洗和包装问题，避免清洗或过度清洗导致残留物的遗失，也要避免包装不慎导致包含物的结构在运输过程中遭到破坏。

第二，除了器皿/遗迹本身的残留物/包含物的采集之外，应特别注意对样品周围土样、其他器皿或遗迹、使用面和非使用面的比对样品的采集。一般情况下，只有比对样品的差异量达到 10 倍以上的情况，才能说明这些残留物/包含物属于本器皿或遗迹而非来自周围的环境。

第六节　采样中的记录要点

一、采样记录的重要性

田野发掘中的采样过程实际上也是将样品脱离赋存环境并转运至实验室做深入研究的过程。由于后期从事室内整理和实验室工作的研究者多数不是田野发掘者，甚至也不是样品采集者，因此采样记录就成了后续研究者了解样品的考古背景和取样过程信息的主要途径，从这个意义上讲，采样记录本身即是样品信息的重要组成部分，是连接样品与堆积的桥梁，记录要点也是构成采样系统有效性的必要因素之一。

样品的处理过程也需要做好记录。在实际工作中，同一批样品可能由不同的研究者处理。尽管样品处理的标准和流程是统一的，但每个人的具体处理方式可能有所区别，也可能会产生处理过程中的系统误差，样品处理过程的记录在必要情况下可以帮助我们找回误差修正错误，甚至会改变我们对样品处理结果的认识。

总之，从采样的系统性、有效性上看，采集记录都是采样系统的重要组成部分。

二、采样时的记录

采样时的记录是采样过程中形成的各种记录，也是在田野工作中完成的记录。

1. 采样记录的形式

采样记录与采样同步进行，贯穿遗址发掘的全过程，主要的形式有采样标签、采样记录表、采样示意图和采样照片。此外，与采样相关的记录也会同时体现在探方日记和发掘记录表。

（1）标签

标签是对采集样品的标识，标签的内容包括：样品类型、探方号、堆积单位号、样品编号、数量、位置（小件为三维坐标，其他简述）、采集者和采集日期。标签内容有限，只记录最基本和最紧要的信息，以方便对样品的整理、存储、运输和管理。

标签必不可少，一旦标签丢失或信息缺失会导致样品来源信息的丢失，造成不可挽回的重大损失。所以，一般采用防水标签，或做防水处理，用不褪色记号笔填写，并一式两份，一份放置在包装内，一份在包装外。（图4-14）

遗物采集信息
遗址名称：淮阳平粮台发掘项目
遗物类别：陶片
探 方 号：VT3023C
单 位 号：H722
堆 积 号：①
编　　号：1
记 录 者：王璐
日　　期：2019-12-18
备　　注：

图4-14 电子采样标签

（2）采样记录表

采样记录表是对采样内容的最详细记录，主要内容包括：样品类型、样品编号、探方号、堆积单位号、取样点坐标、采样比例、样品规格、取样方式、样品体量、取样工具、天气状况、包装方式、样品污染方式、包含物、所在堆积性质、文化性质、取样目的、相关考古问题、送样地点、取样者、取样日期、采样点示意图等。

采样记录表一般按照堆积单位填写，与发掘记录表粘连在一起保存。采样记录表的主要内容在发掘现场填写，送样后的内容由负责鉴定分析的实验室继续填写。（图4-15）

采样记录表

年度：07	工作单位：八里岗		底册号：		流水号：
样品类型	样品编号	遗址名称	区号	探方号	堆积单位号
浮选	H2000①S	八里岗		DT405	H2000①
取样点坐标	N:	E:		H:	
占总体堆积数量的百分比	<5	5-15	25-50	>50	100 ✓
样品规格	~~约150L~~ 米/毫米 ×	10筐 米/毫米 ×			米/毫米
取样方式	平面□		剖面□		
样品体量	约150L				（升）
取样工具	手铲✓	铁锹□	其他：		
天气状况	季节：	日照：	温度：	湿度：	风：
包装方式	陶片袋				
样品污染状况	无✓	轻微□	严重□		
其他堆积					
包含物					
堆积性质	灰坑填土		文化性质	新仰韶	
层位关系：[　　][　　][　　][　　][　　][　　][　　] [　　][　　][　　][　　][　　][　　][　　] [　　][　　][　　][　　][　　][　　][　　]					
取样目的： 浮选					
相关考古问题： 现场观察见大量果壳					
送样地点： 北大			负责人： 秦岭		
绘图号：	照相号：	摄像号：		其他：	
取样者：	审核者：	日期：		时间：	
采样点示意图：					

（参考：Museum of London. Archaeology Service, 1994. *Archaeological Site Manual, 3rd ed.*）

图4-15 采样记录表示例

（3）采样示意图

全部采集一般无须绘制采样示意图。但完整人骨和动物骨架的采集，需按照示意图标识采样位置和保存状况。（图4-16）

人骨记录表

年度：2021年　　遗址名称：淮阳平粮台发掘项目

单位号	M297	标本号	M297：1	类型	一次葬
性别	不详	年龄	不详	头向	357°
葬式	仰身直肢				
头骨说明	未见				
上肢骨说明	腐朽严重				
下肢骨说明	保存一般				
躯干骨说明	腐朽严重				
骨盆说明	腐朽				

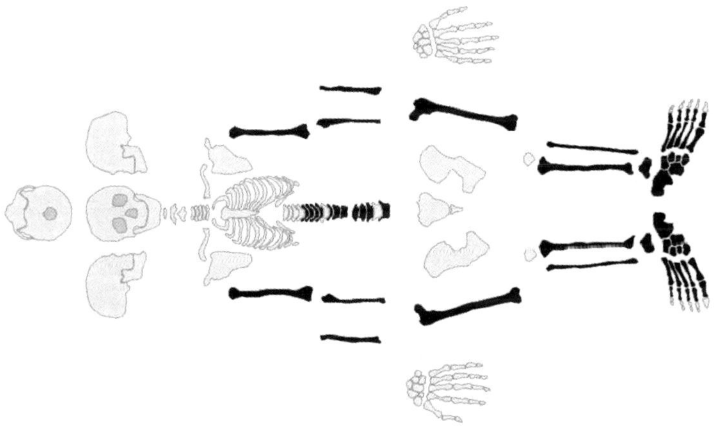

图4-16　人骨采样记录表示意

抽样采集，判断抽样可直接将抽样位置标注在采样记录表上，随机抽样、系统抽样、分层抽样需要单独绘制抽样示意图。抽样示意图应以堆积体的实际形状为底图，绘制抽样区，标注抽样编码以及被抽取的样本。抽样示意图上还应有辅助的文字，标注抽样方法、样本大小和抽样比例。（图4-17）

图 4-17 抽样示意图示例

柱状剖面采集、其他特殊采集也应有相应的采样示意图。

（4）采样照片

全部采集无须拍照，抽样采集、柱状剖面采集和其他特殊采集需有照片记录。拍摄照片应放置说明牌、比例尺和方向标。（图 4-18）

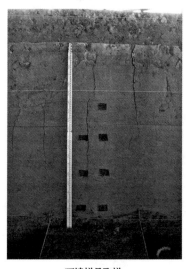
环境样品取样

土壤微结构样品取样

图 4-18 现场取样照片

重要小件的提取、实验室考古采集的套箱全过程等还应拍摄录像。

2. 采样记录的内容

（1）采样位置

记录采样位置便于我们后期的研究中了解研究对象在整个堆积中的空间分布状况。全部采集中筛选采集无须记录采样位置，小件记录三维坐标，抽样采集和柱状剖面的采集需要明确采样位置。

采用随机抽样、系统抽样、分层抽样等方法采集时，需要绘制采样示意图，并将采样位置标注在图上；采用判断抽样采集时，需要文字说明所采样品位于堆积体的哪个具体的部位。

柱状剖面采集除了需要记录采样点所在剖面的位置之外，还应详细标注每个样品距地表的高度（即埋深）信息。

除了文字记录之外，采样过程中还应采用拍照的方式记录采样位置。

（2）采样比例

采样比例即样品所占整个堆积体的比例。记录采样比例可以帮助后期研究估算整个堆积甚至整个遗址堆积中研究对象的丰度。

随机抽样、系统抽样、分层抽样需要确定抽样的比例，而抽样比例又取决于样本大小和样本数量的需求，可通过前期的抽样预研究来确定，或依照已经修订的抽样方案施行。

判断抽样需要人工估算堆积体的体量和样品的体量。比如，用于浮选获得碳化大植物遗存的土样可根据发掘现场清理完一个堆积单位后所需运输的总土量来估算（装满几推车或几箩筐）。

（3）采样方式

采样方式记录了样品采集的现场操作信息，包括采样方法、采样工具、采样流程：

采样方法包括全部采集还是抽样采集。全部采集的方法，筛网大小，土的预处理方式；抽样采集的抽样方法，样本大小（样品规格）、抽样比例等。空间上是平面采集还是剖面采集。

此外，采样的工具、系列样品采集的顺序、采样的工作流程等也需详细记录。

三、样品处理时的记录

田野中采集的一些样品需要在野外进行预处理后再送实验室做进一步研究，比如采集用于碳化大植物遗存研究的土样，需要在发掘现场完成浮选工作。在考古工作现场对样品的预处理需要做完整的记录，尤其是要准确记录样品的大小和提取方式。

（1）样品大小

样品大小对于了解研究对象在堆积中的密度至关重要，必须做好准确记录。以浮选土样为例，在浮选之前需要利用简易的工具对土样进行体积的称量，如自制带有刻度的小水桶。虽然在田野发掘取样时已经对取样的数量有了基本的要求，但实际操作中往往存在较大误差。因此在样品浮选前还需要准确测量土的体积，并将结果记录在采样标签和采样记录表中。

（2）提取方式

样品的提取方式也需要做详细的记录。比如，浮选是"机选"还是"桶选"，桶选每次冲洗的土量、冲洗的次数，是否增加了清洗剂等辅助材料以及应用了其他辅助方法，处理样品的人员、处理时间等。样品提取方式也需要记录在采样记录表中。

四、数字化系统中的采样记录

数字化记录和管理越来越成为田野考古工作的必备，尤其是在取样的种类、数量和信息量都在急剧增加的情况下，传统的样品记录和管理方式已经难以维持现代化的发掘采样作业。有关田野考古数字化系统的详细介绍可参见第五章，这里重点介绍与采样记录和管理相关的内容。

与数字化系统相关的采样部分主要涉及两方面内容：其一，采样记录的具体内容，包括记录在数据库的采样记录表、采样示意图和采样照片等；其二，以二维码标签为核心的样品管理系统。在实际采样过程中既产生各类采样信息，同时又产生样品。因此，在数字化系统里信息和样品是统一管理的，具体的工作流程如下：

首先，采集样品需要依托堆积单位，在堆积单位的《发掘记录表》中增加采集样品选项，选定全部采集还是抽样采集，填写相关的采样信息，如筛孔大小、样品类型、抽样方法、采样方式等。

然后，开始采样工作。完成一个包装的样品采集后，在系统中设置包装单位，如一袋陶片、一件小件、一包土样等，录入标签信息，生成并打印带二维码的电子标签。完成样品包装和后续记录工作，再开始下一个包装的样品采集。数字化系统里每生成一个包装的采样记录，会自动在库房管理的表格中生成一条相应的记录，即一个二维码标签对应着一个包装的样品和库房管理的一条记录。

将已采集的样品暂时妥善存放在考古发掘现场，待本单位的所有采样工作完成后，可操作入库。入库时，库房管理员只需扫描样品标签上的二维码，并核对样品信息，确认入库即可。确认后的记录在库房管理系统中会被自动标识为入库状态，完成一个完整的样品采集到入库保存的流程。（图4-19）

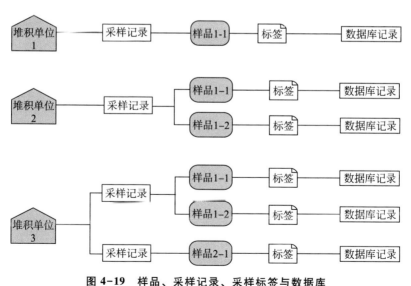

图4-19　样品、采样记录、采样标签与数据库

采集样品的出入库管理流程与上述情况类似，这里不再赘述。由此可见，考古工地对采集样品采用数字化的管理模式类似于超市的商品管理。实际工作中，考古工地采集的样品大致有四种状态：（1）未入库的样品，一般是由于本单位的采样工作未全部完成，而暂存在发掘现场的临时工棚里，采样记录由发掘者在现场完成；（2）已入库的样品，野外采样工作完成的样品，由库房管理员完成相关管理记录；（3）出库进入整理状态的样品，由整理人员负责填写样品处理记录、室内整理记录和相关信息；（4）出库转送至相关实验室进行后续分析的样品，由相关研究人员填写后续处理记录，最终提供分析数据。采集样品在上述四种状态之间的转换，在数字化管理系统中均由扫描二维码标签实现，这样既避免了信息人工传递过程中造成的失误，又提高了效率，比如可以随时准确查询到有哪些单位采集了样品，但还未入库。因此，工地的负责人可以通过数字化管理系统及时、轻松掌控采样子系统在整个发掘流程中运转的情况，尤其是在采样种类繁多、样品数量大的发掘项目。总之，数字化管理是有效实现系统采集的重要保障。

第五章
记 录 系 统

第一节 概 述

　　记录系统与采样系统一样同属于田野考古技术体系的重要子系统之一，记录系统也并非单独运作，记录工作时刻与发掘、采样交织在一起，贯穿田野考古的全过程。由于考古遗址的不可复制，考古发掘不可逆，一旦发掘完毕也就同时意味着破坏完毕，发掘记录就成了我们了解遗址堆积状况的唯一依据。因此，记录尤其是田野发掘记录既是体现田野考古成果的核心资料，更是我们后续复原和研究遗址的唯一资料。从这个意义上讲，做好记录是每一位田野考古工作者的最起码的职责。

　　考古学物质文化史的研究阶段，田野考古记录总体上相当简略，记录的核心自然是与解决年代问题相关。为了解决资料的年代学问题，人们普遍的看法是：就各种遗迹中出土遗物年代的可靠性来说，一座墓葬中各件随葬品的年代系同时的可能性最高，遗留在房子中各物品的同时性次之，再次是灰坑，最后才是地层。灰坑是最常见的遗迹类型，在错综复杂的地层现象中识别和判断出灰坑，进而把它们准确清理出来，往往是整个发掘中最重要的工作。灰坑有独立的编号，每个灰坑清理完毕后都要做记录。但是，灰坑的记录通常较简单，没有严格的记录格式和记录项目的要求，记录内容有灰坑在发掘区里的位置，它的大小、形状、填充物等，其中有一项却是必需的，即这座灰坑在遗址中的地层层位关系。这是因为这个关系对于日后了解其与其他遗迹的相对年代关系，以及借助其出土遗物的类型学分析来讨论遗址上的文化分期等问题时是至关重要的。可见考古资料的年代在当时是最受关注的问题。今天，考古学的研究目的已经逐步转向了复原社会，但上述情况依然在一定程度上存在，与此同时，又出现了新状况、新问题。由于复原古代社会的聚落形态研究对空间结构的重视，考古发掘现场开始大量引入所谓"高科技"的记录手段，一些号称能将遗迹测绘精确到厘米、毫米的仪器在遗址上测绘了大量"高精度"的三维模型，甚至一些发掘者也认可"管它有用无用，先把信息采集了再说"的说法。这就导致了一种矛盾的现象：一方面发掘和研究者总是抱怨发掘报告提供的信息量不足，而另一方面考古现场又花费很多物力和财力生产了海量的无用记录。

  显然，上述两种现象背后的做法都是不可取的。那么反过来说，究竟什么样的田野记录才是好记录，什么样的记录系统才是行之有效的记录系统呢？如果简单地从记录的资料"够用"和"好用"的角度出发，理想的田野发掘记录至少应满足三个条件：

  首先要有足够的信息量。这是一个相对的概念，因为随着研究水平的提高和研究手段的进步，考古学家所需要从发掘中提取、记录信息的种类和数量都会相应增加。所谓足够的信息量只能是相对现有研究水平而言，能够尽可能全面地反映田野发掘所获取的各种信息和考古发掘现场的研究成果。

  其次要"落到实处"，形成完整的记录也很重要。发掘技术水平再高，获取的信息再多，如果不能有效地记录下来，只是"所有的东西都在我的脑子里"的话，那么也只能由发掘者一人做研究了，这显然有悖于考古工作的宗旨。

  最后是要"清楚""好找"。要做到这一点就必须要把所有记录彼此之间的逻辑"捋顺"，并按照这个逻辑归置、汇总资料，建立资料库。对于一个现代化的考古发掘项目而言，发掘记录所涉及的内容往往十分庞杂，记录的方式和手段也是极多样，好的田野发掘记录资料能够方便使用者从纷繁芜杂的记录中快速有效地检索和查询到所需的信息。

因此，基于上述三点，要有一份好的发掘记录资料，已经不再是简单的资料集的问题，而应该从系统的角度出发，设计发掘记录的内容、方式、方法和技术标准，这就是所谓的"记录系统"了。

一、记录系统

完整的田野考古记录系统需明确记录对象、记录方式和记录资料的汇总管理方式。

1. 记录对象

记录对象即要明确田野考古需要记什么。

首先是对发掘对象的记录，这是田野考古记录最基础也是最核心的内容，包括发掘的探方以及发掘过程中遇到的各种堆积、界面、遗迹、遗痕、遗物等。不仅需要记清楚它们的形状、结构、质地、颜色等，而且还要在准确判断的基础上记清楚它们彼此之间的层位关系。这也是我们研究和复原遗址堆积过程的主要依据。

其次是对发掘过程的记录，即针对探方、遗迹和发掘区的发掘全流程的记录，包括发掘的时间、发掘人员、层位关系判断、堆积和遗迹清理情况、样品采集情况、各种记录完成情况、发掘用工情况等。发掘时每日填写的全站仪设置记录、照相登记、库房管理记录等也都属于对发掘过程的记录。发掘过程的记录不可忽视，既是掌控田野发掘有序进行的重要方式，一旦发现问题能够做到"有据可查"，同时也是室内整理甚至后期研究的重要参考资料。

然后是各种解释。解释在田野发掘现场是不可避免的，但问题在于"主观的解释"应与"客观的描述"区分开，尤其是在判断遗迹性质等方面更不能把解释和描述性的记录混为一谈，出现随意解释、过度解释，甚至"想挖什么就有什么，不怕挖不到，就怕想不到"的极端情况。

最后是对发掘工作者的记录,包括发掘工作者的精神状态、工作状态等。这部分内容属于附加信息,但也越来越受到研究者的重视,特别是随着更多的社区群众和志愿者加入考古队伍,他们本身就是公众考古研究的对象。

2. 记录方式

记录方式即怎么记的问题。随着计算机、网络、通信等信息技术的发展,可用于田野考古记录的技术手段也越来越多,但田野考古的记录方式依然没有超出文字记录、测绘记录和影像记录三种基本的形式。

文字记录是田野考古记录的最基本形式,小到一个堆积、界面的描述,大到一个发掘工地的总日记。相对于其他两种记录形式,文字记录涉及的内容最多,也最灵活。文字记录一般没有固定的格式,只要是能用文字描述的记录都可视为文字记录,比如发掘日记、发掘记录表、发掘总记录等。文字记录中除了对记录对象的客观描述外还可以记录发掘者的判断过程、研究心得等,从而形成内容丰富、逻辑完备的文字记录体系。

随着信息技术的发展和数字化的需求,文字记录也逐步朝规范化和标准化的方向发展。针对各类发掘对象和发掘管理的记录表格越来越受到发掘者的青睐,记录表格已经逐步成为文字记录的一种主要形式。

测绘是测量和绘图的统称。考古发掘的测绘记录就是利用各种测量手段,按比例绘制发掘对象(包括遗迹、堆积、探方、遗址等)的平、剖面或立面图,借以直观地记录发掘对象的外形轮廓、细部结构等信息。测绘记录涉及两方面的内容,即记录对象的空间位置和几何形状。其中,空间位置的确定要用统一的遗址三维坐标系统,这也是在遗址上开展聚落形态研究的基本条件,这项工作一般邀请专业的测绘人员协助完成。遗迹形状的测绘则需要考古队员在专业人员的指导下在发掘现场独立完成。随着电子全站仪、RTK、数字摄影测量、三维激光扫描等新的测绘手段的推广应用，发掘现场遗迹测绘的精度、效率都大大提升，但也对考古队员提出了更高的专业技术要求。需要指出的是，技术固然是重要的辅助工具，但测绘的关键还是在于发掘人员对遗迹本身的理解以及基于这种理解而运用的测绘表达的具体形式。

影像记录包括照相记录和录像记录。影像记录要借助于照相机和录像机来实现，影像记录方式随着摄影（像）技术的发展而进步。传统的照相、录像技术以胶片为主，田野考古的影像记录受到数量和质量的制约，而数字技术的发展推动了影像记录方式的革新。数码照片（影音）无论从拍摄条件、分辨率、拍摄数量和保存方式等方面都具有传统照相（录像）技术所不具备的优势，已经成为影像记录的主流。除此之外，数字摄影（摄像）技术还有助于记录资料的数字化，作为多媒体数据统一进入数据库进行管理和维护，是田野考古数字化的重要发展方向。同时，数字摄影技术还可以方便地与测绘技术相结合，通过数字摄影测量提高田野考古测绘的精度和效率，实现测绘记录与影像记录的一体化。

3. 资料的汇总与管理

汇总和管理是怎么用的问题。完成的各种记录都要首先归档、汇总。汇总一般按照遗迹、探方、发掘区的顺序。汇总后的资料相当于形成了一个资料档案库，有着固定的检索系统，方便对资料的查阅。随着记录系统的数字化和网络化，对田野考古记录资料的汇总和管理都变得方便很多，尤其是在网络平台下，不仅可以方便地共享数据，更可以实现协同工作，这已经成为未来田野考古的一个必然趋势。

二、记录的基本原则

要真正做好田野记录，形成一个信息量充足、逻辑清晰、主题突出、形式简洁、使用方便的记录系统，就需要遵循以下三条基本的原则：

1. 原真性

强调田野发掘记录的原真性主要基于田野发掘过程本身也是研究过程的理念。发掘记录不能只记录研究的结果，还应该详细记录整个研究的全过程，包括发掘现场如何认识、判断和处理各种遗迹现象，如何进行测绘和采样等。除此之外，考古发掘的不可逆也是强调保持发掘记录原真性的一个重要原因，强调记录的原真性才能尽可能地保留发掘第一现场的信息。

具体来讲，发掘记录的原真性主要强调两个方面：

其一，原始记录不可修改，发掘过程中不能丢弃任何形式的原始记录。田野考古发掘过程是一个不断出现新情况同时又不断做出新判断的认识的逐步深化过程。对一处堆积或一个遗迹而言，对其外形结构、层位关系等的判断很可能在清理过程中随着暴露的线索的增加而发生变化，因此最初填写的记录表格或绘制的平剖面图难免有不准确甚至失误之处，正确的做法并不是在原记录表格或原图上直接修改，而是重新填写或绘制，并保留原记录。这样，堆积或遗迹清理完后，通过若干表格和图纸我们可以清晰地看到发掘过程中对此堆积或遗迹的判断和处理的全过程。

其二，准确性的层次和级别。田野考古记录的内容多样，方式也多样，参与记录的人员众多，即便是同一种记录也存在细节上的差异。在强调原真性方面，记录的细节不能"一刀切"，记录的准确性是要讲究层次和级别的，要分清楚哪些是主要的，哪些是次要的，哪些是不能修改的，哪些是可以调整的。举例来讲，绘制遗迹的平剖面图，在原始图纸上要求保留测量点的位置，这是因为图纸上测量点是通过仪器测绘记录的准确坐标点，准确性要求高，在清绘时不可改变，而测点之间的连线则是绘图者依据遗迹的形状和轮廓现场绘制，在清绘时可以进行适当的调整。

2. 统一性

田野考古记录的统一性是最基本的要求，记录不统一会造成资料的混乱和信息的丢失。统一性的要求表现在编号系统、测绘系统和记录规范三个方面。

编号系统是田野考古记录的一项重要内容,从遗址到分区,从探方到遗迹,从遗物到采样都需要进行统一的编号。不仅同一个发掘项目内部需要统一设计编号系统,而且同一个遗址的不同年度发掘项目之间,甚至是不同遗址之间都需要考虑编号系统的统一。我国的田野考古记录系统中,编号系统的本质是建立起考古发掘单位(如分区、探方、探沟)与地层堆积单位(如堆积、界面、遗迹)和出土遗物(包括人工遗物和自然遗存)之间的逻辑序列关系和隶属关系,可以看作是整个田野考古记录系统的基础。

测绘系统的统一性是聚落形态考古研究的基本要求,只有测绘系统统一才能实现各测绘记录对象(包括探方、地层、遗迹、遗物)的空间位置和相对空间关系准确、可比。测绘系统的统一要求遗址发掘之前必须建立永久的三维测绘坐标系统,保证遗址不同位置、不同年度的发掘处于相同的坐标系统之中。如本书第三章第三节所述,田野发掘的编号系统与测绘系统也可以进行有效的整合,通过编号可以查询到探方或遗迹在遗址上具体的空间位置,同时也可以计算出遗址上任何位置的一点对应的探方编号。

记录的规范化也是统一性要求的一个重要表现。记录的规范化涉及的内容较多,包括对堆积、遗迹、遗物各种属性的描述,各种测绘图的绘制方法、绘制比例,数码照片和影片的记录格式、分辨率等。由于参加田野工作的人员众多,记录的规范化要求是十分必要的,缺乏规范就缺乏集体工作的基础。而在发掘记录规范化的基础上,可以总结整个行业的一些共性要求,形成适用于一个国家或地区的整个行业的标准。目前,国家文物局已经组织专家论证和制定了有关田野考古记录的相关标准,如田野考古绘图、钻探标准等。

3. 互补性

互补性是田野发掘记录的一个重要原则。田野发掘记录方式多样,每种记录方式都有各自的优点,同时也有自身的局限性,因此不同记录之间的互补就显得很重要。

单就文字记录而言,针对一项遗迹单位的文字记录包括各个堆积单位的发掘记录表、遗迹单位系统图和遗迹单位总记录三部分。其中,发掘记录表和遗迹单位系统图已经将遗迹的建筑结构和组成遗迹各部分的堆积状况描述清楚,那么遗迹单位总记录就无须再面面俱到地描述堆积的土质、土色和包含物等重复内容,而应重点列出提纲,记录有关遗迹的认识判断、清理过程和存在的问题等其他更主观的信息,并做好归纳和总结,起到"纲举目张"的作用。同样,对于结构简单的遗迹,如多数的灰坑,在遗迹单位的平剖面图已经能够清楚地表现其组成和结构的情况下也无须绘制单个遗迹系统图。

针对测绘记录和影像记录而言,影像的优势在于信息量大,只要相机的分辨率够高、拍摄角度够全面,那么所获取的信息量就足够丰富,但是影像易变形,缺乏数学基础,同时影像如不加说明也难以把握其中的重点。测绘记录则符合严格的数学要求,同时可以按照需要有意识地突出重点信息,简洁明了,但测绘记录所能反映的信息量相对有限。因此,很多情况下,测绘记录与影像记录相结合能起到最佳的记录效果。

总之,田野考古记录有互补性的要求,各种记录形式要充分发挥各自的优势,同时要避免重复,形成有机的记录体系。

第二节 记录系统

记录系统是体系化的记录,在田野发掘中是作为一个子系统来运作的。那么记录系统的构成必然涉及与田野发掘相关的基本理念和基本方法,它同时也是随着考古地层学理论的发展而发展的。

一、中外两种不同的记录系统

1. 中国遗迹记录法与西方 context 记录法

中西方的田野考古记录系统在本质上是相通的,一方面是因为中国田野考古最早就引自西方，而更重要的是考古学科有其自身的发展规律，大家"殊途同归"。物质文化史研究阶段的田野记录相对简单，也谈不上中西方之间的系统性差异，但进入到古代社会的复原研究阶段，在更加追求系统性研究资料的学术需求背景下，中西方逐步形成了各自形式上不同的记录系统。（图 5-1）

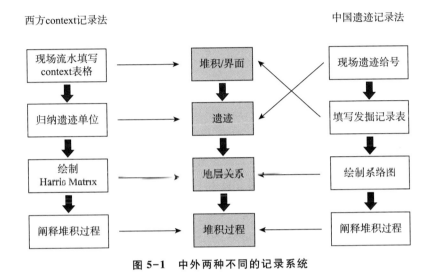

图 5-1　中外两种不同的记录系统

我国采用"遗迹记录法"，有发掘现场的"给号"制度。所谓"给号"是发掘领队现场掌控一个"给号本"：发掘队员在发掘过程中先要对遇到的遗迹进行判断，明确其性质，比如是灰坑、房子还是墓葬等，然后据此向领队"要号"；领队根据情况判断是否给号，给号同时在"给号本"上做相应登记。给号的方式是以遗迹类型分类的，并习惯以汉语拼音的首字母大写来区分，比如 H 代表灰坑、F 代表房屋、M 代表墓葬，在同一种遗迹代码下再按照顺序编码，如 H1、H2、H3……给了遗迹号之后，发掘队员再进一步拆分构成这个遗迹的堆积和界面，并分别填写记录表格，如 H1②代表灰坑 H1 第②层填土、F2DM1 代表房子 F2 的 1 号地面等。可见，给号即意味着遗迹的性质基本明确，但实践中也存在错误而导致后期再修改的情况。不同遗迹之间、遗迹与地层之间的层位关系则通过绘制"系统图"来表达。

西方田野考古流行"context 记录法"。所谓 context，有人把它理解成遗址上人类行为的最小单位[①]，也有人把它看作是田野中最小记录的操作单位[②]。这些认识都准确，但却不全面。英文中 context 一词的词源是拉丁语，用英文直译为"to weave together"，显然并非简单的"上下文"的意思，而是强调了彼此之间的密切联系以及由这种联系缀合起来的连续整体。因此，context 记录法的本质是要把遗址上静态的、碎片化的地层单位串联成一个整体的、可以解释的框架体系，而对各种采集样品分析数据的解释、对人类行为的阐释都要以这个框架体系为基础。从这一点上讲，西方的"context 记录法"与中国的"遗迹记录法"是一致的，终极目标都是系统复原遗址的堆积形成过程。但是在操作层面上，二者之间却存在着巨大的差异。

这种差异主要表现在编号系统和操作流程上。以上图为例，context 记录法在田野发掘中不区分地层单位编号的属性，实际上只是"流水号"，通常以数字来表达，类似于发票的编号。发掘过程中，发掘者每清理一个地层单位（一个堆积或一处界面）即从工地上统一获取并填写一张带有编号的记录表格，即 context 记录表。这个过程类似于从发票本上撕下一张发票。因此，从记录表格上的 context 号本身看不出这个记录对象的属性，而不同的 context 是否构成一个完整功能性的遗迹，也不是发掘现场记录的重点，而是要通过后期的归纳来实现。不同 context 之间的层位关系则通过绘制"哈里斯矩阵图"（Harris Matrix）来表达[③]。

总之，无论是西方的 context 记录法还是中国的遗迹记录法，最终都是要回归到堆积和界面的层次，即最小的人类行为单位。但

[①] 孙德荣. 试述 Context System 及其考古地层学原理［J］. 文物世界. 2000（1）：73—76.

[②] 李新伟. CONTEXT 方法浅谈［J］. 东南文化. 1999（1）：64—67.

[③] Harris, E.C. *Principles of Archaeological Strategraphy*［M］. 2nd ed. Academic Press. London & San Diego.

context 记录法是自下而上的"顺向记录逻辑",而遗迹记录法则相反是自上而下式的"整体记录逻辑",先确定遗迹,再回过头来拆分其内部的堆积单位。

2. 优缺点

Context 记录法对所有的堆积单位一视同仁,这种记录更加客观,避免了过多主观认识的干扰。但缺点也很明显,尤其是当发掘对象复杂,堆积单位众多的情况下,所有的 context 绘制在一张 Harris Matrix 图上完全没有主次之别和层次之分,即使是发掘者本人如果不借助注释等手段也很难直接解读,对其他研究者来说更是噩梦。

遗迹记录法以遗迹单位为核心组织记录,整体性和层次性更强,避免了 context 记录法的碎片化。与遗迹记录法相匹配的系统图的绘制也是分级完成的,而非所有单位画到一张图上,这样使用起来更加方便,也利于其他研究者识别。但遗迹记录法的缺点在于主观性强,在发掘给号的过程中有"先入为主"的问题,一旦出现错误再修改会影响到诸多相关记录,如发掘记录表、标签、采样记录表的编号等。而且事先给定了遗迹单位,也就将各类堆积进行了预先分割,这不利于我们对堆积性质的准确和灵活把握,有时还会造成矛盾,比如我们常说的灰坑跟灰坑里的填土不是一回事。

以图 5-3 为例。从 context 编号 140 至 107 的单位,实际上反映了遗址上最初有两个阶段的人类行为:第一阶段是 134、125 两个挖坑活动和 112 一个铺垫活动;第二阶段是废弃阶段,对应编号 130、120 和 107。很明显,130、120 属于灰坑里的填土,是灰坑废弃以后的堆积,性质上与 107 一样。如图采用 context 记录法,我们既可以方便地将 130、120 与 107 划归到一个阶段,也可以视情况将它们分开解释。但如果采用遗迹记录法,那么两种不同性质的堆积 134—130 和 125—120 就会被绑在一个灰坑号之下,而在之后的整理和研究中如果再想将其分开,几乎是不可能了。

对遗迹进行编号的做法可追溯至 20 世纪初史语所对安阳殷墟的

发掘，由石璋如等中国学者所开创①。后来在构建考古学区系类型的物质文化史研究阶段，由于遗迹单位在框定遗物共时性方面的诸多便利，而被中国的田野考古一致继承下来。实际上，在当前以聚落形态为主导的田野考古工作阶段，遗迹记录法仍具有独特的优势。由于我国的多数古遗址属于埋藏类的"土遗址"，田野发掘很多情况下属于"土里找土"，如果没有一个整体上的把握，那么很容易将不同的人类活动遗留肢解和碎片化，"只见树木而不见森林"。遗迹作为人类活动的核心，可以说把握住了遗迹就把握住了堆积过程的关键，也就为观察和记录聚落中的时空结构找到了一个个关键的坐标点。因此，无论是历史还是现状，遗迹记录法都最符合我国田野考古的实际。

二、记录系统的内容

以下我们就以遗迹记录法为主，介绍记录系统的主要内容。

（一）发掘对象的记录

发掘对象的记录是对地层、堆积、遗迹、遗物等的记录，也是整个田野考古记录系统的核心内容。发掘对象的记录方式关系到我们如何理解考古遗址上的人类行为、如何理解遗址的堆积过程。以下我们按照从小到大的顺序介绍。

1. 堆积和界面的记录

堆积和界面，也有发掘者统称之为"堆积单位"，是田野考古发掘的最小观察和清理单位，同样也是发掘对象的最小记录单位。

"堆积"是指在地球重力作用影响下，依照"做加法"（positive）原则形成的层状或直立状堆积体，比如遗址上的一次人工铺垫或是堆筑城墙。堆积都有体积、体量、质地、颜色、包含物等内容，一般情况下遗址上的堆积都要详细记录。以《田野考古工作规程》为

---

① 张海. 中国考古学的殷墟传统——早年安阳殷墟的发掘与研究 [J]. 古代文明（辑刊）. 2005（1）：353—390.

例，堆积主要是利用发掘记录表的"堆积描述"进行文字记录。

"界面"与人类活动有密切的关系，在遗址上"做加法"和"做减法"的人类行为，都可以形成界面。大体可分为"地层界面"（layer interface）和"遗迹界面"（feature interface）两大类。"地层界面"是堆积之间的界面，比如地层之间的水平层状界面和城墙夯土块之间的直立层状界面；"遗迹界面"是遗迹的边界面，也有水平和竖直的区别，如房屋地面和墙面。田野发掘的实践中，对界面的记录比较复杂，首先应取决于对界面性质的认识和理解：

遗迹界面一般情况下都要记录，地层界面可以有选择地记录。如图5-2所示，单位6和单位2分别是城墙的基槽和上部，为竖直和水平遗迹界面，都需要记录；单位7和单位9之间的水平层状界面，单位3和单位5之间的直立层状界面，是地层界面，一般不做记录。

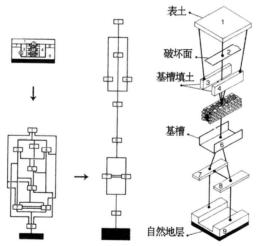

图 5-2　遗址发掘中的堆积和界面

无论地层界面还是遗迹界面都有"原生面"和"破坏面"的区别。承载人类活动的"活动面"是依托于一个或多个堆积界面的原生面，需要重点记录，如图5-3所示，单位15、49、76、80、83为地层的原生面，也是不同时期人类的活动面。一些情况下，能够反映聚落空间属性重大变化的关键面也需要单独记录。

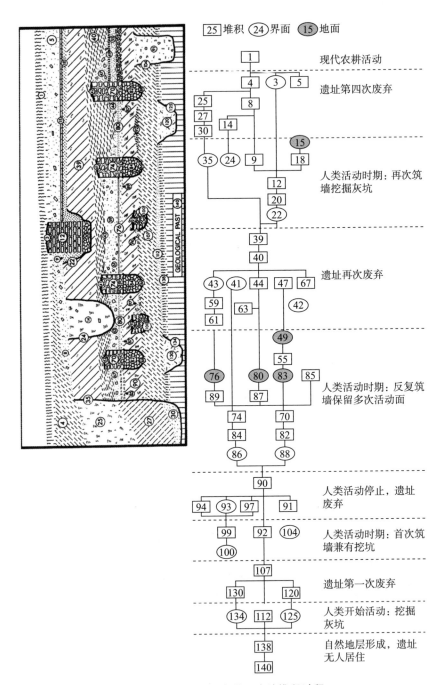

图 5-3 哈里斯矩阵所示遗址堆积过程

同样以《田野考古工作规程》为例，对于一些分布范围不大、边界清晰且连续的界面可以使用发掘记录表的"形状描述"进行文字记录；对于一些分布范围大，边界不甚清晰，有时还有高程上差异的大范围的原生面，如活动面，可以借助于测绘的手段，在平面图上标绘其范围甚至可以利用等高线表现其空间上高低起伏的变化。

2. 遗迹和现象的记录

田野发掘中遗迹是一个功能单位，即所有的遗迹都应该有两重属性：特定的功能和有明确的边界形态。比如，圆形房屋、袋形窖穴、甲字形墓葬等。现象是指人类活动保留下来的一些迹象，比如，人类和动物的足迹、印痕等。并非人类活动主观造成，但对人类社会产生重大影响的自然现象，如发生在遗址上的地震、泥石流等，也需要记录。

由于人类活动的多样性，产生的遗迹也千差万别，不同类型的遗迹，功能和结构都不相同，记录的具体内容也自然不同。但是一般来讲，田野发掘中各种遗迹的记录内容至少应包括如下三个方面：

第一，遗迹的功能结构。这是有关遗迹主体的记录，遗迹都有特定的功能性，比如房屋用于居住、窖穴用于储藏、陶窑用于烧陶、墓葬用于丧葬等。各种遗迹为了营造其功能性必然有相应的建筑结构，比如房屋用于居住，就需要营造空间，所有的房屋无论样式如何差异，都应该有墙体和立柱等承重结构，有屋顶等遮蔽结构，有门窗等出入和采光、通风结构，有火塘、灶台等生活设施等。因此对遗迹的功能结构的记录需要密切关注其使用性和功能性的特征。

第二，遗迹的生命历史。任何遗迹都有其建造、使用、废弃或再利用和再废弃的生命历史。以一处史前房屋为例，在考古发掘中一般来说我们需要观察和记录其三套堆积：（1）基础部分，与房屋的建筑方式有关，主要包括房屋的垫土、墙的基槽和柱洞等结构；（2）使用部分，既包括房屋日常使用和维护的建筑结构，如墙体、地面（包括室内地面和室外地面）、门道、灶台等，也包括与房屋使用密切相关的日常生活遗留，如灶台上遗留的灰烬、房屋周围倾倒的垃圾等；（3）废弃部分，主要是房屋的倒塌堆积。需要注意的是，一般来说，房屋基础部分，如垫土，常常是平整了以前的土地或从其他地方搬运而来的堆积，其中可能包含有大量比房屋建筑年代早的遗物；房屋的使用堆积，如置放原地的器物、周围倾倒的垃圾堆积中的遗物等，则往往能正确反映房屋使用的年代；倒塌堆积中常常也包含一些房屋使用年代的遗物。

第三，遗迹的层位关系。遗迹的层位关系是田野考古发掘尤其是以聚落形态研究为理念的田野考古发掘应该格外关注的重要内容。遗迹的层位关系涉及遗迹的年代和遗迹之间的"共时性"问题，田野发掘现场只有把握住了遗迹的层位关系，才能正确判断同时期的聚落结构和不同时期聚落的变迁。田野发掘现场，对遗迹层位关系的观察和记录主要应关注两方面的问题：遗迹的开口层位和遗迹之间的层位关系。遗迹的开口层位是一个比较复杂的问题，在记录开口层位时需要尤其关注遗迹的开口面是原生面还是破坏面，原生面代表了遗迹的使用行为，破坏面则代表了遗迹的后期破坏。遗迹之间的层位关系主要是叠压或打破关系，记录遗迹的层位关系尤其需要关注不同类型遗迹之间的功能转化以及同一遗迹的修缮和再利用等情况。

除了最常见的遗迹之外，现象也是田野考古记录的重要内容。田野发掘中可以遇见的现象也很复杂多样，对现象的记录需要重点关注两方面的内容：现象的完整性和现象的从属关系。所谓记录现象的完整性是指在发掘过程中要尝试考察现象的完整状态，并记录其中的保存或缺失部分。要考察现象的完整性，就需要对现象的本质和特征有所认识和了解，比如遗址上存在的地震现象，其表现往往是多样的，仅仅凭借其中的一两种迹象是不能简单做出判断的，需要寻找和记录遗址上的多种现象相互印证。所谓现象的从属关系是遗址中的现象与堆积和遗迹的关系。如果某种现象隶属于某堆积，那就应该记录在堆积的包含物中；如果某现象隶属于某遗迹，则应该考虑该现象依托于该遗迹的何种界面或包含于遗迹的哪一部分堆积中。比如，商代高等级墓葬中常常发现殉人和殉牲，但在记录时需要注意，殉人殉牲究竟属于填土行为的包含物，还是挖腰坑和下葬等不同阶段的葬仪行为。总之，只有搞清楚了现象的从属关系，才能将其记录在记录系统的准确位置上，也就是究竟填在哪张表上。

从技术手段上来讲，对遗迹现象有多种记录方法，文字、测绘和影像记录都必不可少。

3. 层位关系和堆积过程的记录

田野发掘的一个重要目标是复原遗址堆积的形成过程，因此仅仅区分和记录遗址中的堆积和界面是远远不够的，还需要搞清楚它们彼此之间的结构和序列关系，也就是对层位关系和堆积过程进行记录。常用的记录方法有：地层剖面图、哈里斯矩阵和系络图。

（1）地层剖面图

绘制地层剖面图是最常用也是最直观地表现遗址堆积过程的方法。地层剖面图需要借助田野发掘的探沟剖面或探方四壁，并采用实测的方法绘制。地层剖面图的绘制有一些基本的要求，比如地层剖面图上堆积之间的界面应绘制清晰，不同堆积可以使用不同的填充符号以示区分。通常情况下，遗迹的原生界面和具有重要意义的地层原生界面，如活动面，需要用粗线条突出（图5-4）。剖面图应直观表现地层单位之间的层位关系，不应产生歧义，必要时可以辅以文字说明。

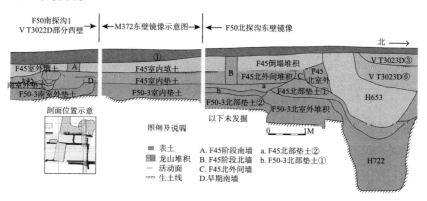

图5-4 平粮台遗址典型地层剖面图

无论是何种形式的地层剖面图，都只能反映平面上一条直线位置上的地层堆积状况，本质上讲是一个二维结构的立面图，这对于堆积结构复杂的遗址来说是远远不够的。很多情况下，发掘者会选择多个位置上的地层剖面图，即所谓的典型剖面来说明整个遗址的堆积状况，但仅凭这些典型剖面往往也难以详述整个遗址的复杂堆积过程。因此，在 context 记录法基础上的哈里斯矩阵和在遗迹记录法基础上的系统图就十分必要了。

（2）哈里斯矩阵

哈里斯矩阵（Harris Matrix）是英国考古学家哈里斯在 context 记录法的基础上提出的一种记录遗址堆积过程的图示方法。哈里斯矩阵的绘制方法如图 5-2 所示：首先将遗址上的地层单位（包括堆积和界面）拆分开，然后按照早晚序列关系对这些单位进行排列，并把存在直接叠压或打破关系的单位利用线条串联起来，最后再按照地层的序列关系对图表进行简化。

哈里斯矩阵图可以采用手工方法绘制，也可以借助于专用的绘图软件（Harris Matrix Composer[①]）。为了便于区分，常常将堆积用长方形表示，界面用椭圆形表示。如图 5-3 所示，通过哈里斯矩阵可以清楚地观察到遗址堆积过程的一个重要特征就是"使用"与"废弃"交替转换。

与地层剖面图不同的是，哈里斯矩阵可以轻松地表现遗址上所有地层单位之间的序列关系。如图 5-5 所示，原本依靠探方四壁剖面图才能说明的地层关系通过哈里斯矩阵可以大大简化，从而提高记录的效率。同时，绘制哈里斯矩阵要求记录所有的地层单位，这就强迫发掘者必须在田野发掘过程中仔细甄别各个单位之间的关系，并将其准确记录在矩阵图上。据统计，采用哈里斯矩阵比传统的记录方式能够至少提高 40% 的信息量。正是由于哈里斯矩阵的这些优势，它目前是世界上使用范围最广的田野考古记录手段。

---

① http://www.harrismatrixcomposer.com

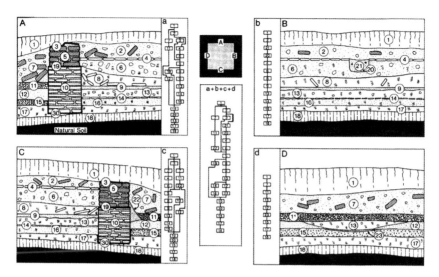

图 5-5　探方四壁剖面图与哈里斯矩阵

（3）系统图

尽管哈里斯矩阵在记录地层堆积过程方面有巨大优势，但是与我国田野考古的实际却有一些差距。首先，哈里斯矩阵以 context 记录为基础，缺乏遗迹的概念，矩阵中所有的地层单位只有 context 编号，如果不查询，无法判断其性质；其次，哈里斯矩阵的绘制缺乏层次，往往是将整个发掘区的所有单位绘于一张图上，在发掘面积大、发掘单位多的情况下，绘制一张哈里斯矩阵图常常会贴满整个墙壁，使用起来非常不方便；最后，哈里斯矩阵缺乏空间的概念，矩阵图上难以表现地层堆积过程的空间变化。

基于上述哈里斯矩阵的优缺点，并在我国田野考古作业传统的基础上，2009 年颁布的《田野考古工作规程》倡导了一种称为"系络图"的方法用于表现遗址上的地层堆积过程[①]。系统图的绘制方法和原则大体与哈里斯矩阵一样，不同的地方主要有两点：

第一，系统图中的地层单位的编号均采用我国田野考古的遗迹

---

① 赵辉，张海，秦岭. 田野考古的"系统图"与记录系统［J］.江汉考古.2014（2）：43—51.

记录法，如果是一个遗迹或探方编号之下，可省略遗迹或探方号。系统图中堆积、界面、遗迹一般会采用不同的图形或颜色进行区分，以增强系统图的可读性。除此之外，系统图与哈里斯矩阵还有另外一处细节上的不同，系统图为了更准确表现不同地层单位之间的关系，借鉴了流程图的绘制方法，对交叉的线条进行了处理，分为相交和不相交两种方式。

第二，系统图分层次绘制，包括单个遗迹的系统图、探方系统图和发掘区系统图三种：（1）单个遗迹的系统图要求必须具体到堆积单位。如图5-6"双庵遗址M8系统图"所示，单个遗迹系统图主要用于表现单个遗迹的修建、使用、废弃等的生命全过程。（2）探方系统图用于表现探方内的堆积形成过程，如图5-6"桐林遗址探方系统图"所示，绘制时应以探方内大面积分布的层状堆积为主干串联遗迹单位，其中属于同一个遗迹单位的堆积可以不必展开。（3）发掘区系统图用于表现发掘区内主要堆积的形成过程，因此不必绘制所有的遗迹和堆积单位，但需要按照堆积和遗迹的空间位置并结合对各单位出土遗物的时代判断分组绘制，因此通过发掘区系统图应能直观观察到整个遗址的地层堆积过程和聚落演变的历史。

在考古发掘现场即第一研究现场的理念下，系统图还是现场考察遗址堆积过程并进行聚落分期研究的有效手段。以北京大学与河南省文物考古研究院联合发掘的河南漯河郝家台遗址为例（图5-7）。2015—2016年的发掘跨越了南北两排龙山文化的高台式房屋。发掘表明，该遗址龙山文化时期流行"居葬合一"的聚落模式，即在高台上建房，在高台下的坡脚埋墓，因此系统图的绘制选择以两排房屋之间的室外堆积为主干，向南北两侧串联各种遗迹现象。通过观察不同时期的房屋垫土和墓葬开口层位，可以将两排房屋及其相关墓葬的形成过程分为四期五段：龙山文化一期为杆栏式建筑和水井；龙山文化二期始建高台排房建筑，并始现"居葬合一"的模式，又可再分为早晚两段，表现为房屋的原址重建；龙山文化三期高台式建筑继续发展，但在房屋周围开始频繁出现灰坑、陶窑等其他类型

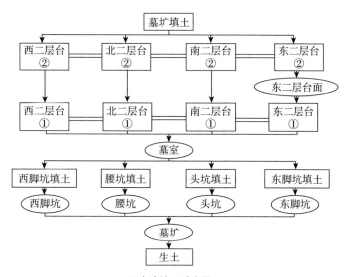

双庵遗址M8系统图

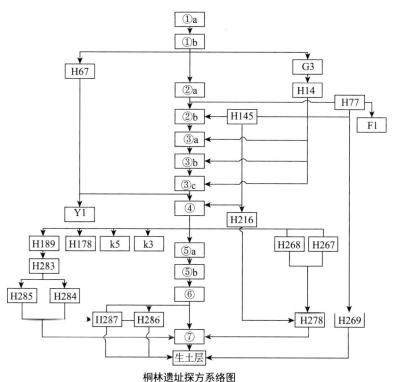

桐林遗址探方系统图

图 5-6 系统图绘制示例

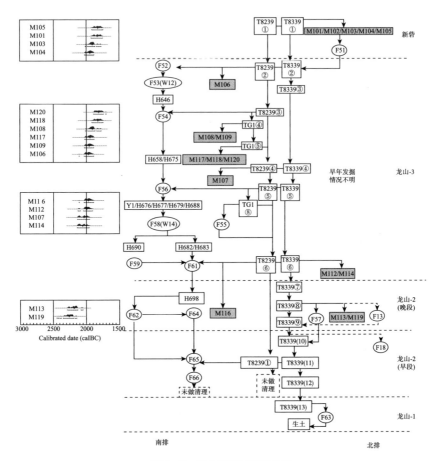

图 5-7　发掘区系统图示例

遗迹；新砦期，"居葬合一"的模式不复存在，开始出现小型墓地。与此同时，陶器类型学的研究表明，上述利用系统图对聚落的分期与利用陶器形态演变的分期结论并不对应，这也说明聚落分期不应该是室内整理阶段完成的工作，而是主要应该在发掘现场即开展的研究工作。

尽管哈里斯矩阵和系统图的信息更全面、更系统，但两者都不能在描述地层堆积过程中形象、直观地表现地层单位的具体形态，因此即便采用这两种记录方式，地层剖面图仍不可缺少。近年来，西方田野考古倡导"开放式发掘"的理念，发掘中不再设置探方预留固定的剖面，但是借助于全站仪等便捷的测绘仪器，在遗址的关键位置上绘制地层剖面图还是十分必要和常见的。因此，从田野考古记录的互补性要求来讲，绘制哈里斯矩阵、系统图应该与绘制遗址的剖面图结合使用。

4. 采样记录

采样记录也是发掘对象记录的重要内容，相关内容详见第四章第六节。

(二) 发掘过程的记录

发掘过程的记录既是对田野考古发掘流程的记录，同时也是发掘现场对地层堆积和遗迹现象的判断、认识、处理、研究、论证过程的记录。发掘过程的记录包括研究记录、工作记录和管理记录三大类：

1. 研究记录

研究记录就是发掘者对发掘对象观察、清理、测绘、采样和记录等研究过程的记录。发掘过程中，对发掘对象的认识和判断是一个逐步深入的过程，记录这个过程也就记录了研究和论证的过程。田野发掘中，研究记录有主动和被动两种方式。

所谓主动记录，即发掘者有意识地记录在发掘日记、各类总记录和探方发掘记录中有关发掘对象认识和清理过程的内容。发掘日记是按照日期记录的"流水账"，通过发掘日记可以按照日期方便地查询到相关发掘对象的现场判断、认识和清理的情况，是记录发掘过程的主要记录形式。各类总记录和探方发掘记录则是在遗迹或探方清理完毕后撰写，是对整个发掘过程进行重新梳理、归纳、总结后的认识。

所谓被动记录，即在发掘过程中，对所有的文字、测绘和影像记录都要保留。发掘过程中，随着认识的深入，以前的判断难免有不足甚至错误的地方，正确的做法不是修改或丢弃最初的记录，而应该是保留各个阶段的记录，尤其是测绘的图纸和拍摄的照片。随着现代记录手段的进步,一些新科技方法也可以用于发掘过程的被动记录。比如,在固定位置、固定时间对探方或遗迹进行固定角度的拍摄;利用三维扫描仪对不同发掘阶段的探方和遗迹进行扫描记录等。

2. 工作记录

除了对发掘研究的记录,对发掘现场的环境、用工状况、发掘进度、文物现场保护状况、安保状况等的工作记录也是发掘过程记录的重要内容。

工地总体工作状况由项目负责人或领队负责记录,探方和遗迹现象清理的工作状况由探方负责人记录。通常情况下,工作记录以文字的形式记录在工地总日记或探方日记中。与研究记录一样,一些新技术手段也可以用于工作记录。比如,智能手机、平板电脑等便携式移动设备都能拍摄出高质量的数码照片,且不受存储空间的限制,也几乎没有成本,大量拍摄工作照、工作视频的方式,可以更直观地记录工地和探方的工作状况。(图5-8)

图5-8 随手拍摄数码照片记录探方发掘过程

3. 管理记录

管理记录主要由发掘项目的不同子系统负责人完成,涉及测绘、采样、库房、资料等不同方面。

测绘管理记录。与传统的测绘手段相比,在发掘现场使用全站仪、RTK等仪器按照统一坐标系统进行测绘的情况下,需要详细做好测绘管理记录。主要目的是避免测绘过程中由于测量仪器的误操作而引起的系统误差。

测绘负责人负责对全站仪等测绘仪器的日常维护（如充放电）、设站、校准等，保障考古工地每天的测绘工作顺利开展。测绘负责人需要每日填写全站仪设置记录表，一旦全站仪设置出现失误，那么这个错误势必会影响到整个工地的测绘工作，这个记录表就成了修改这段时间内的测绘记录的依据。因此，不仅上述全站仪设置记录表是必须的，而且对每一份测绘记录而言，都必须标注具体测绘的日期和时间。（图 5-9）

全站仪设置记录表

年度：2003　　工作单位：北京大学考古文博学院　　底册号：21　　流水号：15

遗址名：桐林　　发掘区：SE　　全站仪型号：TOPCON GTS-21D

全站仪设置

日期/时间	站点	点号	北坐标	东坐标	高程	后视角度	仪器高	棱镜高	负责人
10.3上午	测站点	N3	-159.85	50.23	4.3	19°06′09″	0.43	0.5	张海
	后视点	N1	-155.66	62.32	3.7				
10.3下午	测站点	N3	-159.85	50.23	4.3	19°06′09″	0.47	〃	〃
	后视点	N1	-155.66	62.32	3.7				
10.4上午	测站点	N2	-136.90	50.07	5.1	262°57′15″	0.51	〃	〃
	后视点	N3	-159.85	50.23	4.3				
10.4下午	测站点	N2	-136.90	50.07	5.1	262°57′15″	0.46	〃	〃
	后视点	N3	-159.85	50.23	4.3				
	测站点								
	后视点								
	测站点								
	后视点								

图 5-9　全站仪设置记录

临时库房管理记录用于发掘过程中采集样品的临时出入库管理。做好临时库房管理记录一方面为文物安全考虑，另一方面方便清点和为后期室内整理做准备。工作中，按日期记录每日发掘出土文物和样品的出入库情况，也就客观记录了发掘采样的工作过程。临时库房由专职的库房管理员维护，也由库房管理员负责填写临时库房管理记录。（图 5-10）

资料管理记录用于工地发掘和整理资料的保存和出入库管理。尽管数字化技术快速发展，各类田野发掘数据库大量普及，纸质记录资料的保管仍不可缺少。考古工地由专职资料管理员负责保管纸质记录资料，也由资料管理员负责填写资料管理记录表。

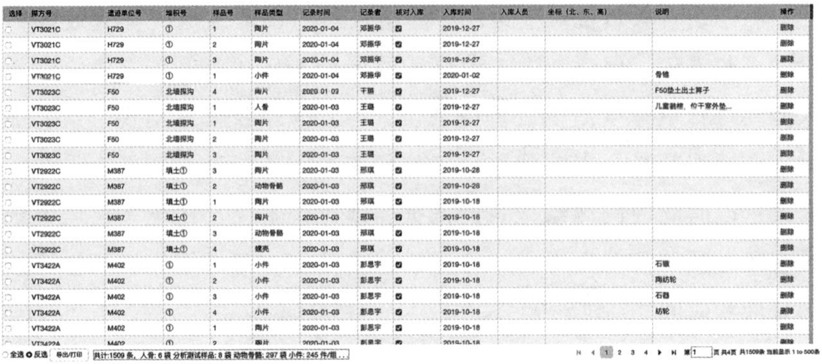

选择	探方号	遗迹单位号	堆积号	样品号	样品类型	记录时间	记录者	核对入库	入库时间	入库人员	坐标（北、东、高）	说明	操作
☐	VT3021C	H729	①	1	陶片	2020-01-04	郑振华	☑	2019-12-27				删除
☐	VT3021C	H729	①	2	陶片	2020-01-04	郑振华	☑	2019-12-27				删除
☐	VT3021C	H729	①	3	陶片	2020-01-04	郑振华	☑	2019-12-27				删除
☐	VT3021C	H729	①	1	小件	2020-01-04	郑振华	☑	2020-01-02			骨锥	删除
☐	VT3023C	F50	北墙探沟	4	陶片	2020 01 03	王璐	☑	2019-12-27			F50垫土出土箅子	删除
☐	VT3023C	F50	北墙探沟	1	人骨	2020-01-03	王璐	☑	2019-12-27			儿童瓮棺，位于室外垫...	删除
☐	VT3023C	F50	北墙探沟	1	陶片	2020-01-03	王璐	☑	2019-12-27				删除
☐	VT3023C	F50	北墙探沟	2	陶片	2020-01-03	王璐	☑	2019-12-27				删除
☐	VT3023C	F50	北墙探沟	3	陶片	2020-01-03	王璐	☑	2019-12-27				删除
☐	VT2922C	M387	填土①	3	陶片	2020-01-03	邢琪	☑	2019-10-28				删除
☐	VT2922C	M387	填土①	2	动物骨骼	2020-01-03	邢琪	☑	2019-10-28				删除
☐	VT2922C	M387	填土①	1	陶片	2020-01-03	邢琪	☑	2019-10-18				删除
☐	VT2922C	M387	填土①	2	陶片	2020-01-03	邢琪	☑	2019-10-18				删除
☐	VT2922C	M387	填土①	3	动物骨骼	2020-01-03	邢琪	☑	2019-10-18				删除
☐	VT2922C	M387	填土①	4	螺壳	2020-01-03	邢琪	☑	2019-10-18				删除
☐	VT3422A	M402	①	1	小件	2020-01-03	彭思宇	☑	2019-10-18			石镞	删除
☐	VT3422A	M402	①	2	小件	2020-01-03	彭思宇	☑	2019-10-18			陶纺轮	删除
☐	VT3422A	M402	①	3	小件	2020-01-03	彭思宇	☑	2019-10-18			石器	删除
☐	VT3422A	M402	①	4	小件	2020-01-03	彭思宇	☑	2019-10-18			纺轮	删除
☐	VT3422A	M402	①	1	陶片	2020-01-03	彭思宇	☑	2019-10-18				删除
☐	VT3422A	M402	①	2	陶片	2020-01-03	彭思宇	☑	2019-10-18				删除

全选 反选 导出/打印 共计:1509 条，人骨: 6 袋 分析测试样品: 8 袋 动物骨骼: 297 袋 小件: 245 件/组...

第 1 页 共4页 共1509条 当前显示 1 to 500条

图 5-10　临时库房管理记录

（三）其他记录

1. 记录中的解释

（1）什么是发掘记录中的解释

解释的本质是发掘者的主观认识，同时也可理解为发掘现场的研究成果。解释包括堆积性质的判断和认识、遗迹功能和结构的认识、堆积成因的判断和认识、遗迹层位关系及堆积形成过程的判断和认识等。

发掘过程中的解释都是以考古发现的实物遗存为依据进行的推断和阐释，因此尽管解释本身是主观的，但却以发掘资料为依据，并作出合理化的延伸。解释的重要性在于解释本身就是缀合各种碎片化的堆积和遗迹现象的“粘合剂”，不仅可以看作是发掘者的研究成果，而且对指导进一步的发掘具有重要意义。因此，对解释的记录是田野考古记录不可或缺的重要内容。

（2）解释的原则

田野记录中的解释有两个重要原则：独立性和关联性

独立性是指解释本身要与田野发掘的实物证据之间独立。不能将解释与证据混为一谈，形成循环论证。发掘的过程中应有想法，但必须实事求实，尊重证据，不能按照设定的想法去发掘。发掘过程中应对遇到的所有遗迹现象一视同仁，不能只发掘自己感兴趣的遗迹。

关联性是解释的一个重要原则，即所有的主观解释必须与田野的证据有关，不能过度解释，更不能用解释替代实物本身。实际上，在田野记录的各个层次上都包含了解释的内容：堆积的成因和性质是根据堆积特征和包含物做出的解释，比如堆积为水平层状，包含物磨圆度高，分选好，由这些证据可以解释堆积的性质是经过长距离水的搬运作用形成的二次堆积。

（3）将解释独立出来的重要性

将解释从实物资料中独立出来对于田野考古记录来讲具有重要的意义，也是保证田野考古工作科学性的一个重要基础。由于田野发掘过程中充满了研究的内容，因此解释必不可少。发掘记录者有意识地将解释从证据中独立出来，并单独记录，一方面时刻提醒发掘者尊重资料本身的客观性，另一方面也有助于后期的研究者更加客观地利用发掘资料，准确地评估田野发掘的成果。

2. 对发掘者的记录

（1）记录的内容

对发掘者本身的记录也是田野考古记录的一项重要内容，既是考古学学科反思的重要表现，也是考古学逐渐面向公众的必然选择。对发掘者的记录包括对作为群体的发掘团队的记录和对作为个体的发掘者的记录。

考古工作是一项集体项目，发掘队伍的组成对这项工作的顺利开展具有决定意义。将考古发掘队伍作为一个整体进行研究，有助于理解田野考古的系统性工作是如何通过团队合作的模式来实现的。

作为个体的发掘者本身的知识结构、科研能力、社交能力等都会直接影响到工作的状况、团队的配合，以至于整个考古发掘项目的顺利开展。而不同的发掘者在考古工地的角色不同，对发掘者个体的研究有助于理解考古工作不同体系间的协调以及其中每个因子的作用。

在考古学越来越受到公众关注的今天，开展公众考古学已经成为田野作业的重要组成部分。公众考古学研究的一项重要内容即考古工作者与当地社区的关系。在公众考古学的理论支持和研究视角下不仅扩大了对发掘者研究的范围，即将发掘者与当地社群的关系纳入其中，而且以第三者的客观视角开展对发掘者的研究，有助于完善整个田野考古的记录体系。

（2）记录的方法

对发掘者进行研究和记录有两种基本的方法：主动式和被动式。

主动式即由专门的研究者通过设计工作方案，有针对性地对发掘团体或发掘个人开展记录。常常采用一些影视人类学的方法，通过设计问卷、问答，尤其是拍摄各种针对性的音频、视频、照片资料等来实现。

被动式即通过被动收集发掘者的信息进行研究的方法。在充分利用数字化记录手段的今天，基于各种田野发掘记录的大数据分析手段，可以进行全文检索、热点筛查、数据挖掘、行为模式分析等，已经成为有效研究各种发掘项目和发掘者行为的重要方法。（图5-11）

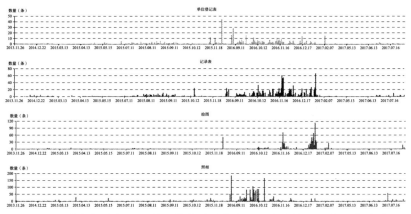

图5-11　大数据分析显示的平粮台遗址考古记录完成情况（按日期统计）

三、记录系统的结构

上述记录系统的不同内容之间彼此关联并表现在不同的层面上。

1. 堆积层面的记录

堆积单位是田野发掘中最小的观察、采样和记录单元，有如一个有机体中的单个细胞或构成一座建筑的砖瓦，在这个层面上的记录是最细致、最琐碎的记录。有关堆积方面的记录包括：

发掘记录表（context 表），是堆积单位记录的主要形式，一个堆积或一处界面需要单独填写一张发掘记录表。因此，在发掘过程中必须考虑到如何将所有的地层或遗迹单位都拆分到堆积的层面。采用表格的形式有助于记录的标准化，也可以最大程度上获取信息量。发掘过程的认识、堆积性质的判断等一般也记录在表格中。

采样记录，样品采集需要基于堆积单位，因此采样记录也属于堆积层面上的记录。采样记录包括采样记录表、抽样示意图、采样照片和采样标签。

堆积单位一般不测绘其外形轮廓。堆积体的形状常常要依附于其所属遗迹的形状，如灰坑里填土的形状取决于灰坑的形状。大面积层状堆积的记录一般依托于探方，如某探方第某层。可见，在中国的遗迹记录法的记录系统下，如果完全采用西方的开放式发掘，取消探方，那么这些不依附于特定遗迹的层状堆积将无处记录（除非发明一个层状遗迹的概念，但对这种层状遗迹边界的把握将会十分困难，而处处细小、琐碎的地层也会给统一的"给号"工作带来灾难，因此并不具备现实的可操作性）。

2. 遗迹/探方层面的记录

遗迹是遗迹记录法的核心，有关遗迹的记录包括文字、测绘、影像记录的各种形式：

遗迹的文字记录除了包括上述构成遗迹的堆积单位的各种记录表格之外，还有遗迹单位总记录和遗迹结构系络图。遗迹单位总记录是 2009 年修订的《田野考古工作规程》里提出的一个新概念，不同于传统意义上的"某某遗迹发掘记录"或"某某遗迹记录"。遗迹单位总记录是与遗迹内的各个堆积单位的记录表配合使用的，二者构成一个不可分割的整体：前者可以作为后者的目录和提纲，后者是前者的细节和具体内容。具体使用过程中，研究者总是首先查阅遗迹单位总记录，然后再据此查找、翻阅相关的具体堆积单位的记录表格。二者结合使用才能做到"纲举目张"。遗迹结构系统图则是用图示的方式简洁、直观地表达遗迹是如何由不同的堆积单位组成的，因此遗迹结构系统图总是与遗迹单位总记录配合使用的，很多情况下，发掘者会直接将遗迹系统图作为附件插到遗迹单位总记录里面。

遗迹测绘记录中最基本的是遗迹的平剖面图或剖视图。一些结构复杂的遗迹，还需要测绘不同角度的平剖面图，甚至是细部图。对单个遗迹进行测绘是田野记录中的必备内容，再简单的遗迹也需要绘图。同样，对遗迹进行拍照记录也是必需的，包括遗迹的全景照和细部照片。一些情况下，重要的遗迹还需要现场采集三维模型。

探方是控制发掘的基本单位，有关探方的记录也包括文字、测绘和影像记录的各种形式：

探方的文字记录除了上述被划归到探方记录的层状堆积需要填写单独的发掘记录表和相应的采样记录之外，还包括探方的发掘总记录、探方系统图和探方日记。探方发掘总记录与遗迹单位总记录一样是在探方发掘结束后撰写的对整个探方发掘情况的总结，探方发掘总记录一般与探方系统图配合使用。探方日记则按日期撰写，且不受探方负责人变化的影响。

以探方为单位的测绘记录主要是探方各层下开口的遗迹平面图和探方四壁剖面图，必要时还要对探方一些重要发掘阶段进行摄影记录以及采集三维模型。

遗迹记录与探方记录是相互补充也是相互关联的。所有的遗迹均需记录开口层位，而开口层位需要借助于探方的层位来表达，因此作为发掘控制单位的探方实际上为不同遗迹的年代序列关系提供了一个有效的观察和记录的视角。

3. 发掘区/遗址层面的记录

对整个发掘区或遗址的整体关注是一名合格的考古项目负责人或领队必须具备的能力，在这个层面上的记录包括：

工地总日记，除了记录发掘进度、工地管理等，工地总日记的一个重点内容是记录对发掘区整体堆积的认识，重要遗迹的清理、测绘、采样、记录等各个子系统的运转等。因此，工地总日记是总揽全局的日常性记录。

绘制发掘区的总系络图更是一项艰巨的任务，需要对整个发掘区的堆积过程有准确、系统的把握，在掌握主要遗迹的空间结构和地层堆积的序列基础上，有层次、有重点地绘制。通过绘制发掘区总系络图现场完成对聚落的分期工作。

除此之外，测绘管理记录、库房管理记录、资料管理记录，以遗址为对象的多学科研究的相关采样记录、发掘区的遗迹总平面图、各典型地层剖面图以及拍摄发掘区的遗迹全景照和工作照等也属于发掘区或遗址层面的工作。

4. 室内整理的记录

室内整理的记录也属于田野发掘记录系统的组成部分，包括经过整理后形成的标本登记表、器物卡片、出土残破器物统计表等，这部分内容详见本书第六、七章。

第三节　记录流程

田野发掘的记录是随着发掘的进展而逐步开展的，发掘的每一个阶段都需要完成相应的记录。由于发掘即破坏，不及时完成记录会造成信息不可弥补的损失，拖延和补记录的做法都是不可取的。

一、探方发掘记录流程

在确定探方编号，并指定了探方发掘的具体负责人之后，探方日记就应该开始撰写。探方日记虽然不需要在发掘现场完成，但是发掘现场的一些随手的记录和利用智能手机等随身拍照设备拍摄的照片还是十分必要，方便探方负责人根据这些随手的记录，每日按格式整理完成探方日记。

揭掉探方的表土层，铲平四壁，就可以观察四壁剖面，并填写表土层的发掘记录表了。之后，每清理掉探方内的一层堆积，都需要及时填写该层堆积的发掘记录表。实践中，发掘记录表不是一次性填写完毕的。有关土质、土色、包含物的认识可以在清理过程中填写，倘若在探方四壁剖面有保留，也可等到清理完毕后再依据剖面保留部分填写。采样记录必须在采样过程中进行，采样完成时完成。有关该堆积的厚度、绝对高程数值，需要在清理前和清理后分别测量完成，或在探方四壁上测量获得。总之，每层堆积清理完毕，发掘记录表也应最终填写完毕。

探方每清理掉一层堆积，需要绘制相应的该层下开口遗迹平面图。需要特别说明的是，揭掉一层堆积后绘制的该层下开口遗迹平面图实际上是一张初步的判断认识图，在这些遗迹清理完毕后，可能遗迹的形状，甚至性质的判断都会发生变化，这种情况下还需要最终再重新绘制一张准确的该层下开口遗迹平面图。待探方发掘完毕后，还需要依据遗迹清理的情况再绘制一张探方遗迹分布总图。

探方四壁剖面图在揭掉表土层之后即可开始绘制。发掘过程中，每清理掉探方的一层堆积或一个遗迹，在四壁剖面如有体现，则需要在相应的四壁剖面图上及时补线，直到发掘完毕。

探方发掘过程中，如需要打掉隔梁，打隔梁之前要确保隔梁上四壁剖面图的地层和遗迹线都已绘制完毕无遗漏。打掉隔梁之后，仍要在原四壁剖面图的位置上保留控制点，并继续向下补地层线或遗迹边界线，直到把探方四壁剖面图绘制完毕为止。

探方发掘完毕后，应及时绘制探方系络图，并依据探方日记、相关遗迹记录和探方内的其他记录撰写探方发掘总记录。

二、遗迹发掘记录流程

当领队或工地负责人完成某遗迹的"给号"工作，并指定发掘负责人之后，该遗迹的记录工作也随即开始。

首先，判断清楚了构成遗迹的各个堆积单位之后，即可按照从晚到早的顺序清理遗迹的废弃堆积。以灰坑的发掘为例，采用 1/2 或 1/4 对角发掘时，先发掘部分一般不先急于做记录，因为这部分清理的目的是"开天窗"，即尝试准确把握灰坑的边界和填土的分层情况。待先掘部分清理完毕后，再利用填土的完整剖面填写每层填土的发掘记录表，并绘制灰坑填土的剖面图。然后，再清理灰坑填土的另外 1/2，而采样工作实际上也是在这个阶段进行的，相应的采样记录也应同步完成。当所有的填土都清理完毕之后，应补充与填土相关的信息到相应的发掘记录表，如每层填土的形状、厚度、绝对高程等，完成填土的记录。最后，观察灰坑的剖面和底面，以界面的方式填写发掘记录表。

房屋倒塌堆积、墓葬填土的清理和记录方式与灰坑填土类似，但需要说明的是，如果在清理过程中发现灰坑的两层填土之间或填土中有重要的现象，如完整的人或动物骨架，那么就不能再机械地继续往下清理，而应该先打开其他 1/2 或 3/4 部分，以求对重要现象的完整记录。那么在清理填土的其他部分之前，就应该先做记录，填写发掘记录表，绘制剖面图，待对重要现象记录（绘图、照相）和采样（包括采样记录）完毕后，再继续往下清理堆积，并补全剖面图。

将依托于遗迹的废弃堆积清理掉，暴露出遗迹本身的建造和使用结构后，即可填写与遗迹相关的各种堆积和界面的发掘记录表（灰坑的底面、壁面，墓葬的二层台、棺椁、壁龛、腰坑，房子的墙、门、灶、地面等），绘制遗迹的平剖面图（剖视图），拍摄遗迹的全景照和局部特写照，必要情况下还可以测绘获得该遗迹的二维模型。做完上述记录之后，如有与遗迹功能相关的器物或需采集科学分析样品，提取过程中还应做好相应的采样记录。

最后，如果需要将遗迹清理掉，那么也需要按照堆积顺序逐个单位清理，每个堆积单位都需要填写发掘记录表，重要的界面同样需要填写发掘记录表，并根据需要继续绘图和拍照。

待整个遗迹彻底清理完毕后，需要及时绘制单个遗迹系统图，并综合各发掘记录表、遗迹平剖面图和探方日记的信息，撰写遗迹发掘总记录。

三、发掘区记录流程

在进入发掘现场之后，工地总日记即开始撰写。工地总日记一般由领队或工地负责人撰写，直至本年度野外发掘结束为止。进入室内整理阶段，也需要撰写整理记录。一般情况下，整理的时间会比较长，整理记录与工地总日记类似。

探方布设完成后，应首先建立"探方和遗迹单位给号本""全站仪测绘记录""临时库房出入库登记""资料管理登记""发掘物资登记""临时雇工人员签到"等与工地发掘管理相关的各种登记表格和管理制度，分别由相应的负责人按要求填写，保障后续发掘工作顺利开展。

发掘过程中领队或负责人协调不同子系统的运转，协调不同探方之间的协同工作。一些跨探方的大型遗迹的观察和清理需要打掉隔梁，由领队统一调度，及时完成相关记录。过去在打掉隔梁之后，往往有个整个工地的"统地层"的工作，并形成了诸如某某下层文化、某某第四层文化等的说法。实际上，这是受当时文化分期研究影响，不顾堆积特点而强行统一分期的做法，实践证明其中常常前后矛盾、顾此失彼，因此并不值得提倡。但是，在打掉隔梁之后，相邻探方的堆积和遗迹之间的关系，还是要做实事求是的观察和记录。

跨多探方、多遗迹的探沟或解剖沟的发掘需要如同探方一样单独编号，并指定专人负责。探沟和解剖沟需要重点记录地层剖面信息，绘制剖面图。探沟中的地层和遗迹的清理和记录也与探方一样。

领队在发掘现场的另外一项重要工作是协调不同探方之间的发掘进度，让所有探方的工作大致保持在同一个时间层面上，以便于整体把握聚落的空间结构。当遇到一些重要的关键面时，需要统一做记录。这时，领队应协调不同探方的工作，使之一起暂停在此关键面上,然后利用小型无人机进行统一航拍记录,必要时还可借助数字摄影测量或三维扫描等技术手段制作发掘区的三维模型。

全部发掘完毕之后,在回填保护之前,领队负责组织发掘队员共同商讨、绘制发掘区的总系络图和遗迹平面总图,核对各典型剖面的层位关系,最终完成堆积过程和聚落分期的现场研究工作。

在正式进入室内整理之前,还需核对田野发掘记录的所有资料,并完成资料的汇总工作。

四、资料的汇总与管理

各种发掘记录资料必须进行汇总,形成完备的发掘记录资料库。汇总应统一按照"遗迹—探方—发掘区—年度"的顺序。

以单个遗迹为单位汇总的资料包括:遗迹单位总记录、发掘记录表、单个遗迹系络图、采样记录表、采样示意图、采样照片、遗迹平剖面图、遗迹照片等。待室内整理结束后,还应补充标本登记表、器物卡片和检测样品送样登记表等[①]。汇总后的资料袋上应按照统一的格式标注遗迹单位号、发掘负责人、资料类型和数量、资料完成日期、审核人员等信息。

以探方为单位汇总的资料包括:探方发掘总记录、探方日记(也可单独汇总)、发掘记录表、探方系络图、采样记录表、采样示意图、采样照片、各层下开口遗迹平面图、探方遗迹平面总图、探方四壁剖面图、探方照片等。待室内整理结束后,也应补充探方地层中出土标本登记表、器物卡片和检测样品送样登记表等。汇总后的资料袋上同样应按照统一格式标注探方号、发掘负责人、资料类型和数量、资料完成日期、审核人员等信息。

按照发掘区汇总的资料包括:发掘区年度发掘报告、工地总日记、遗迹平面总图、发掘区总系络图、各典型剖面图、发掘区采样记录表、采样示意图、采样照片、发掘区全景照,此外发掘区遗迹

---

① 室内整理资料可单独汇总,但发掘资料中应有标本登记表。

单位给号本（可整理成发掘区遗迹单位登记表）、全站仪测绘登记表、临时库房登记表、资料登记表、发掘物资登记表、用工情况登记表等相关管理记录也应汇总在发掘区资料中，以备查阅。

遗迹和探方是资料汇总的基本单位。汇总后的资料，遗迹资料按照不同类型，如灰坑、房子、墓葬、陶窑等分类存放，每类之下再按照流水号排列，以方便查找；探方资料按编号排列。

长期发掘的项目，在汇总完所有的发掘区资料后，再按照年度汇总形成完整的发掘项目资料库，并制定相关资料借阅管理制度。

第四节　记录方法与要点

一、文字记录

文字记录包括工作日记、发掘记录表和各类总记录

（一）工作日记

工作日记分探方日记和工地总日记。

1. 探方日记用于记录田野考古发掘中各探方的工作过程，每个探方应单独记录，主要内容包括日期、天气、发掘者、用工状况、探方发掘进度、层位关系和遗迹现象的判断、堆积单位和遗迹的发掘情况、重要遗迹遗物的示意图、各类样品的采集情况、各类记录的完成情况、记录者、记录时间等。

其中，用工状况，包括雇用临时工人的人数和姓名；探方发掘进度，记录探方发掘整体进展，当天完成的主要工作内容；层位关系和遗迹现象判断，记录探方中地层和遗迹单位的层位关系的判断依据，是什么？为什么？有没有问题和其他的可能性？堆积和遗迹的发掘情况，包括发掘清理的方法是什么？有没有遇到问题，如何解决的等。当天的样品采集情况和记录完成情况要做汇总记录。

2. 工地总日记用于记录田野考古发掘工地的总体工作过程，由考古领队撰写，包括日期、天气、考古工作人员组成、用工状况、

各探方工作进度、遗迹现象发掘情况、遗物采集情况、各类记录完成情况、下一步工作计划、记录者、记录时间等。

其中，工作人员组成，记录发掘人员状况，有无请假或新人加入，有无其他多学科研究人员在现场工作等；用工状况，记录考古工地当天的整体雇用工人状况，人员是否充足等；各探方工作整体进度，记录当天工作的主要内容，重点解决的问题，整个发掘区大的堆积结构的认识等；遗迹现象发掘情况，记录重要遗迹的清理状况，有无问题，如何解决等；重要遗物采集和遗迹完成情况也需要记录；针对当天的问题，下一步发掘应重点关注和解决的问题是什么，计划如何解决等。

无论是探方日记还是工地总日记都要求按照一定格式分门别类撰写，以方便后期的阅读和信息查找。传统的探方日记中会配以各种堆积或遗迹形状、层位关系等的判断示意图、草图，做到"图文并茂"。在现代信息记录手段下，探方日记一般会整理后录入数据库，进行数字化管理。而便捷的拍照手段，也使得探方日记的记录形式发生了一些变化。尤其是可以利用智能手机等随时随地拍照，并直接将堆积、遗迹的判断信息标注在照片上。相对于传统的示意草图，照片提供的信息量更大，也更直观，尤其是要求每天发掘结束后在固定位置上给探方拍摄全景照，还能形成一套记录探方发掘进度的独特影像资料。

（二）发掘记录表

1. 发掘记录表

发掘记录表，与 context 表格类似，是按照堆积或界面来填写的，是构成"遗迹记录法"的最基本的记录单元。

发掘记录表的内容包括发掘单位名称、遗址名称、分区编号、探方编号、遗迹单位编号、堆积单位编号、测绘号、影像号、层位关系描述（所有与清理的堆积单位有直接叠压、打破关系的各堆积单位之间的关系）、与周边遗迹关系描述、形状描述（主要记录平面、剖面形状、口径、底径、深度、壁面)、堆积特征描述(堆积特征包括堆积的深度、厚度和坡度等，其描述应以堆积不同部位的顶部和底部的高程点坐标形式记录)、堆积描述(包括土质、土色、致密度、堆积形状、包含物、保存状况、堆积性质、发掘方式)、遗物采集情况、示意图、记录者、记录日期、审核者、审核日期等。

下面就以《田野考古工作规程》的附表五为例，做详细的介绍。

由于发掘记录表中堆积和界面的内容设计在了一张表格上，所以在填写发掘记录表之前，首先要搞清楚填写的对象是堆积还是界面，是"做加法"还是"做减法"的活动所形成的。如果填写堆积的记录，则将界面部分(即附表五中的"形状描述")划掉；反之，填写界面的记录，则将"堆积描述"划掉。或者在数字化记录系统的选项卡中选择。

(1) 堆积记录的填写方法(图5-12a)

表格上部前两行是各种编号和记录者、记录日期等信息。探方号，是填写该堆积所在探方编号，如果属于遗迹的堆积，则填写遗迹所属的探方号；遗迹单位号，填写堆积所归属的遗迹单位号，如H129；堆积单位号，依托于遗迹单位编号，一般采用带圆圈的数字表示，如H129②；绘图号、照相号、摄像号等应与工地统一的编号系统一致。

层位关系的记录，将本堆积编号置于中间的粗方括号中，所有直接叠压或打破本堆积的其他堆积或界面填在上面的方括号中，所有被本堆积叠压或打破的单位号填写在下面的方括号中，单位之间用箭头连接表示叠压打破关系。

堆积特征描述，用于记录堆积单位的绝对高程和厚度信息。使用全站仪或水准仪按照遗址统一的坐标系统，测量堆积表面海拔最高最低点的高程信息，并记录在"表面"一行。比如，堆积表面最高点位于正南，高度为130.1米，最低点位于东北，高度为129.5米，则可以将130.1填写在"东南"后面，同时将"东南"二字前面的"东"划掉，将129.5填写在"东北"后面，同时将本行最后

记录表

年度:2021年	遗址名称:淮阳平粮台发掘项目					
分区号	19年	探方号	VT3023C	单位号	H722	
堆积号	①	记录时间	2019-12-17	记录者	王璐	
地层关系	H653下		上层			

	最高		最低		厚度	
表面	南	84.89	中部	84.10	最厚	最薄
底面	北	83.41	中部	82.95	1.94m	0.69m

堆积描述

土色	浅黑灰	土质	粉砂土	土色编码		堆积性质	垃圾坑
致密度	疏松	形状	坑状	保存状态	较好	发掘方式	铁锹和小铲

包含物

内容	含量(%)	圆整度	分选度
草木灰	10		
蚌	5		
碳粒	5		
陶	5	较有棱角	一般
骨角	小于1		

全部采集

种类	样品号	单位	坐标(北东高)	说明
陶片	H722①-1	袋		
陶片	H722①-2	袋		
陶片	H722①-3	袋		
陶片	H722①-4	袋		
动物骨骼	H722①-1	袋		
螺壳	H722①-1	袋		
螺壳	H722①-2	袋		
小件	H722①-1	件/组		骨锥,①层中下位置
小件	H722①-2	件/组		碗,近①层底部

样品采集

类别:浮选土样 抽样方法:判断 样本量:1方 比例:1%

样品号	单位	比例	位置	备注
H722①s1-1		0%	北-中	
H722①s2-1		0%	北-中	
H722①s3-1		0%	南-下	
H722①s4-1		0%	南-中	

备注

该坑以探沟为剖面仅做了西部的二分之一

图 5-12a 发掘记录表示例(堆积填写)

的单位"厘米"前面的"厘"字也划掉。堆积清理完毕后,采用同样的方法测量堆积的"底面"的最高最低海拔高度,并填写在"底面"一行中。最后,记录"最厚""最薄"的厚度信息。采用这种方式,可以实现所有堆积单位绝对高程的统一记录。

堆积描述,用于记录堆积的物理特征:

土色,可统一采用门塞尔土壤比色卡,直接填写颜色编号;也可以采用人工描述,按照深浅、色调、主色的顺序记录,如浅灰褐色,即褐色为主色,整体偏灰偏浅。

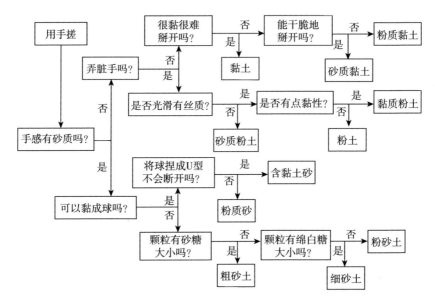

图 5-13 遗址堆积土质的简易判断方法

土质,常见的有砂土、黏土等,通常是以土壤母质的颗粒度来衡量。比如:粉砂,直径小于 0.1 毫米;细砂,直径 0.1—0.25 毫米;粗砂,直径 0.25—2.0 毫米;砾石/卵石,直径大于 2.0 毫米,细砾 2—64 毫米,粗砾 64—256 毫米。但发掘过程中,我们无法做到准确的现场分选测量,因此可采用上图简易的判断方法,最终确定属于粗砂土、细砂土、黏土、砂质黏土等。(图 5-13)

致密度,一般分为:疏松,非常轻易用手铲挖掘;较疏松,较容易用手铲挖掘;较致密,可以用手铲挖掘,但需用力才能用手捻碎;致密,需用其他工具辅助挖掘,几乎无法用手捻碎。

堆积形状,堆积形状取决于堆积所依附的遗迹的形状,常见:坑状、筒状、袋状、水平状、坡状、波状、透镜状等,可参见图 5-14。

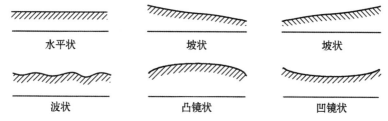

图 5-14 堆积的形状描述示意

包含物，即堆积中的包含物，如碎陶片、石块、红烧土块、炭屑、料姜石块等。每一类包含物均应记录比例、分选度和磨圆度信息，如下图所示。比例反映的是该类包含物的丰度信息；分选度和磨圆度反映了该类包含物在外力作用下的搬运和沉积过程，分选好、圆滑的包含物一般经历了远距离的搬运。（图 5-15）

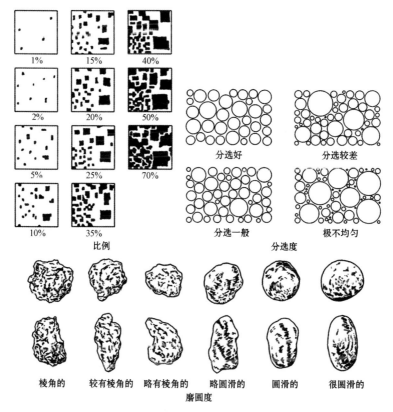

图 5-15 堆积包含物填写示意

发掘方式，是具体的清理方法，如整体发掘、1/2 发掘、1/4 对角发掘等。

保存状况，根据情况判断为好、较好、一般、较差、差五个级别。

堆积性质，根据上述内容判断的堆积性质，如生活垃圾、房屋垫土等。

采样记录，包括遗物采集情况和测试样本采集。这里只是简单汇总了采集样品的情况，包括全部采集的筛网大小，采集的陶片、骨骼、石块各几袋，抽样采集的碳十四测年样品几个，浮选土样几袋等。详细的采集情况需要记录在采样记录表中，可参见第四章第六节。

最后是示意图和备注等辅助信息，包括表中需要说明的问题、解释等均可填在这里。

（2）界面（形状）记录的填写方法（图 5-12b）

记录表

年度：2021年		遗址名称：淮阳平粮台发掘项目				
分区号	19年	探方号	ⅤT3023C	单位号		H722
堆积号	坑	记录时间	2019-12-25	记录者		王珺
地层关系	H653下开口，且被H689打破		上层			
	最高		最低		厚度	
表面	南	84.89	中部	83.85	最厚	最薄
底面	北	82.53	南	82.44	2.45m	1.32m
形状描述						
平面形状	不规则形	剖面形状	弧形平底	器物		
壁面	陡且粗糙	底面	平略起伏	深度		2.45m
口部	明显	最长	2.4m	最宽		不可测
底部	明显	最长	1.25m	最宽		不可测
全部采集						
种类	样品号	单位	坐标(北东高)		说明	
样品采集						
备注						

图 5-12b 发掘记录表示例（界面填写）

界面的填写很多与堆积类似，但也有诸多不同之处。

首先，界面的"堆积单位号"，也需要依托于所属的遗迹单位填写。但不是所有的界面都需要填写,而需要填写的界面的性质又比较复杂,因此一般情况下,界面不能只是简单用缩写字母表示,可以直接填写汉字,如 H129 坑壁、F2 前室地面等。

形状描述,用于记录界面的形状特征,包括:(图 5-16)

平面形状:如圆形、椭圆形、方形、长方形、条形、不规则形等。多边形要求描述转角,如圆角长方形。多边形和不规则形应绘示意图。

剖面形状:如锥形、筒形、袋形。剖面形状常常与底面一起描述,如尖底、锅底、平底等。所以有筒形锅底、袋形平底等。(图 5-16 左)

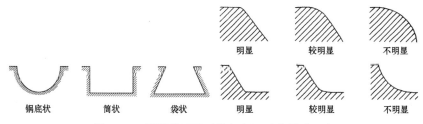

图 5-16 界面的平面形状与剖面形状描述示意

口部、底部:用来记录口部和底部的边缘状态,如明显、较明显、不明显。(图 5-16 右)

壁面、底面:记录有无加工痕迹,有无脚窝等,倾斜度或陡缓程度,粗糙或光滑程度。如果是柱洞,应记录倾角和方向。

器物:这里记录的器物指依托于该界面的器物,如放置灰坑坑底的器物、放置房屋室内地面的器物等。

如果有界面上的样品采集,也应填写采样记录。

2. 其他形式的记录表

发掘记录表是"遗迹记录法"中最基本、最普遍也是最简单的记录表格,在实际应用过程中,由于发掘记录对象的复杂性,还需要根据实际情况设计其他专用的发掘记录表,如墓葬记录表、建筑遗迹记录表等。

（1）墓葬记录表

墓葬记录显然比一般的灰坑记录要复杂得多，简单地用发掘记录表难以记全墓葬的信息。因此，需要根据墓葬的特征设计单独的墓葬记录表。需要说明的是：第一，墓葬的种类多样，一种类型的墓葬记录表也不能代表所有其他类型，这里我们仅以常见的竖穴土坑墓为例；第二，这里的墓葬登记表是以堆积单位为基础设计的记录单元，与传统上的一座墓葬一条记录的墓葬登记表不同。

常见的竖穴土坑墓的结构可以分解为盗洞、墓圹、填土、二层台、龛、祭坑、墓道、棺椁、人骨、牺牲和随葬品等。

盗洞、墓道、墓圹、填土、祭坑与灰坑的记录非常类似，可直接借用发掘记录表。盗洞需要将盗洞和填土分别作为界面和堆积来填写；墓道、墓圹可作为界面填写，但需要记录具体的长、宽、深等尺寸；填土需要根据情况区分是一次性还是多次，最后填几张表；祭坑需要分别填写界面和堆积，并观察祭祀现象是坑还是坑的填土行为。

二层台有生土和熟土两种情况。生土二层台属于界面，需要按照界面的格式填表，但与一般界面不同之处在于二层台面上可能有椁板痕迹、随葬器物、殉人殉牲等情况，因此在设计的时候应充分考虑容纳这些内容。熟土二层台是由堆积构成的，因此需要相应的堆积记录表，并需要观察是分几次几段夯筑而成，需要填写几张表，熟土二层台的台面与生土二层台一样。

龛是很多墓葬中常见的结构，有头龛、脚龛、侧龛等不同位置上的区别。各类龛都需要按照界面的方式记录，但与一般界面不同的是需要记录其高度、深度、弧度的信息，另外龛内的随葬器物往往较多，应预留记录的位置。

棺椁是墓葬中常见的葬具，有时还有多重棺椁的形式。以常见的木质棺椁为例，棺椁本质上应该作为界面记录，但本身又有厚度，因此算作特殊的一类。在饱水或极干等特殊环境下，棺椁能够保存完好，此时应该将棺椁拆分记录，包括棺或椁的顶板、侧板、底板等，注意其上是否有特殊的覆盖物，如荒帷，同时应该把棺室和椁室当作单独的空间来记录，并注意随葬器物和人骨的摆放位置。但多数情况下，木质葬具已经朽烂成板灰，此时需要记录保存板灰的位置、范围、高度、厚度等信息，最好能够区分出顶板、侧板还是底板的板灰。石椁、砖椁墓则可以参照相关石砌、砖砌建筑的记录方式。

人骨、殉牲的记录，参照采样记录的相关部分。随葬品的记录比较特殊，应单独设计记录表格。主要原因在于墓葬中的随葬品是统一编号的，而不是与其他遗迹一样按照堆积单位各自编号。如果依照常规将随葬品记录到各自所在的堆积单位，如棺内、椁内、二层台上等，那么势必造成编号上的混乱。这种情况下，需要单独设计一张随葬品的记录表格，统一对随葬品编号，然后再将每一件随葬品抄录在相应的墓葬堆积单位的记录表上。

（2）建筑记录表

建筑本身也属于结构复杂的遗迹，无法完全用简单的发掘记录表完成记录，需要有针对性地设计不同类型建筑的记录表。以地面式建筑为例，其结构通常包括：基础部分，基坑、垫土等；结构部分，地面、立柱、墙、顶、门、窗、灶等；废弃部分，主要是倒塌堆积。

基坑、垫土等结构比较简单，完全可以利用发掘记录表来记录。倒塌堆积如果无法复原，则也按地层堆积清理记录；如果有条件复原，则需按照采样方式记录倒塌的墙体、房顶、立柱等的部件，并在后期进行拼对和复原。

地面本质上属于界面中的活动面，但房屋地面的处理一般比较讲究，且有一定厚度，因此记录方式不能简单用发掘记录表，需要有材质（材料）、厚度、质地、范围（尺寸）等方面的内容。

墙体属于堆积性质的结构，有早期的木骨泥墙、土坯墙、砖石墙等，需要根据结构特点，分别设计记录表格。木骨泥墙需要记录木柱和墙体本身。土坯墙和砖石墙一般由预制的土坯、砖、石材料堆砌而成，因此除了对单个建筑材料的尺寸、规格、材质等记录之外，还需要记录材料之间的堆砌方式和黏合材料。常见的砖墙的砌筑方式是"顺丁"结构，有"一顺一丁""一平一顺"等；石墙的砌筑则需要考虑在边角、分层、表面的处理方式等。（图5-17）

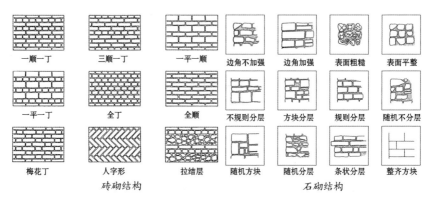

图5-17 砖石砌筑示意

门窗属于复杂的建筑结构，需要考虑尺寸、位置、高度、框架结构、开合方式等。土遗址中一般情况下只有门槛部分能够保留，设计表格需要考虑这些问题。

灶是建筑的重要设施，设计表格要考虑灶的基础结构、功能结构和使用遗存，比如长期用火、多次修补灶面等。

（三）总记录

总记录是对作为完整功能单位或发掘作业单位的遗迹和探方的整体记录。在完成各种记录表格的基础上，总记录的撰写不必再面面俱到，而主要是描述遗迹或探方的发掘过程、认识、解释和存在的问题等。常见的总记录包括遗迹单位总记录和探方总记录。

1. 遗迹单位总记录

一个遗迹单位常由多个堆积单位组成，每个堆积单位均应填写一张发掘记录表，完成一个遗迹单位发掘后，应对所有的堆积单位记录资料进行汇总。

遗迹单位总记录包括发掘过程和方法的记述、年代和性质的判断、构成遗迹单位的各堆积单位间层位关系描述、与其他遗迹单位间层位关系描述、堆积综述、遗迹单位形制、采集遗物和样品情况描述、存在的问题等。

其中，发掘过程的记录要明确遗迹从开始清理到发掘结束的时间；年代的判断包括绝对年代和相对年代，主要是依据层位关系和遗迹本身的结构特点初步确定，准确的年代判断还要结合室内整理后对出土遗物和年代样品的测试结果；层位关系需说明开口的层位以及本遗迹与其他遗迹之间的叠压、打破关系；遗迹的结构要做条理的介绍，其中遗迹的尺寸、厚度、朝向等发掘记录表中零散的信息，这里要归纳，并做概况性描述；与遗迹相关的堆积、界面在发掘记录表中已有详细描述的部分，这里做概要的归纳；样品采集情况和相关记录完成情况也要归纳描述；存在的问题也要一并讲明。

在与遗迹相关的记录中，遗迹单位总记录是作为提纲使用的，因此需要简明扼要。结构复杂的遗迹需要配合单个遗迹系络图说明。对于跨越若干探方，由不同发掘者清理的大型遗迹尤其要注意统一写好遗迹单位总记录。

2. 探方总记录

探方总记录是在探方发掘完毕后由探方发掘负责人撰写的记录，包括发掘过程和方法的记述、探方堆积过程综述、探方堆积和遗迹单位间层位关系描述、与相邻探方关系的描述、探方采集遗物和样品情况描述等。

探方作为一个控制发掘的单位，在发掘结束后也应该进行总结，填写总记录。与遗迹单位总记录不同的是，探方本身不是一个完整的功能单位，探方内的堆积状况也差异很大，而且往往探方发掘持续的时间较长。因此，探方总记录需要重点交代清楚探方发掘的过程，包括发掘探方的原因、暂停的原因以及最后彻底停方的原因等。探方的堆积过程的概括，应辅以探方系络图，以层状堆积为主线，归纳每层下开口的遗迹，同时还要特别注意描述本探方的堆积、遗迹与邻近探方的关系，将探方放在更大的范围内认识。最后，对探方内的样品采集情况和记录完成情况也需作出归纳描述。

二、测绘记录

测绘记录是通过测量、绘图手段记录各类遗迹现象的空间位置、形状和结构特征的记录方式，以平面图、剖面图和必要的侧视图的形式体现。随着现代测绘技术手段的进步，测绘的方式越来越多样化，精度、效率都大大提高。

1. 基本要求

（1）规范性与统一性

测绘记录是严格按照测量学的要求完成的记录形式，因此必须满足测量学的基础。首先，测绘是一个"自上而下"的工作，需要遵循"先整体、后局部，先控制、后碎部"的原则，必须有一个严格的测量控制系统，即遗址统一的三维测绘控制网。特别是对大遗址而言，如果不能按照控制测量的基本要求首先建设这个测量控制网，势必会给后期的测绘带来顾此失彼的问题。遗憾的是，当前我国很多考古工作并不重视这个问题，即便是由所谓专业测绘公司实施的遗址测绘项目，为节省成本，也经常出现随意使用RTK"放控制点"的情况，给后期不同发掘区的遗迹测绘带来很大的误差。此外，这个系统一旦建好之后，就需要遗址各个发掘区的测绘严格按照这个系统开展工作，不仅要坐标统一，记录方式也要统一，并符合基本的制图规范。

（2）专业性与普及性

测绘是一项专业性强的工作，但考古发掘具体从事测绘工作的人员却很多，尤其是各种测绘记录都是由普通考古队员甚至雇工来协助完成，不可能做到人人都是测绘专家。因此，考古发掘项目需要平衡专业性与普及型的需求。一方面，发掘项目需要设置专门的测绘子系统，指定专门的测绘负责人，由懂得测绘专业的考古人员，甚至是专业的测绘人员担任。除了日常测绘仪器维护、发掘现场架设和调试仪器等工作外，还需要随时帮助考古队员解决发掘过程中遇到的测绘问题。另一方面，普通考古队员需要进行简单的测绘培训，掌握全站仪、RTK、小型无人机、绘图软件等的基本操作和使用方法，做到人人能测绘。

（3）丰富性与简洁性

丰富与简洁是针对测绘成果而言的基本要求，即用尽量简洁的图面表达尽可能丰富的内容。内容的丰富性表现在表达的信息上，测绘成果一般都是平剖面图的形式，除了遗迹轮廓之外，结构的细部也要绘制完备，一些依托于遗迹的器物、痕迹、现象等也应恰当表现出来。而形式的简洁性则要求绘图有层次、有主次，能"让人看得懂"，尤其是避免大量信息的罗列和重复，比如平面图上标注一个点的坐标，剖面图上标注一个点的高程值就足够了，因为其他点的坐标和高程可以据此测算，而没必要密密麻麻都是数值。当然，丰富性与简洁性的需求也需要平衡。

2. 主要内容

测绘记录包括发掘区总平面图、发掘区典型剖面图、探方遗迹平面总图、探方四壁剖面图、探方各层下开口遗迹平面图、单个遗迹平剖面（视）图、单个遗迹细部图等。

（1）发掘区总平面图、发掘区典型剖面图用来记录整个发掘区内的地层堆积和遗迹现象，比例尺为 1∶50 或 1∶100。如发掘区内现象复杂，可根据情况分层或分类绘制总平面图。发掘区典型剖面图可以由若干探方的四壁剖面图串联而成，也可以是根据开设的探沟和解剖沟的剖面并串联一些遗迹，如灰坑、墓葬等发掘完毕后暴露的剖面，综合绘制。

（2）探方总平面图、四壁剖面图、各层下开口遗迹平面图用来记录各探方内的地层堆积和遗迹分布状况，比例尺为 1∶20 或 1∶50。需要注意的是，以探方为对象的绘图记录要注意彼此之间的一致性，即图能彼此"对得上"。探方各层下开口遗迹平面图是在探方发掘过程中绘制，探方总平面图则是在探方发掘结束后绘制，前者往往会随着发掘的进展而不断修改，后者是最后的成果，因此发掘完毕后，要核对两类图的信息，不能出现矛盾。同样"对不上"的问题也可能出现在四壁剖面图与平面图之间，而且还要特别注意探方四壁剖面图的绘图位置（见第三章图3—10左），以免出现错误。

（3）遗迹平、剖面（视）图是用来记录各遗迹的形状和结构特征的测绘图，比例尺一般为1∶10或1∶20。结构复杂的单体遗迹应绘制不同功能单元的平、剖面（视）图，如房屋内部的灶、门、窗、柱洞等；具有叠压、打破关系的成组遗迹可联合绘制平、剖面（视）图，如形成打破关系的成组灰坑。剖面图的剖线和侧视图的视角需在平面图上表示清楚，保持统一的比例。

3. 遗迹平剖面（视）图绘制要点

遗迹平剖面图是考古测绘最重要的内容之一，绘制遗迹平剖面图需要注意以下要点：

第一，要平剖结合。平面图上需注明平面坐标，有高程变化的地方须注明高程值；剖面（视）图上须注明高程值。剖面（视）图的剖线需要平面图上有明确的标示。结构复杂的遗迹，可绘制多张剖面图，也可以绘制多张细部结构图。剖面图实际上是将遗迹和与遗迹相关的所有堆积单位一起绘制的，如灰坑的剖面图。但一些情况下，如灰坑壁上有脚窝等痕迹，墓葬中有人骨和随葬器物等需要表现，则要绘制将填土等废弃堆积清理完毕后的剖视图。剖视图有侧视图、顶视图、底视图，在剖视图上需要表现视线上所有能观察到的各种遗物和现象的细节。

第二，要准确运用不同粗细、不同类型的线条，绘图要有层次。有直接打破关系的遗迹可联合绘制平剖面（视）图。遗迹的边界线、有功能作用的界面线一般采用粗线条绘制，遗迹内的堆积界面线、细部线一般采用细线条绘制。平面图为正投影，因此对于被上部堆积遮盖住的下部线条采用虚线绘制，被晚期遗迹破坏而消失的线一般不绘制。基于这样的基本原则，即便是平面图上也能区分出两种不同类型的打破关系。（图5-18）

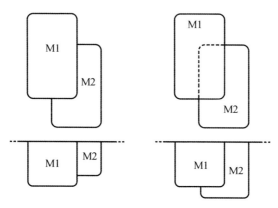

图 5-18　虚实线表现两种不同的打破关系

第三，要正确标注遗迹方向。遗迹绘图的方向应与遗址三维测绘坐标系统的方向保持一致。传统绘图一般采用罗盘测量磁北，并直接标注在平面图上。但采用统一坐标绘图就可能会出现剖面图的剖线非正方向的情况，从而给标准计算纸（米格纸）上同时绘制平剖面（视）图带来困扰。这种情况下，可以采用平面图与剖面（视）图分别绘制在不同图纸的方式解决。如果采用计算机绘图，也可以转动图纸方向绘制剖面（视）图，但需要对转动的方向做准确的标注。

第四，要有图示、图例、比例尺和说明。每幅图须注明图名、图号、比例尺、绘图方式、绘图者、审定者、绘图日期。原始测绘图纸上，除了这些基本的绘图信息之外，还提倡尽可能多的表述与遗迹相关的信息，也可以采用不同颜色、符号标示不同的堆积和结构，并将重要信息直接用文字描述在原图上。待清绘之时，再根据需要选择性的清绘。

第五，要尽可能保留测绘过程中的数据。发掘过程中对发掘对象的判断如有重要变化，应重新测绘，但原图应保留。取自三维测绘坐标系统的所有遗迹测绘点坐标均应保存，统一管理、建档。

4. 常用绘图方式

（1）手绘

手绘是仪器测量与手工绘图相结合的测绘记录方式，也是田野绘图的基本方法。采用手绘方式绘图需要在发掘现场，比照测绘对象的外形轮廓绘制，不提倡拍照片后室内完成。一些情况下，也可以采用计算机辅助的方式完成手工绘图。

采用手绘的方式，测量点是原始数据，不能更改，在原始图纸上它们之间连线时应保留测点，并限制对图纸的过度修饰。

（2）摄影测绘

摄影测绘是采用摄影测量的方式辅助遗迹测绘。这种方法需依据测绘点坐标，并采用适当的方法对照片进行校正，形成正射影像，并据此辅助绘图。摄影测绘适用于外形轮廓复杂的遗迹现象，如保存完整的人和动物骨骼、出土物丰富的墓葬、石器作坊遗迹等。

摄影时需选择好测绘点的位置和数量。测绘点的数量和分布须满足图像正射校正精度的要求，并应参照照相机的拍摄位置、角度、镜头曲率来确定。拍摄时，尽量选用定焦等变形小的镜头，采用小光圈、大景深的方式拍摄，以获得大范围内的清晰影像。

校正后的正投影照片可按比例缩放后，采用手工方式描绘，亦可使用计算机直接进行矢量描绘。测绘点的位置和坐标应标注在原图纸上。（图 5-19）

  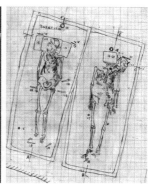

遗迹照片　　　　　　正摄校正后照片　　　　　　绘制线图

图 5-19　摄影测量方式绘制遗迹图

（3）三维建模测绘

三维建模测绘是利用三维激光扫描测仪等设备，直接测绘所需遗迹外形轮廓的测绘方法。这种方法适用于外形轮廓复杂但结构清晰、完整的遗迹测绘，如石窟寺、砖室墓等。当前除了三维激光扫描仪之外，采用立体摄影测量的方式也可以方便地获取测绘对象的三维模型。从三维模型中可以方便地提取不同角度的平剖面图。这种方法由于便捷、高效、准确，越来越受到考古学家的青睐。（图5-20）

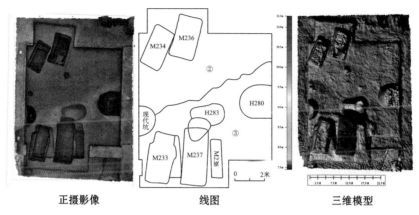

图5-20　三维激光扫描在田野考古发掘记录中的应用

三、影像记录

影像记录是使用照相机、录像机等摄影录像器材记录发掘过程和遗迹现象的记录手段。

1. 基本要求

（1）数量要求

尽可能多拍，尤其是在现代摄影技术普及化的今天，大量的智能手机、便携移动终端都可用来拍摄高质量的照片和视频。因此，在发掘过程中对发掘过程和遗迹现象的影像记录可以不计成本，大量拍摄，尽可能满足记录的需要。

（2）质量要求

拍摄影像，尤其是重要遗迹现象的影像应遵循摄影的基本原理，处理好光线、畸变、画面布局等因素，拍摄高质量的影像，满足不同拍摄角度和不同拍摄条件下的拍摄的影像。

2. 工作过程的影像记录

包括遗址发掘前后的全景照、工作人员合影、不同发掘阶段的工地全景、各探方发掘过程、重要遗迹现象发掘过程、重要样品采集过程以及其他重要工作场景等影像资料。工作过程影像记录应涵盖遗址、探方、遗迹和采样的全过程。一些重要的遗迹，必须有发掘前、发掘中和发掘后的影像资料。

3. 发掘对象的影像记录

包括遗迹发掘前后不同角度拍摄的影像资料，应全面反映遗迹形状和结构特征，特殊部位要拍特写，拍摄时应注意以下要点：

第一，同一拍摄对象须在同样拍摄条件下多拍照片，并确保拍摄质量。尽量选择小光圈、大景深、小畸变的镜头，拍摄清晰、不变形的影像资料。所有遗迹的拍摄，需放置照相比例尺、说明牌和方向标，可借助云梯、小型无人机等手段，尽量拍摄正射角度的影像。

第二，拍照需选择好的光照条件，避免在强光、弱光等极端条件下拍摄，拍照时应首先对拍摄的遗迹清理干净，并采用适当的手段，如均匀洒水，将遗迹及其周边喷湿，起到均衡色彩和对比度的效果。拍摄时应尽量避免阴影，必要时可采用人工方式遮挡。

第三，遗迹拍照，应做完整记录，填写登记表。登记表的内容包括照片类型、编号、照相内容、拍摄方向、天气、拍摄指数（如光圈、快门速度、焦距、白平衡和ISO数值等曝光补偿情况，数码照片会自动保存这些信息）、相机指数（如相机类型、品牌，镜头类型、品牌）、时间、拍摄者。所有影像资料应分类整理、归档。

第五节 田野考古数字化

一、田野考古数字化的需求

以全面复原古代社会为目标的田野考古发掘所获取的信息量是

十分巨大的，相应的发掘、采样、记录也十分庞杂，这种情况下再依赖传统的手工记录、人工管理的方式已经难以应对几乎是几何倍增长的信息量和更加复杂的管理需求。在对各种记录资料和采集信息进行数字化的基础上，利用计算机、数据库和网络技术构建完整的田野发掘记录与管理系统已经是势在必行之事。

当前田野考古数字化建设已经不再仅限于是一个存储各种发掘记录的计算机数据库，而是要建设一个总的工作平台，满足整个现代化考古工地的需求，协调发掘、测绘、采样、记录等不同子系统有序运转，组织不同发掘人员、研究人员、管理人员协同工作。具体来讲，这些需求表现在如下方面：

第一，从数据和信息采集的角度看，应以"增加记录信息量、提高工作效率、一次录入多次使用"为系统建设基本目标。这也是我们对田野考古记录系统的基本要求。

第二，能够兼容文字、表格、测绘矢量图、扫描栅格图、照片、视频、三维模型等不同类型的记录数据。这是对数字化系统兼容性和记录资料信息的数量要求，要囊括所有类型的数据和信息。

第三，能够基于空间、时间、属性等多维度信息进行数据分类、信息检索、统计分析等工作，支持田野发掘项目资料的深度利用。这就需要有标准统一、逻辑清晰的数据结构，是对管理数据和资料的质量要求。

第四，能够基于网络环境下，支持不同管理部门和业务人员发掘现场的协同工作。这是对田野考古的工作平台管理层面的新要求。

二、从"数字化"到"信息化"的田野考古

今天田野考古的数字化需求实际上有一个历史发展的过程：

1. 早期的信息采集阶段。从21世纪初开始，一些数字化的信息采集手段开始出现在田野考古工作中，主要是在考古测绘领域，比如电子全站仪结合计算机辅助绘图。与传统测绘图相比，计算机辅助绘图可以方便地分层、分类管理地图要素，给考古工作带来很大

的便利。与此同时，一些单机版的田野发掘数据库开始出现，如北大考古文博学院开发的 ACCESS 田野发掘数据库、广东省文物考古研究所开发的"田野考古 2000"等。但这些数据库的主要目的是统一田野考古记录的格式，实现一些简单的检索和汇总功能，考古遗址上大量的记录和管理信息还无法数字化。

2. 普及发展阶段。随着个人计算机的普及，田野考古进入到一个数字化的大发展时期。几乎所有的考古工地都开始装备笔记本电脑、数码相机等设备，田野考古数字化的内容也大大扩充，除了电子表格和数码照片之外，正射影像、三维模型开始进入考古学家的视野。这一时期，基于个人电脑的数据库迅速发展起来，出现了形形色色的田野发掘数据库，桌面版的地理信息系统软件也在考古调查中被广泛使用。考古工作者开始利用数据库对发掘资料和考古工地进行管理，一些区域系统调查也使用桌面地理信息系统软件对调查数据开展空间分析。一些遗址发掘者提出建设考古地理信息系统的设想，但主要还仅停留在概念的阶段。

3. 共享与协同阶段。近 5 年来网络技术的发展，尤其是互联网的大发展再次带来了信息技术的革命。以互联网为依托构建云服务平台，连接各种个人终端设备，收集分析大数据，人工智能，实现信息共享与协同工作已成为时代的主旋律，互联网深刻改变着我们的工作与生活模式，使我们真正进入到信息化的时代。信息化同样也开启了田野考古工作的新模式，互联网与数据库、地理信息系统等传统的数字化手段相结合，推动田野考古工作由数字化迈向了信息化的新阶段。

三、田野考古数字化建设的技术和装备

全站仪、RTK、三维激光扫描仪、小型无人机、数码相机（录像机）等测绘和摄影摄像的录入设备，主要是在发掘现场使用，需由专人负责，能够直接获取数字信息。

智能手机、电脑、平板电脑、普通扫描仪、普通打印机、标签

打印机等,既能用于发掘现场和室内完成各种信息的录入和输出,也能用于现场的给号、记录审核、库房管理等工作,是实现协同工作的终端设备。

遥感和地理信息系统(GIS)技术支持下的软件系统,基于考古工作的业务流程、人员角色分工、各类记录资料的数据库开发的应用软件系统,将田野考古的发掘、测绘、采样、记录等不同子系统有效关联起来,同时支持数据存储、检索分析、汇总报表,是数字化平台的大脑和核心。

网络服务器、宽带网、5G网,支持软件系统的部署,通过云服务随时随地支持终端设备的工作,是实现共享和协同的关键设备。

四、田野考古数字化平台的工作流程

田野考古数字化平台建设应遵循并服务于田野考古工作的科学流程。以北京大学研发的"考古发掘数字化记录与管理系统平台"为例,基本的工作流程如下:(图5-21)

1. 角色分配

开展一项发掘工作之前,首先要确定不同工作人员的角色,因为角色不同,承担的具体任务不同。因此,先将发掘人员录入系统,分配用户名和账号,根据各自角色的不同,设定不同的工作权限。比如,领队是总负责人,具有全权限,包括人员管理、给号、审核等;一般队员只能录入、编辑分配给自己的探方和遗迹的记录,对其他信息只能查阅,不能修改;库房管理员和资料管理员具有额外的库房管理和资料管理的权限。

2. 初始化设置

由领队负责对发掘记录标准进行初始化设置,比如堆积中包含物的类型、界面中的形状类型、全部采集和抽样采集的遗物类型等。初始化设置的目的是尽量在同一个发掘项目中,人工设置一些选项,减少手工录入造成的同类记录的描述性差异,便于后期的信息检索和汇总、统计。比如，堆积包含物中，如不加限制，就可能会有红烧土颗粒、烧土颗粒、红烧土等不同的描述。

3. 给号与任务分派

按照"遗迹记录法"，发掘过程中首先由领队在系统中给号（可在现场由安装 App 的智能手机实现），给号的同时即确定该探方或遗迹的具体负责人，当然也存在同一个遗迹由多人负责记录的情况。一旦确定负责人，那么有关该探方或遗迹的所有记录权限都只向该负责人开放，其他人只能查阅，不能修改和删除。

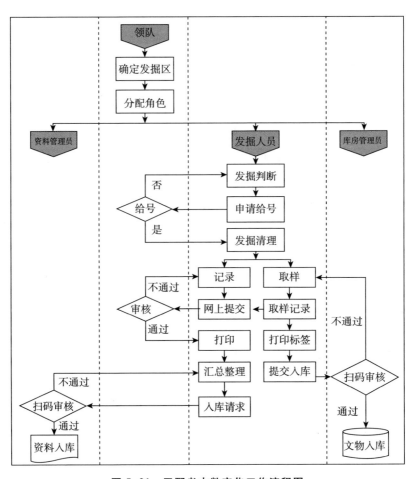

图 5-21 田野考古数字化工作流程图

4. 填写记录和采集样品

发掘过程中，在一个给号的遗迹单位下，可由负责人自由地在系统中添加发掘记录表，按情况选择记录堆积还是界面，并自主给出堆积号。需要采集样品时，在记录表中添加样品类型，录入相关采样信息，并按包装生成样品记录。系统会自动生成采样标签，并将样品记录同步录入临时库房管理数据库。

5. 审核与入库

待一个堆积单位发掘结束，填写完毕所有记录信息确认无误后，将发掘记录表保存，并提交系统。领队收到信息后，网上审核。审核不通过，返回发掘负责人，并附加不通过原因；审核通过，则该记录被锁定，不能再被修改，同时该条记录信息同步录入资料管理数据库，并出现打印按钮。负责人打印出带二维码的记录表，交资料管理员扫描入库。同时，本单位采集的样品提交临时库房，由库房管理员扫描标签二维码入库。

6. 完成记录

遗迹单位总记录、测绘记录和影像记录均采用同样方法完成记录后保存、提交、审核、打印（图和照片均只打印二维码，贴在原图和照片上）、入库。至此，完成一个探方或遗迹单位的所有记录工作。系统一旦给号，并确定发掘记录负责人，那么系统中有关该探方或遗迹单位会出现一个记录完成情况进度条，并自动提示发掘负责人及时完成相关记录。（图5-22）

从上述流程可见，该系统提供了一个基于云服务的平台，协调考古工地的工作人员按照自身的角色、权限和任务，协同工作，共同完成田野发掘、采样和记录工作。系统中的数据不仅按权限进行共享，更重要的是依据工作流程和"提高工作效率、增加记录信息量"的原则由不同发掘人员一次性完成，满足记录的"一次录入、多次使用"以及记录资料信息的交叉检验，从而推动田野发掘工作更加准确、高效、系统、安全地运行。

| 采样标签 | 小件标签 | 微信入库扫码信息 | 微信标本扫码信息 |

图 5-22　田野考古数字化管理平台对采集样品的管理

五、新技术推动下的田野考古工作模式的变化

实践证明，在信息化手段支持下的田野考古，能够实现"田野考古+"的新模式，主要表现在以下几个方面：

第一，通过数字化系统，从权限分配、设置、审核的角度，真正实现了领队负责制，由领队总揽全局，掌控发掘的全流程和全细节。由于在全网络平台工作，即便领队不在发掘现场，也能随时随地掌握工地的情况。同样，对一个业务单位和管理部门来讲，通过授权，可以实现对所有的发掘项目的监管。

第二，标准化的作业模式，大大提高了记录的信息量和数据的质量。通过领队设置统一标准，避免了记录的差异化，本身就大大提高了信息检索和使用的效率。强制性的领队审核，又进一步提高了记录的质量。特别要提到的是，由于实现了发掘、采样、记录的一体化，"一环扣一环"，任何一步都不能再"偷懒"，从而被动地提高了记录的信息量。例如，河南淮阳平粮台遗址发掘龙山文化房址，在清理室外堆积时，任何一小块独立的堆积中出土陶片都需要包装，包装即需要有标签，要打印标签就必须先加载所在堆积的发掘记录表，有了发掘记录表，有关该块堆积的土质、土色、包含物的信息就必须填写。如此一来，只要收集文物就要"被迫"填表。最后，一座房址竟然记录了上百个堆积单位的表格，而且要绘制系络图还要进一步"强迫"你把所有堆积单位的关系梳理清楚等。

第三，网络化的信息传递模式，提高了效率，减少了文物和资料传递、流通的风险。尤其是利用与文物样品和记录资料绑定的二维码标签，不仅实现了信息的精准传递，而且可以随时监测到文物和资料的状态。比如，系统会自动报警哪些采集的样品尚未入库，哪些记录尚未完成，从而保障了文物和资料的安全。

第四，由于考古工地实现了全流程的数字化记录和管理，那么过程中的所有数据均被记录下来，可以方便地进行大数据分析，这有助于我们了解考古队的工作状态，为更好地开展集体性工作和对考古工作者本身的研究提供数据支撑。比如，大数据分析不同类型的记录完成的时间，是否存在集中补记录的情况，哪类记录的完成更及时，哪类记录的完成拖延的时间更长。

总之，信息化技术已经是田野考古记录系统的必备，而新技术的革新反过来也会带来田野考古工作本身的进步甚至是理论、方法上的新思考。

第六章
资料整理

第一节 概 论

一、考古资料的基本整理和深度整理

出于对田野考古任务范畴的不同理解，对考古资料整理工作的任务范畴，西方学界和考古管理机构也有两种不同的把握尺度。对于大量的基本建设中的考古活动——本质上说，这类田野项目带有非常强烈的商业色彩——比较普遍的做法是要求在田野工作结束之后，对所得地层资料汇总和对遗物进行清洗、统计、观察与记录和建档这些最为基本的整理，然后将所有资料交付管理机构保存，并向学界和社会开放资料库，以资进一步的学术研究。这类整理的质量是通过严格的监管机制来保障的，当然，其监管标准的制定是源自学术界根据学科一般水平提出的建议，但总之不是发掘者出于学术目的的主动追求。还有一类田野考古项目是基于明确的科研目的主动设计开展，也即所谓的主动发掘项目。在这类项目的资料整理过程中，研究者必定会贯彻他的学术取向，在基本整理的基础上进一步分析资料，以获得其与研究有关的历史信息。因此，国外对待资料整理就出现了两种不同的对应方式，前者可以叫做"基本整理"，后者称为"深度整理"。

基于自己的学术传统和学术环境，中国考古学在这个问题的处

置上主要采取的是学术型项目的对待方式,并在对资料深度分析整理中形成了以资料的年代学整理为核心内容的工作模式。直到今天,主流学术界依然把这视为资料整理的标准模式。但在另一方面,20世纪90年代以来,伴随国家开展大规模基本建设,被动性发掘项目数量骤然猛增,考古资料整理的工作压力巨大,中国学术界遭遇了西方学术界曾经遇到的问题。重压之下,国内甚至出现了是否也应该效仿国外,成立专门的考古公司的建议。尽管这个提议没有被落实,但在调查钻探领域,最近几年已经实实在在地开始了商业化的变化,一些钻探公司开始包揽许多基本建设之前的地下文物调查项目。对于考古报告的编写,学术界也产生过它应该是"资料型"还是"研究型"的讨论。所谓资料型报告,即指资料汇总,研究型报告则是指对资料深入研究整理的成果。可见中国考古学界对待资料整理的态度正在悄然分化。鉴于此,本章也将田野考古的资料整理分为"基本"和"深度"两大类。

二、基本整理的内容和原则

1. 工作内容

遗址发掘现场的工作结束之后,所得资料有两大类。一是发掘过程中的各种记录资料,它们已经按照遗迹单位进行归档和录入了田野考古资料的数据库(第五章第五节)。另一类是大量尚未进行任何处理的出土资料,包括各种人工遗物和与人类活动相关的动植物遗存、环境、年代等的采集样品。

出土资料中绝大部分人工遗物和人、动物的骨骼等必须进行清洗,破损的还要复原,进而按照材质分类和数量统计,还要对其做文字的和测绘、图像等全面记录和建档,方可进入资料库长期保存下去。那些供年代测定、环境分析等的样品,也要送抵相关实验室,并将所得检测分析报告同样作为田野资料,归入资料库档案。这些工作之所以必须,是因为若非如此,这些资料仍然不能为学界和社会共享,没有实现这项田野活动的学术和社会意义。所以,以上各种资料整理直到建立起资料库,是田野考古工作必不可少的一部分。兹把这些最基本和最必需的整理工作作为本章首先要介绍的内容。

2. 工作原则

发掘资料整理有两个重要原则:一是严格按堆积单位进行整理,即将一个堆积单位的出土资料全部整理完成后,再转入另一个堆积单位的整理;二是按照地层关系,从最早的堆积单位开始整理。如整理一座灰坑时,应当从灰坑内最底层的堆积单位开始。

在实际作业中,常常是几名考古队员各司若干探方的整理工作。此时,每位整理者也要在自己负责的范围内遵守这两个原则。而且,最理想的做法是不但要从遗迹最底层的堆积单位开始,还要尽量从层位关系最早的遗迹单位开始。理由是这样的遗迹在遗址上出现时间最早,尽管可能会受到晚于它的遗迹的破坏,但它不会破坏其他遗迹,保留下来的堆积、遗物中不会有因扰动了其他单位而混进来的成分,最为单纯。故而是清楚准确把握遗址在以后陆续堆积过程中,资料面貌变化的可靠起点,尤其具有年代学整理作业上的重要意义。这一点,在本章后面章节还将详细说明。

3. 基本流程

考古资料整理分基础整理和深度整理两个阶段,大致上按照以下顺序展开作业:首先清洗遗物,按照材质的分类,标记遗物,残破遗物拼对复原,挑选供进一步分析的遗物标本并为之编号和建立档案,在这个基础上对遗物进行更为细致的观察,根据遗物所含历史信息的种类进行分类和计量,完成资料的年代学整理。

需要说明的是,考古资料的整理并非是线性展开的,而是存在许多反复、交叉。例如对资料的观察其实从清洗它们时就开始了,又如关于资料的记录基本上是贯彻清洗之后各个作业环节的,是陆续完成的。再如,若在一开始没有一个按照遗物材质的基本分类,下面的工作就很难开展,但在经过了对残损遗物进行拼对复原、挑选标本等环节,对遗物反复揣摩而有了新认识之后,就可能再生出不同角度分类的想法，随之而来的就是新分类体系下的统计。

4. 田野考古实验室

中国考古学的传统做法是把资料的整理工作安排在田野工作之后，又因为这些作业是在室内进行的，所以一般把这个环节的工作叫做室内整理。

国外一些出于某种学术研究目的的田野项目，常常在发掘工地就设置了所谓田野实验室。石器、陶器等人工遗物研究专家和动植物考古、环境考古等领域的考古学家进驻实验室，相关的资料整理分析提前到随发掘工作同步开展，仅把那些无法在考古现场进行的分析工作延后，委托给专业实验室。如此，很多实验室的观察认识就可以及时反馈给现场的发掘者，对发掘者更准确理解现场的各种现象以及及时调整工作方案等是有很大帮助的。

近些年，国内一些主动发掘项目也开始设置田野考古实验室，如浙江余姚田螺山、陕西岐山周公庙、吉林农安后套木嘎等遗址的发掘项目，国家文物局也在推广田野考古流动实验室（车）。从其能够显著促进发掘和整理的学术关联之效果看，这是应当予以肯定和鼓励的。（图6-1）

图6-1　国内的田野考古实验室（车）

第二节　资料整理的流程及技术要点

一、清洗遗物

发掘所获遗物之大部分如陶器、石器等需要清洗之后才能观察研究。清洗时，按前述原则，应按照遗迹和遗迹内的堆积单位进行，严禁把不同单位的遗物放在一个容器内同时清洗。清洗干净的遗物也要按单位单独晾晒，不得混淆。在清洗过程中，如果原包装的采集标签损坏，要及时补上。（图6-2）

图6-2　清洗遗物

清洗遗物时，应注意根据遗物的材质的具体情况采取相应措施，避免因为清洗而对遗物造成新的损伤。如有的陶器烧制火候低，胎质软，如果用硬毛刷子，就可能把器表彩绘、细线刻划等纹饰或当时的使用痕迹刷掉，甚至还留下新的刷痕。这时就需要用软刷，或者仅用清水冲洗了。有些特殊质地的或保存情况不佳的遗物，如漆木器、织物、严重锈蚀的金属器等，需要特殊的清洗方法，应当请专家处理。还有些要做特殊检测分析的遗物，如器表残留物成分分析、脂肪酸分析、淀粉颗粒检测，不仅需要在器物表面采集取样，还需要对黏附其上的土中取样，以便比较。这些工作完成之前，这类遗物是严禁清洗的。

二、分类与计量

1. 分类

分类是人们处理大量貌似杂乱无章的对象时最为基本的工作方法，它在本质上就是归纳的方法。考古发掘出土的遗物数量大、种类多，又混杂在一起，若不对其分门别类，使之条理化，就无法进行下一步的整理工作，也不利于对它们的保存管理。

那么，如何对一批考古资料进行分类作业呢？

第一，应当制定出一个分类的标准和体系，并把它贯彻到所有遗迹或堆积单位出土资料的分类作业之中去。这个分类系统最好从遗物的那些显而易见，仅凭肉眼观察就能把握得住的特征入手，如遗物的材质、颜色、形制以及大小、破碎程度等。遗物本身还有很多不那么直截了当地表达出来的特征，如功能，如果没有经过诸如残留物分析、使用痕迹分析、模拟实验考古等相关研究，是很难有十足把握将其功能都说清楚的，因此不建议将这些"隐性的"属性特征作为基本整理阶段分类作业的首选标准。当然，在对资料做进一步的深度整理时，更多的是围绕着这些隐藏得更深的信息的提取和分类。如此，也符合人们认识未知事物由浅入深、由表及里的认识规律。这里还应该了解的是，分类标准可以有不同的选择，采用不同标准，所得结果反映的问题不同。例如对同一批陶器，如果以陶质为首选分类标准，和以大小为首选分类标准所得的结果可能是很不一样的。

第二，设定了一个分类标准之后，还可以再设计它的分类层级。以按陶质的分类为例，一般可将一座遗址上的出土陶器分为夹砂陶和泥质陶两大类，夹砂陶下又可按照掺合料的颗粒度大小再分夹粗砂陶、细砂陶等，进而可以根据掺合料成分不同，做第三个层级的分类。总之可以制定出一个类似生物界的界、门、纲、目、科、属、种的分类体系。在这个体系中，科的下一级是属，属的下一级是种。不同的种各有特点，但根据它们的一个共同特点归纳为一个属，不同的属也各有特点，同样根据一个共同特点可归纳为一个科，但不能颠倒混乱。

第三，利用分类的方法，还可在资料的不同属性间建立关联，或考察其关联性。例如在陶质的分类层级之下，可以设计纹饰或器形的分类，如此得到器形或纹饰与不同质地的陶器的关系方面的认识。这种不同属性之间的分类，更是在考古资料深度整理时经常用到的方法。

最后要再次强调的是，在对一批考古资料进行分类时，必须按照堆积单位进行，不能将所有遗迹出土的遗物混为一谈。这也是整理工作需要秉持的根本原则。

2. 计量

对发掘出土实物资料的计量和统计是考古学家洞察它们背后的社会、历史意义的重要手段。在资料整理的初期，重要的是首先要将有关实物资料的基本计量数据采集回来。因此，对所有的分类作业结果都要进行数量的统计。

对于一个遗址出土全部遗物的计量，也需要制定一个统一的标准，如小于 2×2 cm 的陶片、小于 1×1 cm 的碎石屑不在统计范围之内等，并将这个标准贯彻到所有堆积单位的遗物统计作业中去。制定计量统计标准的目的在于日后数据间的比较，如果没有这样一个标准，不同单位产生的统计数据之间就没有可比性可言了。

顺便说到，计量不仅仅指遗物的数量，它们的重量也是需要统计的重要方面。譬如厚重的大型陶器，破损之后的碎片数量也许远远少于一件轻薄小巧器物产生的碎片数量。假设它们的数量比例是 25∶50，就会给人完整的小型陶器数量是大型陶器一半的错觉。然而真实的情况可能是大小陶器数量比例是 1∶5，两者相差并不太多。若根据出土的完整器物分别了解到它们各自的重量，也就可以通过出土残片的称重估算出遗址上大小器物的个体数，这也许更接近实际情况。（图 6-3）

计量工作的另外一个不确定因素是通过残片对各类器物的数量估算，即所谓器形统计。这里存在以下三种情况：第一是无论器型还是数量都十分明确，计量不存在任何问题；第二是器型明确，但数量不确定，比如难以确定不同的鼎腿、鬲足是否属于一个个体，过去有做法将总数除以 3 计量，显然并不合适；第三，器型不明确，数量更难以判定，比如新石器时代的鼎和罐的口沿完全一样，如果

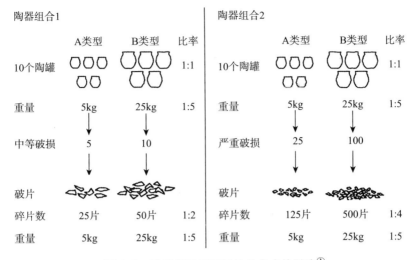

图 6-3 破损状况对不同计量方式的影响[1]

不能复原整器则无法区分,同样在不能复原的情况下,也难以断定哪些鼎的口沿对应着哪些鼎腿,哪些罐的口沿对应着哪些罐底,如果分别从不同角度计量,又会造成重复统计的情况。上述情况下,应仔细考虑设置相对合理的计量参数,比如,能否划分不同的统计层级,能否借鉴动物考古标本计量的方法,引入"可鉴定标本数""最小个体数"等概念,但无论采用哪种方法,同一个考古项目的计量标准应前后统一。

3. 标写单位号

为了防止在以后的整理和长期保存期间,因外包装及标签受损而造成新的混乱,清洗晒干后的遗物上要标写上发掘年份、发掘地点和出土单位的编号。如 2013 年陕西岐山双庵遗址探方 T201 第④层,书写格式为:2013QST201④;灰坑 H108 第③层,则记为 2013QSH108③等。陶片等大宗遗物可写一部分,一般要占陶片总数的三分之一以上。作为小件采集的遗物,每件上面都要标记,还要在单位编号后写上小件的序号,如 2013QSH108③:5,意为该灰坑

---

[1] Orton, C. 2000. *Sampling in Archaeology*. Cambridge:Cambridge University Press.

填土第③层中采集的第 5 件小件器物。还需要注意的是，遗物上的字要写在不显眼的部位，如陶片的内面、石器的侧面等，字迹要小而工整清晰，书写笔应选择不褪色者。有些不宜或不能写字的遗物，一定要在包装器具如塑料盒上做好标记。（图 6-4）

图 6-4　遗物标本上写单位号

4. 拼对与修复

一件完整器物所反映的信息远多于一个残片，一具完整的动物骨架也是如此。但发掘所获多为残件，所以需要拼对复原。需要拼对复原的多是陶器，其他常见的还有破碎的石器、玉器、青铜器等。对破损了的人骨、动物骨骼也有将其拼合恢复原状的必要。兹以陶器的拼对复原为例介绍之。

从理论上说，一件陶器破损后，绝大部分碎片仍然散落在遗址上，只要发掘面积足够大和拼接得足够仔细，遗址出土的陶片应该是能全部复原成器的。但这在实际上很难做到，所以毋宁说是复原作业中追求的目标。

拼对陶器应首先按照遗迹和其中的堆积单位进行。由于此时已经对这个单位的全部陶片按照陶质、陶色和纹饰特征等做了分类，那么同一件陶器的残片已经应当被分类在一起了，如此就大大缩小了拼对时的寻找范围。

开始拼对作业要从遗迹内地层关系最早的堆积单位开始。理由已如前述。同理，拼对复原一个探方的陶器时，也应从地层关系最早的遗迹单位开始。拼对地层出土的陶片，先是按探方的划分进行。但是，一个地层的范围可能很大，其分布可能不止一个探方，故拼对时不能只局限在自己的探方之中,还要注意和相邻探方的同一单位资料的拼对。

一个单位拼对工作完毕后,转入下一个年代次早的单位,重复进行上述拼对作业。此时应当注意的是,由于地层单位之间存在着扰乱与被扰乱的关系,晚期单位出土遗物中就可能存在本应属于早期单位的遗物,有时甚至其相当部分实际上是早期单位的遗物。所以,此时要注意这个单位中的陶片中是否有可以和早期单位的陶片拼接起来的。如果发现这种现象,则应当把这件虽然确实出土于这个晚期单位的陶片改订为有拼接关系的早期单位中去。但注意不能相反。利用这个方法,我们还可以处理那些在发掘时一时难于断定准确出土单位的那部分遗物。所以,拼对器物不仅是一个单纯的技术作业环节,同时也是检验地层、纠正发掘时的失误的一个重要环节。

常有这样的情况,由于考古学者承担的田野任务过于繁重,不得以将拼对的工作委托给技术工人,甚至连器物绘图的工作也一并托付之。须知在拼对复原的过程中,拼对者对每一块陶片都要上手,因此是仔细揣摩遗物特征的最好机会,绘图同样也是仔细观察陶器的大好机会,这对准确把握遗址出土陶器群特征,进而开展各项研究是大有裨益的。更有一些遗物的拼接,目的不仅仅是为了获得尽可能多的完整或可复原的器物那么简单,它本身就是一种用于某种目的的特殊研究方法。如在旧石器时代考古中,对石器从一块石料到打制出成品过程中产生的各种石片屑的拼接,是了解石器打制技术的常规技术途径。而通过可以拼接起来的这些石片、碎料,石器的出土坐标显示的它们在遗址上的散布情况,研究者还可进一步了解当时人们是在哪个具体地点制作石器,哪个位置使用石器等行为信息。甚至还有不同遗址上的石制品被拼接起来的例子,从而可以了解这件石器从原料加工成器,再到使用和丢弃这一过程中,被人远距离携带移动的情况——这听起来是不是很神奇?既然拼对如此重要,因此提倡考古学者亲力亲为做好这项工作。

拼对　　　　　　　　　　　复原

图 6-5　文物的拼对与复原

能够拼合的陶片或石片、铜器残片，用胶或焊接方法拼接起来。仍以陶器的情况为例，此时，拼接出的大陶片如果口沿、肩腹和器底皆备，虽然不完整，但可根据口沿或器底残留弧度复原出口径或底径，那么这就是一件可以复原的器物了。这时可用石膏、树脂等材料将残片粘接起来，缺漏处填补起来，就获得一件整器。如果再做出和原来器物相同的纹饰，敷上相同颜色，甚至可以乱真。修复是一项专业性很强的工作，通常委之于专业人员。

对于亲手拼对起来，眼见可以复原成整器的陶器，拼对者往往会有立刻将它完整复原出来的冲动。但若非有展示陈列之需要，不建议这样做，而是原样保留破损状态。因为在陶器的断口破茬上，往往能看到陶器成型过程中陶泥受到挤压、拍打和拼装的痕迹，也能看到烧成过程中的氧化或还原气氛的影响，是研究制陶技术的重要资料。如果急忙填补起来，修复成完整器物，美则美矣，却将这些具有重要研究价值的现象掩盖掉了。

可以复原的器物是可供深入研究的重要标本，应予专门的编号，方法是接续其出土的地层单位的"小件"器物的序号编号。所谓"小件"器物，是那些在发掘现场就辨认出来的完整或可复原的，并单独采集回来的遗物，它们已经在发掘现场就给出了标号。室内整理阶段，也对其中破损的进行了拼对、粘接和复原。而新拼对出的器物接着它们的序号编下来即可，如 H5④：8，意指这座灰坑填土第④层的第 8 件标本。此外，这个编号需填写进专门的标本登记簿。（图 6-5）

5. 挑选标本

虽然理论上说一座遗址上出土的陶片等残损器物经过拼合作业，都能够粘合起来，复原成器。但实际情况往往是会剩下大量的无法拼接起来的陶片，还有相当部分虽然拼合起来了，却仍达不到复原成整器的标准。尽管如此，它们中的那些形制特征明显，因而具有可供进一步研究价值的个体，连同前述的小件器物和已经复原出来的器物，统称为"标本"，也应当把它们挑选出来。

一般来说，但凡能看出形制特征的都应当挑为标本，大致包括：

陶瓷器的口沿、肩腹、器底器足、把手等部位的残片，这些部位往往是器物身上最复杂和富于变化的部位，以及典型的和特殊的纹饰的残片；所有金属遗物；有加工或使用痕迹的石块、残断石器；完整的或虽然残损，仍能看出形制的骨角蚌器；漆木器；木、石、砖瓦等建筑构件，保留有木柱等痕迹的红烧土块等；经过体质人类学家或动物考古学家整理分析过的资料中，带有敲砸、切割、炙烤痕迹的以及带有遗传学和病理学特征的人和动物遗骸等。人类遗骸当然是重要的研究资料，需要专门保管，不在一般意义上的标本之列。

挑选标本的标准并无严格规定，需要视所获遗物的状况自行决定。以陶器为例，一般的做法是把陶片中等于或大于 1/4 圆周的口沿残片都选作标本。若出土陶器遗存的数量不丰富，小于 1/4 圆周的口沿也会被选入标本。如果是一座新石器时代早期的遗址，陶器十分罕见，哪怕出土了一小块不辨形制的陶片，也弥足珍贵，也要作为标本了。但如果发掘的是一座窑址废料堆，出土垫圈、支钉以千万计，抑或一座历史时期的大型建筑基址，残砖断瓦不计其数，虽然都作为遗物从现场采集回来，并且经过了分类和数量统计，但在挑选标本时，从中选择若干完整和有代表性的即可。

选作了标本的也要给予编号，方法也是接着其出土单位小件器物的序号续编。为了日后对其进一步整理分析的工作方便，连同小件器物在内的所有标本最好单独保管。

6. 标本的观察

所有标本都要有记录档案。为了做好关于它的记录，必须对其进行全面细致的观察。而观察的结果也将为日后深度整理研究提供更多的信息。其实，对遗物的观察揣摩从进入整理工作阶段起，在清洗遗物时就不可避免地开始了，然而还是有必要在整个资料整理过程中，专门安排一个系统观察资料的工作环节。

在传统的田野考古资料整理中，同样也是有对标本器物进行观察的要求的。例如当时的登记卡上面一般会有几个重要栏目必须填写，如"材质""颜色""制作技术""形制""尺寸"等，也即要求记录者填卡之前必须对标本的这些方面做好观察，且尤其强调对其形制特征的描述。当代考古学以复原研究古代社会为目的，希望从资料中提取尽可能多的历史信息，要求观察者对标本的观察既全面系统，又细致入微，如果只是强调对器物形态特征这样一个方面的描述，就显得粗疏了。为此就需要设计一个观察的程序，以求不遗漏任何方面的观察内容。这个程序，最好依照一件器物的"生命过程"展开。兹以陶器标本的观察为例，一件陶器的生命过程大而言之可以分制作、使用和废弃三个阶段。（表6-1）每个阶段内还可区分出小段落，如它的制作至少经过了原料制备、成型、烧成几个工艺环节，每个环节都可能在陶器上留下痕迹——它们正是需要整理者留心的地方。如若对这些凭肉眼观察的结果不放心，还可以进一步动用科技手段检测分析验证。如此这般，再加上对其形制的把握和度量，就最大限度地将其所含信息榨取了出来。

表 6-1 陶器"生命过程"的观察

陶器的生命过程		观察内容	自然科学方法检测
制作过程	原料	陶土质地观察	陶土成分鉴定
	成型	贴塑、盘筑、拍打、轮制等工艺痕迹的分析	
	整形	刮、抹、切削、研磨、拍打等工艺痕迹的分析,纹饰施纹技术分析	彩陶、彩绘陶颜料等的成分鉴定
	烧成	陶色观察	烧成温度、窑室气氛的鉴定
使用过程	流通	从制作工艺特点判断是否为输入品	陶土成分鉴定
	使用	遗迹内的出土状态、附着物质、磨损程度、修补痕迹、受火部位的观察分析	附着物鉴定、脂肪酸分析
	修补和转用	钻孔等人为追加痕迹的观察、附着物质的观察	
废弃过程	废弃原因	器物出土环境状态、残件拼对关系的观察分析	
	废弃后过程	出土状态、风化磨损情况观察、拼对关系分析	

对陶器标本的观察是如此,对石器、金属器等其他材质的标本的观察道理相同,唯需要观察的方面或有不同要求。如观察一件旧石器时代遗址中出土的石片,需要从打制石器的操作链的角度揣摩它是制备石核、修整台面、打制粗坯还是精加工阶段的产物。对一件打制石器,则要仔细辨认遍布器表的石片疤痕的前后关系,以获得修整这件石器的技术手法,还要仔细观察刃部的崩缺、擦痕、磨光面等使用痕迹。而在一件青铜器上,就有合范缝、纹饰模缝、浇铸口等特有的观察内容。不一而足。

要做到对标本细致入微的观察,对整理者而言是非常高的要求,需要整理者具有相关方面很深厚的专门知识。再以陶器为例,很多陶器上有纹饰，细审起来，一大类是在拍打成型过程中，陶拍子等工具留下痕迹，陶工之所以未将其消弭掉，也许是把这类纹饰视为陶器表面的某种装饰了。还有一类就纯粹是装饰性纹饰了。再仔细分析，各种纹饰又有施纹技术的不同，施纹工具不同，形态各异，以及从上向下抑或从下向上，从左向右抑或从右向左等的各种施纹顺序，这些又都构成了陶器制作技术的一部分。（表6-2）若要做到对这些现象明察秋毫，就要求观察者不但熟悉古代陶器资料，也要了解陶器制作的民族志调查资料，最好是亲自做过这方面的调查，以及亲手从事过陶器制作的模拟实验考古。对其他材质的考古标本的观察同样需要相关的背景知识储备。而遗址上出土的那些人类骸骨、动物遗存等资料的观察整理，就必须交给相关领域的专家承担了。

表6-2 陶器纹饰的分类与观察

施纹技法	工具	形态	施纹程序
拍打	缠绳陶拍	绳纹	纹饰"单位"之间的先后关系。笔画方向、顺序、起止点……
	刻纹陶拍	篮纹 方格纹	
滚印	圆柱形印模	"黑龙江编织纹"	
	绳子股	绳纹	
	绕绳木棍	绳纹	
	螺壳	连点纹	
压印	戳形印模	云雷纹	
	竹管等	圆圈纹	
	手指、竹木片、骨片等	之字纹 席纹	
	齿状工具	篦点纹	
	粗绳索	绳纹花边口	
	贝壳	规则的锯齿纹	
刻划	尖状工具	单线条或为间距不规则的平行阴线纹	
	齿状工具	篦文	
	贝壳边缘	篦文	
彩陶和彩绘	软质工具		

（续表）

施纹技法	工具	形态	施纹程序
刺剔	尖状工具	锥刺纹	
	指甲	指甲纹	
雕刻	片状锋利工具	各式镂孔	
附加		凸弦纹 附加堆纹 泥饼、乳钉 堆塑	

7. 标本的记录

对标本的所有观察结果，都要记录在案。和田野考古现场的记录一样，对遗物标本的记录也分文字、测绘和影像三种形式。每种记录形式皆各有其尺短寸长的地方，结合互补，从而形成一份内容完备的记录。

（1）文字记录

对器物标本的文字记录主要是通过填写一张器物登记卡来完成的。鉴于传统的登记卡栏目设置简单，不能满足当前考古资料整理记录的需求，2009 年《田野考古工作规程》附件中推荐了一张新版器物登记卡。这张新版登记卡是针对陶器标本的记录设计的，其他材质的标本可根据具体情况来调整记录内容和栏目。这里仅以此为例来说明这张登记卡的设计思想，即力求记录下对这件标本从"生命过程"或"操作链"角度的完整观察结果。（图 6-6）

文字描述也有其力不从心的地方，譬如有关标本的形态，具体部位等的描述就远不如测绘图准确形象，有关标本的质感、色泽也不如影像直观。因此还需要其他记录形式。

（2）测绘记录

和美术素描图不同，考古的器物测绘图是正投影图，其基本原理和机械制图相同，不同的是机械制图是拟制造产品的设计图，考古的图则是对成品的实测。正投影图把一个三维物体投影成二维平面，

年度：2021年	遗址名称：淮阳平粮台发掘项目		
登记信息			
器类：陶		名称：鼎	
单位号：M270		探方号：	
堆积号：墓圹		器物号：9	
记录者：杜圣伦		时间：2016-12-22	
坐标：			
备注：			
器物信息			
出土地点：			
修复者：		记录时间：2016-12-22	
体重			
口径（单位：厘米）：14.5		通高（单位：厘米）：16.4	
壁厚（单位：厘米）：0.5		容量（单位：毫升）：	
重量（单位：克）：		其他部位：	
制法			
质料：泥质		成型：器身轮制，内壁有轮制痕迹。复耳、足拼接。	
修整：轮修，器身及盖内外壁可见轮修痕迹。打磨，器身及盖外壁有打磨痕迹。刮抹，足、耳与器身相接处。切削，耳部、足内侧。		装饰：腹部饰一周凸弦纹。	
火候：灰陶		烧成和装饰：	
使用			
使用痕迹：		修补痕迹：	
转用痕迹：		形态：泥质灰陶，子母口，盖与器身相合为扁圆形，长方形复耳略外撇，圜底，蹄足。口径14.5厘米，通高16.4厘米。	
形式描述：			
装饰：		纹饰：腹部饰一周凸弦纹。	
检测一：		检测二：	
标本架号：		存放地点：	
备注：			
照片		线图	

图 6-6 新式器物登记卡片

其轮廓完全和实物相同,从而避免了美术作品中要考虑视觉习惯而以焦点为中心构图带来的描写对象的形变,符合科学记录的客观性、原真性要求。

三维物体至少有前后左右上下六个投影面,但绝大多数情况下,实测一件标本的外形,并不需要六面全都测到。如果标本近似球体或圆柱体,如大部分陶容器,多数情况下仅用一张图立面投影就可以达到全面表达其轮廓形态的目的。如果标本左右不对称或前后不对称,如打制石器的两面要分别实测,陶三足器也需要两个角度的立面实测方能表现出全部特征,还有些器物可能需要俯视或仰视投影表达底部、口部和肩部的特征。再有一些器物有耳、鋬、嘴、流之类,在做全器实测时,这些部件一般摆放在侧面,这时可以考虑再就这些部件做一局部的正视投影图。此外,还有一种按照正投影原则绘制的展开图,以表现在容器曲面上的纹饰带。总之,一件器物究竟要做几张图,需要视具体情况决定,以能够完整表达其特征为原则。

要点之二是在不影响前述要求的前提下,尽量精简图幅数,尤其是尽量在有限的图幅内表达最多的内容。例如容器类标本,不仅要实测外轮廓,还要测绘器表包括纹饰在内的各种痕迹、器物里表的诸如拉坯、刮抹等的痕迹、自口及底的胎厚等。一般的做法是以一张立面实测图上的中垂线为界,两边的一边表达轮廓线和轮廓线内 1/4 器表的情况,另一边是器壁剖面内轮廓线之内 1/4 内壁表面的情况。国内的习惯是在图右侧表达器表、左侧表达器里,国外多数将左右侧内容对调,但这仅仅是习惯不同而已。进而对于器物剖面的处理,多数人习惯在剖面轮廓线内填阴影线或涂黑,前者多用于陶器、石器剖面,后者主要用于瓷器、金属器的剖面。将剖面部分填阴影线是机械制图的要求,考古制图沿用了这个要求。但容器的破茬断口上能够观察到许多迹象,如陶瓷器的泥坯受拍打挤压的泥纹、器底器足的拼装痕迹等,青铜器足、耳等附件的焊接痕迹等。根据在有限图幅内表达最多内容的要求,可将这部分观察结果表达在图中剖面的位置里,因此也就不提倡将其填充阴影线之类的做法了。而对石器而言,若花费一张图幅仅仅用来显示剖面轮廓,不如改成侧视投影以表现更多侧面的情况为好。

关于器物测绘图的绘图技术,国内外皆有专门教材,一些田野考古手册中也有专门章节介绍,要了解有关内容,可以参看这些文献,这里不再重复这些技术性内容,而着重于以下几个观念的说明。

过去国内对于实测图的大小的要求是一般绘制出标本 1/4 比例的图,大型器物可选用 1/6 或 1/8 的比例,小型器物可用 1/2、原大或放大 2 倍的比例。如果仅仅表现标本的形态特征,这个比例的图是可以满足要求的,但若要在图上表现更多的内容,这个比例大小的图幅上就容纳不下了。因此应当尽可能采用原大尺寸,小型器物当然可以放大绘图。过去要求按比例缩小测图,还有一个原因是考虑编辑制版的方便。现在技术进步,利用扫描仪、复印机之类的办公设备,测图无论大小,皆可缩放自如。所以也不必再对此有所顾虑了。

传统教科书中介绍的陶器等容器的测绘方法是在绘图纸上取一条中垂线,测量器物的一侧轮廓,再将这一侧轮廓的数据镜像转移到器物口径的另一侧,从而获得一张左右完全对称的器物图。这个办法在处理非常规整的器物如瓷器时很方便。另如测绘对象若为缺失了一侧轮廓的不完整器物,也可利用这个办法在图纸上将其复原成整器。但如果不是这两种情况,不建议使用这个办法。因为在还只有手制技术的时代,其产品之绝大部分左右并非完全对称,即便有了轮制技术之后,其产品的一部分也不是十分对称的,就连制作精密的青铜器皿上也经常可以看出左右的细微差别。既然是实测,是对它的忠实和准确的记录,就应该把这些微妙之处测绘表现出来。所以对器物两侧要分别测绘。

虽然名为实测图,但绘图者需要明白,考古的器物图并不是百分之百的写实。除了在表现彩陶彩绘纹饰时用到色块,考古标本的实测图主要是由各种粗、细、直、曲、连、断、虚、实的线段组成的线图，用以表现测绘对象的准确轮廓形状和纹饰等器表特征。但与这两项内容无关的诸如粗糙或细腻的质感、曲面阴影等，一般不在考虑之内。所以它并非全部写实。

说它不是写实，还在于它也不是完全客观的记录，而是在绘制过程中，绘图者把对它观察时的若干判断意见附会其上，通过某种特定线条形式转达出来了。例如器物轮廓上有某处生硬的转折，在绘制其器物表面时，绘图者一般会以一条横贯器表的实线表示这个折棱；若为不那么生硬的转折，则会以一条断续的线条表示；而转折若略微突起，又会以两条平行断线来表示。至于纹饰，中国考古学往往采取示意的手法处置，如用轻重粗细变化的曲线表示绳纹，日本的考古器物绘图则要求以符号化的形式把不同手法搓捻出来的绳子的绳子股的特定印痕特征表现出来，并且必要精确表现出绳子在器物表面滚印条带的宽窄、方向和各条带滚印的先后顺序等。总之，这时的线条已经变成了某种图形示意符号，具有了除了表示轮廓、位置等测绘要素之外的意义，也即所谓的实测图，实为将各种线条线段作为一套记录的图形语言、示意符号，运用它们来表达研究者对器物观察认识的结果。然而在大多数有关器物绘图的教科书中，比较强调器物绘图线条的流畅美观，却没有站在这个角度上的阐释说明，因此也没有对如何运用不同线条表现观察结果作出规定。我们希望绘图者至少在自己整理测绘一座遗址的标本时，制定和遵循一个统一的技术标准。（图6-7）

测绘制图尽管不是十分复杂的技术作业，但要胜任这项工作毕竟需要些能力、天分，所以大多数考古队的习惯做法是将测绘制图的工作交给有专长的技术工人进行。但是如以上所说的，绘图应该是用一套赋予了其特定意义的线条，对器物各种观察结果的记录。这就未必是制图的技术人员能独立胜任的了，而最好由研究者自己动手测绘器物图，至少也应该是技术人员在研究者的指导监督之下才能开展这项工作。

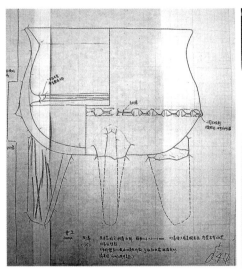 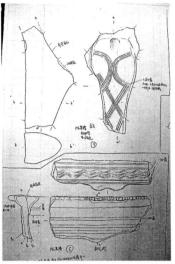

完整器　　　　　　　　　　残破器

图 6-7　器物实测图表现制作痕迹

最后，随着成像装备的普及和电脑的图形处理软件技术的进步，人们开发了把器物照片校正为正投影照片，进而利用软件生成线图的技术，并为一些考古机构在绘制器物实测图时所采纳。但也是如以上所说，测绘一张图纸的过程，实际上是资料整理者继拼对复原作业过程之后对器物进行更为深入仔细的观察揣摩的过程，进而再通过图形符号示意，把观察到的器物表面各种制作成型、修整、装饰手法、使用痕迹等现象表现出来。总之这也是一项重要的研究工作，并非是电脑软件能够完全替代得了的。

（3）临摹与拓片

既然实测图并非是对对象完全客观的图形记录，那么也就需要找到一种客观的图形记录形式，以作为补充。中国有上千年传统的临摹和拓片正好可以一定程度上弥补实测图的不足。

临摹有两重意思：一为模仿，如学习书法时的临帖；一为摹写，是以透明或半透明纸张蒙在碑刻、壁画等平面作品之上，依样勾描、填色。作为考古记录的临摹主要指后一种。

拓片的应用更广泛，凡是器表上凹凸起伏的文字和纹饰花纹，如碑刻、画像石、画像砖、瓦当、甲骨、陶器、青铜器、玉石器、钱币、钤印等上面錾凿、模印文字或纹饰，都可采用此法记录之。大致的方法是以软而韧且不易洇染的熟宣纸湿润后紧密贴附在器物的表面，为了使蒙纸干燥后不至于脱落，传统的做法是用中药白芨熬水，白芨水稍带黏性，用来充当黏合剂，干燥后不会在器物表面留下痕迹，反而形成一层保护层，一定程度上避免拓墨渗入污染了器表。拓墨技术分干湿两种。干拓又称擦墨拓法，采用较软的固体腊墨块在敷纸表面擦抹，器表凸起纹饰等即被涂擦成黑色。湿拓是以拓具蘸上少许墨汁，在器物表面敷纸上轻轻扑打，纹饰文字等就渐渐浮现于纸上了。湿拓用墨有浓淡之分，前者又叫乌金拓，多用于大型碑刻的拓取；后者叫蝉翼拓，指其用墨寡淡，多用于小型器物表面浅细的纹饰拓取。

拓片多用在器物有花纹或文字的局部。即便是绕器一周的花纹、文字，也能逐段拓印下来，拼成展开图。还有一种全形拓，最高境界是以整纸蒙拓出一件容器的整个正面。不但技术高难，能者寥寥，其原理上也有不可克服之矛盾，即这种全形拓对器物轮廓尺寸要求严格，但在弧面器物表面的拓印却是平面展开的，无法将之按透视关系缩小进器物轮廓之内，不得不削足适履，只将能够装进轮廓的展开部分拓印出来，这和实际情况大有乖离，是和科学记录之原则背离的，只能视为美术作品了。

（4）影像记录

照片和其他影像形式的记录的优点在于可以如实再现摄影对象的色泽、质感，这是以上记录形式力所不能及的地方。所以就为每件标本都建立一套完整的档案记录的要求而言，在各种记录之后再有至少一张照片，方算圆满。

用胶片相纸记录出土器物标本的做法早已有之。早年照相器材昂贵，花费不菲，不能给每件标本都拍照，只是在最后编辑考古报告时选择最有代表性的标本若干进行拍照，以资出版。当前随着数

码照相器材普及，这项工作的费用已经不那么昂贵，有条件为每件标本"立此存照"了。（图6-8）

图6-8 文物摄影

如何给标本照相，国内外田野考古资料整理手册中大多有专门章节述及，国内还有专门的关于文物摄影的著述。从摄影专业的角度，做好文物摄影是有众多讲究的，但仅就做好档案工作而言，没有太多美学方面的要求，而是应当格外注意以下三项：

首先，由凸镜组成的光学镜头只在底片中心聚焦，围绕这个焦点的成像不可避免地越靠近边缘的部分形变就越大。镜头焦距越短、视野越大，形变就越大；镜头焦距固定，相机越靠近被拍照物体，形变越大。为了尽量减少形变，应采用长焦距镜头，离开被摄影物体一定距离拍照。

其次，照片未必像测绘图那样全部拍摄成严格的正投影图。扁平的器物如石器、碑刻、甲骨、钱币之类，采用平面摄影的方式俯视拍摄。立体的如陶制或金属容器等，至少需要一张正面的照片，但通常拍摄角度较器物稍高，以便拍摄出器物彼面的口沿部分，用意也是在有限的图幅内反映尽量多的内容。如果器物上有把手、铺首等，或许需要再拍局部特写，有时还要旋转器物，连续拍摄围绕器物一周的纹饰等。总之，影像较测绘图更灵活一些。近年，计算机行业开辟了3D摄影的技术，将对器物各立面的照片用软件处理后，生成在电脑屏幕上可以任意角度旋转观看的立体图片。这项技术在器物的档案记录上应当大力推广。

文物摄影十分追求美学效果，对用光十分讲究，力求影像有丰富的层次感等。档案制作者若有这方面的能力固然最好，但平心而论，如果仅仅是制作档案，可降低要求。只要拍摄对象成像清晰，可真切反映出拍摄对象的细部特征和颜色不失真即可。但应当注意尽力避免照片上有大面积高反差的光影。

最后，可以列入影像记录的还有对特殊遗物上用到的 X 光片、红外照片和微距乃至显微照片。

8. 标本库和数据库

一件标本的器物卡片、测绘图、拓片、照片等各种记录工作完成之后应当汇总在一起，并按照其器物标本的序号放入其出土单位的资料袋里。当这个出土单位的所有出土标本的记录资料收齐之后，就可存入按照遗迹单位编排的档案库中。

为了日后进一步的深度整理和研究方便，遗址出土的所有实物标本一般不再和那些大宗的未被选为标本的陶片之类放在一起，而是单独上架存放。但要注意，单独存放的标本也是按照出土单位上架的，一个单位的所有标本集中在一起。这便是所谓的田野考古标本库。

关于这件标本的所有记录还应该录入数据库。这个数据库和在田野工作期间使用的是同一个库。这个库中专门设置了标本登记表的电子器物卡片，附带测绘图、拓片、照片的存储位置，并通过出土单位编号建立连接。所以，通过地层单位号可以检索查看到这个单位的所有发掘资料、出土遗物的各种分类统计、标本件数以及每件标本的记录乃至以上每一种记录如图纸份数等。

此外，随着整理工作的开展，一些需要检测鉴定的样本已经陆续送抵专业人员或专业实验室并收到检测分析结果。常见的有碳十四年代测定报告、人工制品的材质检测报告、陶瓷器烧成温度测定报告、各种动植物遗存的鉴定统计报告、环境样本的检测分析报告、人骨的各种鉴定分析报告等。这些报告既要单独存档，也要将相关内容分别录入到它们出土的地层单位的数据库中。

至此，考古资料的基本整理工作方告完成。

第三节　以年代学整理为基础的田野资料深度整理

一、关于田野考古资料的深度整理

本章我们将考古资料整理分为基本整理和深度整理两个阶段。国外配合基本建设的田野考古只要求将资料整理到可以按照出土单位入库保管的程度即可，也即本章第二节介绍的内容，至于有关资料的所有分析，都委之于此后其他感兴趣的研究者。而出于学术理由开展的田野考古项目，则是要在对资料进一步分析的基础上，最后形成研究型的考古报告。于是，在这类项目中，不仅要完成基本整理工作，还要根据其研究目的的需求，进一步分析研究资料，即开展所谓的深度整理。中国考古学对待资料整理的传统看法和国外主动的学术型田野考古项目相似，认为资料整理包括基本整理和深度整理两个阶段的工作。这依然是当今中国考古学的主流观点，有着广泛的影响力。

但是这里存在一个问题，即田野考古资料的深度整理是和明确的研究目的紧密关联的，而研究课题是不断拓展的，既多样又具体，且随着考古学物质资料研究技术的进步，对过去的考古资料进行重新整理研究的案例也是时有发生的。本书讨论田野考古方法论，不可能将所有这些个性十足的整理工作都囊括其中。不过，在所有的考古学研究中，最基本的是资料的年代学问题，因为考古资料的各种历史意义的解释，都必须置于确定的时空框架之内。因此，确定资料年代及其与其他资料的年代关系，就成为考古学研究首先遇到的和最为基本的问题。考古资料的年代问题分绝对年代和相对年代两个方面，相对年代的研究是要靠考古学家来完成的。在长期的物质文化史研究阶段的实践中，中国考古学把通过室内整理提供一套年代关系清楚无误的资料视为理所当然，同时逐步摸索出了一套相关的整理办法，成为了室内整理的标准作业内容。这也是本书之所以将其作为本节关于考古资料深度整理的重点内容来论述的原因。

二、地层资料的相对年代整理

(一) 地层资料汇总和年代学分析

在遗址发掘过程中形成的各种记录，随发掘现场工作结束，已经按照遗迹单位和探方分别装入资料档案袋存档了，并且同时完成了数据库的录入。随着这些工作的完成，其实也完成了对地层资料的部分年代学的整理。

在探方的发掘记录中，传统做法要求在一个层状地层单位记录完毕之后，必须记录在下一个层面上开口的灰坑等各遗迹单位，然后才能记录下面的层状堆积，依此程序，直到交代完生土上开口的各遗迹单位。2009年版《田野考古工作规程》则要求用系统图的形式表现这个探方内的所有地层关系。传统的和最新的要求没有本质区别，都要求把各遗迹间地层关系也即它们的相对年代交代清楚，只是系统图用起来更直观。另外，无论过去还是现在的探方记录，还都要求交代出本方地层单位和相邻探方地层单位的对应关系。但在田野工作期间，有关地层堆积相对年代的整理也就到此为止了。室内整理工作开展伊始，一方面要着手出土资料的整理，另一项重要工作就是对发掘区内全部地层关系资料进行汇总整理和整个文化堆积的分期分析。

对地层资料的汇总，传统做法是把发掘区内每个探方与相邻探方地层的对应关系的文字、测绘等记录串联起来，列表并按各层面上的开口层位，把灰坑、房子、墓葬等各种遗迹单位放入列表中的相应位置，从而完成整个发掘区内所有遗迹单位地层关系的汇总。而现在借助系统图，展现出来的发掘区内所有堆积的地层关系也即它们的相对年代关系就更为直观。

进一步研究系统图各种遗迹的分布，尤其是注意不同层面上遗迹种类和分布有无变化，譬如发现了原本在某层之下是居住区，而这层之上变为墓地之类的情况，那么，根据地层学的相关原理（见第三章第二节），这个层面就是所谓的"关键面"，可以据此对遗址或发掘区内文化堆积进行分期。当然，遗址堆积的分期认识并非完全依靠对系络图的分析得到的，早在发掘现场，发掘者通过大量的实地观察，已经形成了对文化堆积分期的大致想法。但系络图是对所有遗迹单位的汇总，这在发掘现场是无论如何也把握不住的。

利用系络图，还可以进一步探讨反映在文化堆积中的一个连续的行为过程中的局部变化。以河南淮阳平粮台遗址系络图为例，从中可以清楚看出发掘区南部从北向南三排房屋的生土始建、塌毁又陆续重建再扩建的过程。

（二）地层学的局限

以上从文化堆积形态的角度对堆积进行了总的分期，甚至进而讨论了一个时期内不同局部上发生的动态变化，这是遗址或整个发掘区内全部地层关系的汇总和分析的作用和目的。但是从年代学整理的角度看，仅凭对地层堆积形态的分析所得认识仍有三点不足。

一是系络图中其实有不少遗迹单位在时间、分期的归属上是模糊的，或者说在分析者而言是没有把握的。一则是发掘者在发掘现场难免出现失误错判，二则是有些情况原本就是地层学处理不了的，例如两个在同一层面开口的灰坑，却相隔开来，没有发生直接的地层关系，这时是无法仅凭开口层位断定它们彼此的早晚的。而若是这两个灰坑的开口层面是一个"破坏面"，你甚至连它们是否真的是同在一个层面开口的都不能断定，也因此无法了解两者中究竟是 A 早于 B，还是相反，还是两者基本同时。

二是遗迹间的地层关系如灰坑 H1 打破灰坑 H2、后者又打破房子 F1，虽然明确无误地显示出三次行为的先后顺序，也即它们所处的相对年代位置，但却无法据此判断这三次行为发生时间上的距离远近，也即无从了解它们是三个彼此衔接的行为，还是间隔了很久的行为。甚至对位于"关键面"上下遗迹的理解也有同样的困惑，虽然关键面意味着上层堆积所代表的聚落社群的集体行为模式和下层相比发生了很大变化。但这种变化究竟是短时间内出现的，是同一群人社会行为的变化，还是由于某种原因，遗址上的生活中断了一段时间之后,新来此地的社群的行为模式的体现,则难以判断。

最后,在一座遗址上获得的地层学上的相对年代资料,基本上无法应用于不同遗址之间的比较研究。

因此,从一些需要大范围的或精准年代的研究需求看,地层学提供的考古资料的相对年代,既显粗糙,也有很大的空间局限性。这不是地层学的过错,而是地层学在学理上鞭长莫及之处。但要克服这一点,需要另找办法。

三、遗物的类型学整理

人类制造的产品其形态是因时因地而变化着的,小到生产工具、生活器皿、服装鞋帽、装饰品,大到建筑物、轮船火车等都是如此,古今一理。相应地,通过形态的比较,例如对一批生活器皿之形态的比较,寻出彼此间的变化,也就找到了它们孰早孰晚被制造出来的先后关系,也即相对年代关系。这是考古类型学的经验前提。

在人类制造的产品中,那些被经常和大量制造出来的物品,发生形态变化的几率和速率会大于那些经久耐用的物品,通过对这类物品形态变化的研究,可以获得较地层学更高的年代分辨率,所以成为考古资料相对年代整理的一个最重要的工作内容。

(一)考古类型学及基本原理

考古类型学(以下简称类型学)专注于对考古遗存的形态变化过程开展研究,由于它主要着眼在遗存的形态特征上,所以又被叫作考古形态学、考古标型学。

考古学产生伊始,就开始了寻找解决考古遗存年代问题的办法。一方面参考地质地层学的原理,摸索建立起考古地层学;另一方面,在对遗物资料的分类研究中,受到古生物学物种进化现象的启发,将古生物学中指代一个地质时期的特有化石种属——"标准化石"等概念引入对遗物的研究中,也即在器物形态研究中建立了一种进化的分类角度。通过对某类器物形态演变顺序的梳理,确定一个个体在这类器物形态演变链条上所处的位置,以此判断它与其他个体的相对年代关系。这便是考古类型学的雏形。在以后的发展完善中，类型学逐渐扬弃了带有强烈单线进化论色彩的"祖形""失效体"等概念，演变成今天的样子。而作为一种研究方法，在20世纪20年代，随着考古学文化理论的提出，它又被应用到考古学文化之间的关系、文化谱系等方面的探讨上，受到越来越多的重视。其基本原理如下：

1. 考古遗存的形态特征是变化的

大量经验表明，无论现实生活中的还是古代的人工制品，其外观形态是因时因地变化的。当然，一件器物一旦被制造出来，其形态也就被决定了，不会再发生变化。这里所谓的变化，是指不同器物个体之间的差异而言。（图6-9）

图6-9 人工制品的形态演变

关于物品形态变化的原因，现在一般认为是来自许多变量综合作用的结果，归纳起来主要有以下几种：

不同的自然环境会影响到人工制品种类、形态、风格的不同。如新石器时代潮湿环境为主的中国南方地区的人们很少修建地穴、半地穴建筑和地下仓储设施，生活器皿的陶器则多附装圈足、三足，将其垫高起来。反之，同时期的中国北方以半地穴房子乃至窑洞建筑为主，陶器多不加装器足等。可以想见，南方交通必备的舟楫在北方就未必常见，等等。

人们的经济生活内容决定了一些人工制品基本种类的有无。水田稻作的农具和旱作农业的农具种类、构成上就有明显差别。当然，农业经济下的人工制品器物群和狩猎采集经济、游牧经济下的器物群差别就更大。

一方水土养一方人，久在一地的人群在血缘传承、相互依存的社会生活中会形成共同的风俗习惯、审美情趣、社会心理和精神信仰等我们称之为文化的东西，并以某种方式在其物质创造上留下印记，而有别于另一方水土中的人们。例如良渚文化流行玉器，尤其以精细刻划着神人兽面神徽的玉器为代表。这一鲜明的文化特征在良渚文化长达千余年的时间里一以贯之，而在良渚文化以外的同时期各文化中，这类玉器，特别是刻划有神徽的玉器却几无所见。若深入良渚文化内部考察还会发现，良渚人的社会信仰又有其从形成发展到繁荣再盛极而衰的过程，其不同阶段的玉器分别有其微妙的时代特点。

新技术新材料的发现，也即生产技术的进步会强烈作用到人工制品的整体状况。采用轮制技术前后的陶器群风格会有很大变化，随着金属冶炼技术的发明，社会生产将注意力转移到金属冶造领域，传统的陶器生产被冷落，产品反而不如新石器时代晚期的精美漂亮，但随着原料丰富易得，技术难度又低于金属冶造的瓷器的出现，又很快扭转了制陶业的颓势。

考古学家将遗存中千变万化的现象看作探讨其背后社会状况的线索，其中，那些随着时间流逝而发生的种种变化，首先作为时代特征为类型学研究所重视。

2. 变化是有方向的

从道理上说，物品形态外观的变化是在时间和空间两个维度上展开的。在一座遗址发掘资料的整理时，研究者主要关注物品形态在时间维度上的变化；在进行大范围的考古学文化比较研究时，他会更关心那些空间维度上的变化。

时间维度上的变化意味着变化是有方向的。早期的类型学著作受机械进化论的影响，以落后和进步、事物从低级向高级发展这样简单的原理解释之，并创造出"祖型""母型""遗型"或"失效体"等表达概念。安特生在对甘肃彩陶分期时，就以齐家文化的彩陶描绘粗疏，显得"原始"为由，把齐家期列在甘肃彩陶文化的六期之首，直到后来夏鼐发掘甘肃宁定阳洼湾齐家文化墓葬，在填土中发现了半山期彩陶片，证明甘肃仰韶文化的年代早于齐家文化，才订正了安特生的失误[①]。

诚然，每一种事物都有其发生、发展演进和消亡的过程，但其具体如何演变，则需要实事求是地个案分析，并不存在原始与进步之类的普遍规律。

3. 不同事物的变化速率未必相同

不同遗存种类，其发生形态变化的速率是不同的。器物变化速率的快慢，取决于它能够发生变化的机会或机率的多寡。一般而言，容易损坏的、使用寿命短的器物发生形变的速率要快，因为寿命短，它被重复生产制造的需求就多，每次制造，都是可能发生变化的机会。同样的道理，生活中需求量大的人工物品上发生形变的几率也远大于需求量小的物品。这就解释了为什么房屋、窖穴之类建筑的外观形制的变化远不如陶器群形态变化来的快速频繁。这个道理同时也很好地解释了陶器这类普通器皿的形态变化速率通常要大于青铜等贵重物品。最后，形态复杂的物品之变化要快于简单的物品。例如形态简单的斧、锛类工具外形变化明显慢于陶质容器，陶器中形态相对简单的碗、钵的变化小于鼎壶之类，而陶器上复杂的彩陶图案变化多端，显然是器物形态的变化有所不及的，同理，复杂的青铜器花纹的变化也往往大于器形的变化。这是因为复杂意味着可以发生变化的部位多。

对年代学研究而言，变化速率快的器物或纹饰等在标识时间方

---

① 夏鼐. 齐家期墓葬的新发现及其年代的改订. 考古学报. 1948（3）.

面更精密有效,故是类型学分析的首选对象。

4. 形态变化中的逻辑性和非逻辑现象

一种物品被发明出来,有它某种需求原因,也决定了这类物品在今后会不断被生产制造。在这个过程中,其形态、花纹可能发生这样那样的变化。经验表明,在大多数情况下,器物上发生的每一次变化都是在继承原来形态基础上的局部改变,从一个很长的过程上看,呈现为一种渐进的方式。例如伴随商代始终的陶鬲,口沿部分从尖唇卷沿到折沿方唇再到宽沿盘口,鬲档从高渐矮直到几近消逝,器表绳纹从浅细到粗犷,都是逐渐的变化。类似的例子在不同时代、不同文化中可以举出很多。学术界常把器物的这种长程变化叫作器物的"演变规律"。但若考虑到规律一词带有强烈的宿命意味,不如称之为器物演变的逻辑性。这种逻辑关系清楚的器物,是讨论相对年代的绝好资料,所以被称为"标准形制""标准器形"或"标型器物"。

尽管经验表明,多数器物的变化是有逻辑可寻的,但也有例外。一种情况是有些器物被创造出来之后,只流行了很短时间就再无踪迹了,如仰韶文化半坡期葫芦形瓶,因为存在的时间短,很难在它们中寻出演变的逻辑。但由于这类器物的存在是一个时间段落的极好标识,故也被视为"标型器物",在年代学讨论时得到重视。还有一种情况是在一条清晰的演变轨迹上突然出现了一个个性十足的作品,如山东龙山文化的标型器物蛋壳黑陶高柄杯有着清楚的演变过程,但潍坊姚官庄发现的一件带有内胆的高柄杯形制非常特殊,很难纳入这个轨道上去。再一种情况是器物个体之间变异的随意性很大,竟然无法找到它们演进的逻辑轨迹,如甘肃地区青铜时代的辛店、卡约等文化的陶器,学界至今没有对其演变逻辑达成共识。遇到这种情况,颇令人感到无奈。

5. 变化的谱系

类型学上把具有形式逻辑关系的器物形态变化的完整序列叫作

该器物的演变系列或谱系。谱系内的器物属于同类，或为钵，或为鼎等，它们个体上的差异，意味着在这个谱系上的不同位置，也即相对年代的位置。不同谱系则是不同器物类别的区别。在实际上，器物的演变谱系可能还要复杂一些，不是所有器物从一开始就沿着一条直线演变下去的。有时候一个谱系在演变过程中逐渐分化成两个独立演变下去的谱系，也有时两种器物在发展过程中逐渐融和，演化成一个新的谱系，还有时新分化出的一支没有继续发展下去，不久又回到原来的轨迹上去了，也有时在两条谱系的共同影响下，又出现一条兼有两者特点的、同时又是独立发展着的第三条谱系，等等，不一而足。

为了表述方便，国内当前的类型学研究通常把处在一个谱系上的所有器物，约定俗成地称之为一个"型"，把那些从一个主干谱系里分化出来的支干谱系称之为"亚型"。

6. 形态变化的阶段性

器物的演变谱系是由一件件在形制上承前启后的器物组成的一个链条。就像世界上没有完全相同的两片树叶一样，处在这个谱系链上的每一件器物多多少少都有些自己的特点，和它前面的或后面的个体有所不同。但是，器物形制的变化并不总是圆滑渐进的，在一段时间内，它们也许一直延续着此前器物的某些特征，在另外一些部分发生变化，再下一个阶段里，它们继承的方面和发生变化的方面出现了转变，可能重新选择了继承重点和加以变化的方面，从而使得整个谱系链条呈现出某种阶段性。譬如山东龙山文化的袋足陶鬶，最初继承大汶口晚期陶鬶细颈、瘦足、两泥条错搭拧成麻花形鬶把的基本特征，唯颈部逐渐从前倾变得昂直；此后一段时间里，陶鬶的颈和袋足不断变粗，鬶把全部为刻画成绞丝状的单根粗泥条把；再以后由于轮制技术应用到陶鬶的制作上，陶鬶整体风格又为之一变，袋足益发粗壮，鬶颈则变得粗短，鬶流渐矮，装扁宽泥片的桥形鬶把。

类型学上根据这种谱系上的阶段性特征，将整个谱系分成若干段落，把位于一个阶段中的所有个体归纳为一组，将其表述为一个"式"别，代表了这条谱系上的一个时间段落。

7. "共存关系"

人们在日常生活中不只制作和使用一种器物，于是会留下一个由许多种陶器、石器等组成的器物群，这在一座遗址的发掘资料上可以清楚地看出来。既然在这个器物群中的每一种器物都会随着时间推移发生变化，那么器物群的整体面貌也会发生变化。问题在于我们如何才能知道在一个时间段落里的器物群的面貌特点以及它们是怎样变化的呢？

稍做思索就会发现，遗址里的每件遗物都有其唯一的出土遗迹或堆积单位，这个单位也许不止出土了一件遗物，兹将这个单位中出土的全部遗物以及它们同该单位本身之间的关系叫作"共存关系"。理解这一点是非常有意义的。首先，在经过发掘的遗址上，所有遗迹单位都已经有了其地层关系上的明确位置，也即有了地层学上的相对年代位置，这是类型学分析时确认器物演变谱系时间方向的依据。其次，一个共存关系中的所有器物，也即同时期整个器物群的一部分。文化面貌相同或相近的共存关系多了，它们互为补充，就反映了一个时期内器物群的全貌，而根据上述地层关系，就可以进一步讨论器物群的整体变化情况了。

但是，实际情况还要复杂一些，因为共存的器物只是意味着它们经过流通、使用、破损、再利用等一连串经历之后，在最后的同一时刻进入了该地层单位。这个共存关系的形成是一个历史事件。但类型学所关心的和用以判断器物的相对年代的是器物形态，形态却是在它们被制作的时候就决定了的，这是另一个历史事件。也就是说，器物类型学意义上的年代和作为地层单位形成的年代之间可能存在着距离。如果有若干件器物共存，它们也有可能分别制作于不同时间，它们各自"在世"的时间也可能参差不齐，那么它们从制作到进入这个共存关系的时间点之间就可能有着若干个时间差。不得已，类型学把共存关系中位于式别序列上最晚新的式别所代表的时间，看作是最接近这一共存关系形成的时间——这两个时间点可能真的非常接近，也可能还是相隔很远的距离。

8. 器物群的核心构成——"组合"

经过统计常常可以发现，在一个器物群里的器物种类尽管很多，但只有少数几种数量最多，是器物群的主体。它们经常共存出现在遗迹中，呈现出一种稳定的对应关系。这种稳定的对应关系还可以表现在器物和特定纹饰、器物和特定遗迹之间，前者如东北新石器时代文化中的筒形罐及其纹饰之间的配伍，后者如西周至春秋时期的墓葬中，随葬品多为鬲、盆、罐，春秋战国之交改为鼎、豆、壶，其后又有鼎、敦、壶或鼎、舖、壶，至西汉又变为鼎、盒、壶。

在类型学上，将这种稳定的对应配伍关系叫作"组合"。组合是一个文化群体特征的核心部分，它的演变代表着这个文化的运动过程，因而是类型学分析的重点。

(二) 考古资料的类型学整理

根据类型学原理对考古资料进行年代学整理有以下步骤。

1. 挑选典型单位

类型学的主要分析对象是遗物，遗物皆出土于各自的地层单位，但遗址上各地层单位的形成原因不同，保存状况各异，其中的共存关系的可靠性也很不一样，所以需要对它们进行甄别，以便为整理作业挑选出可靠的起点。这个起点的可靠性是由这样几个方面的因素来保证的。一是遗迹单位或堆积单位地层关系清楚，本身保存状况完整或相对完整，清理过程中也没有出现失误。二是这个单位在形成过程中对早于它形成的地层单位破坏不大，或者即便有破坏，但不至于将早期单位的遗物扰动进本单位的堆积中来，或者即便有扰动，但扰动部分在发掘清理过程中就很清楚地识别出来并已经排除掉了。三是这个单位的形成过程较短，最好是一次形成的。那么，与它共存的遗物也是一次性而非分批次进入到这个单位的，从而尽可能减少这个方面原因带来的时间上的不确定性。四是这个单位出土的遗物比较丰富，可资类型学分析。满足这些条件的单位的资料，方能最大程度上保障资料的类型学分析结果的可靠。这样的单位叫作"典型单位"。

综合考虑各类地层单位的形成原因和过程，墓葬的形成时间最短，作为一个地层现象，通常也是比较清楚的，发掘中不至出现失误，其中的随葬品若为死者生前用品，它们的制作时间多半相差不会太远——当然，若是随葬青铜器、玉器的高级人物的大墓，其随葬品来源可能十分复杂，就另当别论了。若是专门为死者制造的陶质明器，则它们是同时制造的可能性极高，因此是最好的编年研究资料。但是，在一些历史时段或一些地区，社会生活中人们对于丧葬往往有特别的处置，墓葬中随葬的器物未必与日常生活中的器皿一致，所以，也有必要在生活遗迹中挑选典型单位。比较符合上述标准的大致有灰坑、水井、房子等。灰坑底部可能保留其作为窖穴时留下的使用堆积，上面废弃后的填埋可能一次，也可能若干次完成，这些是可以根据里面的堆积单位的划分情况判断出来的，若把握到这个程度，则也是很好的类型学作业单位。水井的场合和灰坑相似。房子的情况略显复杂，里面的器物、陈设等可能不是一次进入房间的，它们的共时性就差一些，是退而求其次的选择。活动面可能使用时间很长，上面的遗物的共时性也差。至于人工铺垫的层状堆积，可能堆土来自早前的文化堆积，甚至是早前好几个时段的堆积，所以其中出土的遗物之绝大部分可能也是随着这些土料搬运而来的，而不与其地层关系上的年代吻合，是最差的分析对象。

在选择典型单位时，最好找到有地层关系的，形成时间上有先后的若干单位。这种单位间的地层关系，是判断器物演进方向的依据。而一种现象若多次重复出现，就能断定它的真实性。譬如有两式器物，在一组有先后早晚的地层关系里，Ⅰ式早于Ⅱ式。这还只是个孤例，不能排除实际生活中Ⅰ式是晚于Ⅱ式生产出来的式别，但早于后者进入地层的可能性。然而如果Ⅰ式早于Ⅱ式的情况反复出现在几组地层关系中，Ⅰ式早于Ⅱ式就可以视为定论了。这种现象重复出现的次数越多，把握就越大。按照蒙特留斯的说法，要重复出现 30 次，方可下结论，但根据经验和统计学的概率计算原理，不用如此多的重复例证，大约有五六次就可以了。

2. "分型定式"

类型学上将器物型别或演变谱系的梳理和谱系内归纳划分式别的作业叫作"分型定式"。

分型定式的作业通常从地层关系最早的典型单位入手。这是因为在地层关系上居于最下层的遗迹没有更早的文化堆积供它破坏，其出土遗物中不存在扰乱进更早成分的情况，因而其共存关系最接近真正的共时。

分型定式作业的第一步是对器物群内各种器物的演变谱系的辨认。这项工作其实早在基础整理伊始就开始了，已经对每座遗迹的出土器物进行过分类，包括按照器形或器类的分类，如鼎、罐、豆、盆等。到了对器物群进行缜密严谨的分型定式的这个时候，首先需要就已有的器形分类结果再作推敲，以最终确定它们的型别划分。方法是从年代最早的典型单位所出土的器物开始，并最好首先选择那些数量大、因而变化速率可能较快的标准形制进行分析。譬如鼎，看它是否还有盆形鼎和罐形鼎的区别，如罐，是否只有大口深腹一种。进而考察其他典型单位，尤其是地层关系上比它晚的那些单位，它们出土的鼎、罐的情况是否也是如此——尽管在具体的形态上可能有了变化，但是否同样分为罐形鼎和盆形鼎等。如果是的，就意味着这座遗址上的陶鼎从早到晚是分为两个型别的，是两条演变谱系。

分型定式作业的第二步是确认一个型别谱系的变化趋势。此时将属于同一型别的各标本按照它们出土单位的地层关系先后排列开，考察其形态演变的逻辑过程。同属一个型别的标本不止一件，也许每件都有自己的特点，但把它们按照各自出土单位的地层关系序列排列开，就应该能够看出这类器物形态演变的趋势、方向。如山东龙山文化的陶鼎，出自早期单位中的形态为尖唇或圆唇、窄折沿、瘦腹、凿形足，晚期单位中的则为方唇、宽折沿、鼓腹和鸟兽形足。遗址上的地层关系也许不止一组，若在其他组中也看到鼎有同样的演化情况，即可把这个大方向认定下来了。

作业的第三步是排比出这个型别谱系的变化过程。直接的地层关系提供的资料很可能是不完整的，只是器物整个演变过程上的几个片段。但既然关于这类器物演变的大趋势已经确定了，此时就可以利用其他地层单位中的同类器物资料，根据其器物形态特征，将其排列进已有片段之间的恰当位置上，从而获得器物形态的连续演变的序列，也即谱系。如果标本数量足够丰富，排比出的序列应该是连贯的，没有明显缺环。这样一条由许多标本个体构成的器物链，又可叫作这个型别的"编年"。

作业的第四步是在编年序列中归纳划分式别。编年是一条器物形态渐进演变的链条，处在这个链条上的器物，每个个体都有自己的特征而不会和另一个体完全一样。但许多经验证明，处在总的量变过程中的器物，既有整体形态圆滑渐变的一面，也有细部特征阶段性突变的一面，而且这种突变特征出现之后，往往成为以后形态变化的生长点。据此可以把一个谱系上的所有个体归纳成若干段落。每一组，称为一个式别，代表着一个谱系链条上的一个时间段落。

编年强调的是个体之间的差异，划分式别重视的是器物形态演变过程中那些阶段性特征，两者在年代学上的分辨率不同，分别用以支持不同年代精度需求的课题研究。

至此完成了一种器物的谱系梳理和划分式别的工作，接着可再用同样办法，依次梳理其他器物，分别理清它们各自的谱系编年和划定式别。当整个器物群的分型定式完成之后，应当给出每件器物标本的型式名称。按照现代类型学作业约定俗成的办法，型别可直呼其器物名称，如鼎、壶、罐等，若鼎、罐里又分不同演变谱系，也可分别称为盆形鼎、罐形鼎或深腹罐、小口罐等，也可用大写英文字母代表，如 A 型鼎、B 形鼎……谱系内各式别厘定之后，按照从早到晚的顺序，用罗马数字表示为Ⅰ式、Ⅱ式……合称AⅠ式鼎……

也有的遗址文化堆积简单，甚至没有直接地层关系的资料，如东北地区新石器时代的遗址通常使用时间短，堆积薄，发掘区内没有遗迹间叠压打破的情况。再如有的墓地中墓葬排列整齐，其间也没有直接的地层关系。遇到这种情况，可以先挑选两个都出土了同类器物，且形态差别较大的单位，假定其演变是从甲到乙（当然，实际情况可能是从乙到甲），并按照以上步骤，排比出它们之间的逻辑关系，直到划分式别。最后可以参考一些间接证据，如比较其他遗址上的发现，或者比较当地已知更早或更晚文化的面貌等，为这个逻辑序列找到真正的演进方向。

3. 共存关系中的共时性问题

分型定式只是将器物群中各种器物的演变谱系和阶段性变化进行了梳理，类型学作业的进一步任务是把这些对每种器物的认识整合为一个时期内器物群的型式构成及其演变过程。对这个问题的讨论，需要借助共存关系提供的线索。

前述关于共存关系的论述中谈到，所谓共存关系，是指一个遗迹或地层单位内出土的全部遗物及出土单位本身的存在状态。其准确的年代学意义是指这些遗物是在同一时刻进入这个地层单位的。但是，类型学研究的形态却是早在器物制作时就已经决定下来了。然而考古记录已经丢失了有关这个地层单位中的器物是否为同时制造的证据，也就是说它们未必是同一时间里制作出来的，这就是通常所说的"共存不一定共时"的来由，而类型学需要就此做出某种程度的回答。

类型学对共存资料共时性的甄别是个并不复杂的逻辑推理方法。假定有灰坑H1打破H2打破H3一组地层关系，三个灰坑出土器物型式如下表（表6-3）所列：

表 6-3　器物共存关系的式别分析

	鼎	豆	壶	盆	……
H1	Ⅱ、Ⅲ	Ⅱ	Ⅰ、Ⅲ	Ⅲ	
H2	Ⅰ、Ⅱ	Ⅰ、Ⅱ	Ⅱ	Ⅱ	
H3	Ⅰ	Ⅰ	Ⅰ	Ⅰ	

H3位于地层关系的最下层，不存在打破并扰乱进更早单位的情况，因此其出土器物的共存关系在共时性上是可信的。H2内分别有Ⅰ、Ⅱ式鼎和Ⅰ、Ⅱ式豆和Ⅱ式壶、盆共存，Ⅰ式鼎、豆是早前出现的式别，Ⅱ式鼎、豆是晚于Ⅰ式的新式别，Ⅱ式壶、盆也是新的式别。问题在于如何看待H2中的Ⅰ式鼎、豆。它们出现在这个单位且与Ⅱ式共存，无非是以下三种可能的原因之一：一是因为H2打破了H3，也许把原本属于H3的器物扰动到H2中来了。若为这种情况，通常在发掘现场和在资料整理的拼对复原环节是可以看出来的。如果拼对复原时发现出土在H3的陶片和H2者拼对起来了，或者尽管没有拼接上，但两个灰坑的陶片从颜色、质地、口径大小和形态几个方面看确属同一件器物，则可断定它们出土自H2，属后期扰乱所致，在讨论H2的共存关系时，应予排除。另外两种可能性之一是，Ⅰ式器物确实是在Ⅱ式之前生产的，但使用时间长，与晚出的Ⅱ式同时废弃并同时进入了H2。另一种可能是Ⅰ式虽然是早出式别，但它的制作并没有因为Ⅱ式的出现而停止，两者同时并存了一段时间。这两种可能性都是意味着真实发生过的历史事件，二者必居其一，只是因为没有证据，整理者不能确指。然而从类型学相对年代的角度看，如果真实情况为一，则Ⅰ式仍然早于Ⅱ式，它们在制作时间上不是同时的。如果真实情况为二，那么它是作为早出形制的孑遗出现在这个地层单位里的，其形制本身仍然代表的是Ⅰ式最早出现的时间，不代表进入这个地层单位的时间，因此也可以排除。同理，对于H1中Ⅱ、Ⅲ式鼎共存的现象应也如此理解。

表中H2、H1中皆发现了Ⅱ式豆，但在H1中再无更晚形制的豆出土。如果在其他地层单位中发现Ⅱ式豆或者与Ⅱ式鼎共存，或者与Ⅲ式鼎共存，皆没有发现更晚形制的豆，则可以断定豆从Ⅰ式转变成Ⅱ式之后，延续了很长时间，形态没有发生变化。它的演变速率从Ⅱ式以来慢于其他器物。在H3、H2、H1中，Ⅰ、Ⅱ式壶的顺序颠倒了，这时应当重新检讨壶的演变序列的排比上是否出现了失误。如果经过检讨，壶的演变逻辑确实是从Ⅰ式到Ⅲ式的过程，则这件出土于H1的Ⅰ式壶也是一个偶然的历史事件，但从类型学相对年代的角度看，它不具有代表这组共存关系的时间上的意义。

经过以上整理，把不具代表性的因素排除后，就得到下表（表6-4）：

表 6-4 基于共存关系的器物式别分析

	鼎	豆	壶	盆	……
H1	Ⅲ	Ⅱ	Ⅲ	Ⅲ	
H2	Ⅱ	Ⅱ	Ⅱ	Ⅱ	
H3	Ⅰ	Ⅰ	Ⅰ	Ⅰ	

这张表的真正意义有三：

一是这三组器物式别的共存关系代表的是这三组共存关系最早出现的那个时间点，及其三个时间点彼此的相对年代关系。因此，它们从早到晚的顺序是一种忽略或掩盖掉了许多真实事件的逻辑顺序。这一性质特点，是在讨论一些年代精度需求非常高的历史问题时需要留意的。

二是据此可以了解在这三个时间点上的整个器物群的型式构成和它的演变过程。

三是这三个时间点分别是类型学方法所能得到的最接近它们进入各自地层单位的时间。据此可以进一步检讨田野期间对地层关系划分的认识。

4. 器物群的演变与文化面貌的分期

用上个小节的方法分析遗址上其他单位的共存关系，如果上表中的情况重复出现，譬如与 H3 情况基本吻合者还有若干，和 H1 情况基本吻合者也有若干，则可认为这三组共存确为三个时段的代表，如此就进一步讨论遗址上器物群的演变和文化面貌的分期问题了。

和 H3 或 H1 共存型式相同的其他单位，当不只出土了鼎、豆、壶、盆四种器物，还会有罐、钵等其他器类。于是就可以从 H3 等三个单位出发，滚雪球般地把三个时段的器物群及其各自的型式组成整理出来，同时也就顺带地把遗址上的这些共存关系所依托的遗迹或堆积单位在文化面貌的演进阶段上的位置确定下来了。

从遗物资料的年代学整理的角度看，类型学的任务至此已经完成。但中国考古学还有一个习惯的做法，即对已经划分出的型式变化段落再作分期概括。分期指器物群整体变化的阶段性现象的认定和划分。仍以前表为例，以 H3、H2、H1 为代表的三个型式组合中，大多数器物的式别为本组独有，换言之，三组的式别构成各不相同。据此可以把这个遗址上的文化面貌划分为三期。如果整理的结果如下表（表 6-5），H2 和 H3 有 50% 的形制内容重合，而 H1 和 H2 全然不同，为全新的形制内容。那么综合权衡，当以 H2 和 H1 之间为界，分为两大期为宜。至于 H3 和 H2 的区别，可以看成一个文化期内的时间差别，研究者们常常把它们作为一个期内的前后两段来处理。

表 6-5　器物类型学分析

	鼎	豆	壶	盆	……
H1	Ⅲ	Ⅱ	Ⅲ	Ⅲ	
H2	Ⅰ	Ⅰ	Ⅱ	Ⅱ	
H3	Ⅰ	Ⅰ	Ⅰ	Ⅰ	

严格地说，对遗址的器物群进行文化面貌的分期，已经超出了对遗址资料本身的年代学整理的任务范围。分期的目的是为遗址之间乃至区域之间的大范围文化的比较研究给出一个相对年代标准，也即属于通常所说的考古学文化研究范畴。当然，在以此为课题目的的考古发掘中，这一步的整理研究是必须的。

四、类型学的年代学整理结果和地层学的文化堆积分期互检

经过对发掘所得地层资料汇总整理，业已得到了关于堆积形态及其变化的所谓遗址上文化堆积的分期认识。又通过类型学作业，从文化面貌及其变化的角度整理，获得了有关遗址文化面貌的分期认识。但是尺短寸长，考古地层学和考古类型学皆有各自的优势和短板。类型学在处理出土遗物数量少、形制变化特征不明显的资料时明显是力不从心的。它对资料分析提炼出的是考古资料形态演变的形式逻辑过程，而对这个形式逻辑的追求中，类型学漠视了共存关系中那些丰富多彩的事件，譬如两个时段的遗物共存于一个单位的现象。而本章也专门谈到考古地层学三个方面的局限性。一是仅凭地层学分析，常常无法对遗址上那些缺失直接地层关系的遗迹单位给出比较准确的年代位置，而一座遗址上，这种关系缺失的遗迹又往往不在少数。二是仅凭地层关系，我们不能获得两座先后出现的遗迹在时间上相隔距离疏密远近的感性认识。三是在一座遗址上获得的地层学上的相对年代资料，无法应用于不同遗址之间的比较研究上。这第二、第三项，更多地是指地层学的年代分析结果在研究应用方面的局限，第一项则正是地层学鞭长莫及之处，也恰恰是它的先天不足之处。于是就有了年代学整理的最后一个步骤——两种分期结果的相互验证。

验证方法是——对比每个遗迹单位在地层学和类型学两套分期中的年代位置，即地层关系的系络图和给予类型学分期基础上的遗迹分期表。重点之一是检讨那些在各自分期体系中年代位置不那么清晰肯定的遗迹单位，重点之二是寻找发现有无一座遗迹单位在两套分期登记中矛盾抵牾的情况。

重点之一指那些因受资料本身的局限，无法在地层学范围内或在类型学分析系统中准确判断其相对年代的遗迹。例如浙江桐乡普安桥遗址的发掘中，在发掘区东部一座房子台基坡脚下发现一组墓葬，皆没有出土随葬品，在类型学上无法断代，在地层学上则有三

种可能：一是晚于台基上的房子，二是与之同时，三是早于房子。后经重新检讨地层关系，发现墓葬开口的土层是叠压在房基坡脚上的，而一层更晚的建筑倒塌堆积将墓葬和房子一起覆盖掉了。于是断定，这座墓葬是在旁边房子的使用期间埋葬的。从而解决了类型学遇到的困境。又如两个灰坑开口在同一个层面上，但彼此距离较远，没有直接的地层关系，仅凭地层学是无法判断其早晚还是同时的，如果这个现存的开口层面实际上是一个遭到破坏了的破坏面，也即两座灰坑的实际开口层位已经缺失了，就更无法直观断定它们的年代早晚。但若两座灰坑都出土了可资类型学比较的遗物，则可解决问题。

重点之二是比较地层学和类型学两套分期登记中不对应甚至是反置颠倒的相对年代判断。如果一组地层关系的层序记录和类型学排比的相对年代序列吻合，就无需再讨论。若出现不吻合的情况，就要具体分析，究竟是发掘现场的层位关系判断错误还是类型学排比不当。若经过重新检讨，确定现场的地层记录可靠，则最大可能是问题出在了类型学排比的解释方面。因为有很多原因会导致早期形制的器物进入晚期地层，从而误导我们的判断。譬如在层位关系上，H1 明确晚于 H2，但 H1 出土了早于 H2 的器形，没有出土应当属于 H1 同时期的器物，这时单就器物形制看，H1 应当早于 H2，但与实际情况抵牾——这种现象多发生于遗迹本身出土遗物不多的场合。反之，若现场对两者关系的记录游移不定，则只能依据类型学的分析结果了。

经过地层学和类型学两套年代资料的汇总和互检，最后获得遗址发掘资料缜密全面的相对年代结果。但是，这时还应该了解的是，针对文化面貌的类型学分期和从堆积状态上进行的地层堆积的分期毕竟是两件事情。在本质上，地层堆积之所以可以分期，是背后的人们行为模式的变化造成了堆积形态的变化。器物群面貌变化的原因可能与之完全相同，也可能只是部分相同乃至毫不相干。如果两者原因相同，那么文化分期和堆积分期是吻合的。如果两者原因不同，则它们就很可能对应不起来。譬如山东临淄桐林遗址上的龙山文化器物群显示为一种长期而连续渐变的样态，但发掘发现，在龙山文化早期的一片聚落之上，突然修建了一座约 20×40 米的大院落，它的建造根本上改变了遗址这个部位原来的布局结构。那么，这座院落围墙基槽的开口层面就应当被视为一个关键面，是人们新的行为模式及其所导致的新的堆积形态的起点，所以是文化堆积分期的标识。但是又在发掘中发现，这条基槽打破了一座灰坑，本身又被一座灰坑打破。两座灰坑中出土器物形制却十分相似，无法区分出式别变化来，更谈不上可以在文化面貌上分期。说明堆积形态变化背后的人们的行为模式在极短时间里发生了重大变化，但影响并没有波及聚落上的陶器制造业。鉴于此，经过类型学补充和纠正过的文化堆积的分期和经过地层学检验的文化面貌的分期都应当分别给予保留，以便供将来不同研究领域利用。

第四节　对考古资料整理的前瞻

在深度整理阶段，迄今为止中国考古学进行得最多的就是考古资料的年代学整理。应当说，这是学科物质文化史研究阶段的产物。因为处在这个阶段的考古学家们最希望田野考古能够提供开展考古学物质文化面貌比较研究的资料。出于这个目的，研究者既对自己的田野项目，也对他人的项目有同样的诉求，从而最终形成了一套对考古资料所含年代学信息系统化的标准工作模式。但是，伴随着学科向古代社会的复原研究的转型，无论研究者个人还是整个学术界，都越来越希冀通过资料整理，提供更多反映古代社会的各种信息。我们认为，在学科这一内在动力的推动下，当前的田野考古资料整理中已经发生了一些重要变化的迹象，推测不久可能还会出现一些新的变化。

第一，本书用了很大篇幅介绍考古学最为传统的地层学的若干新发展。地层学的这些发展变化是伴随田野考古越来越转向旨在揭露聚落结构这一学科趣旨的过程中产生的。在发掘期间，本书以及现在执行的 2009 年版《田野考古工作规程》都强调了对文化堆积过程的研究，一方面是一座遗迹内部由各种堆积单位反映的遗迹从建造到废弃全过程的研究，另一方面是活动面及其变化过程的分析和以关键面为标志的堆积分期的研究，并一再强调这种文化堆积的分期与惯常所做的文化面貌的分期是两种可能有联系、却为不同实质内容的分期。同时也提出了利用系统图等来记录和表达以上观察内容的技术建议。这些学术活动自然延长进整理阶段的工作内容，就是结合类型学的年代分析结果，补充和修整地层学的种种鞭长莫及之处，获得一套详尽的文化堆积过程的资料。这套资料记录了聚落空间结构及其变化过程，本质上也就是依托其中展开的人们各种行为的空间关系和变化过程。这是开展这方面整理工作的意义所在，也是迄今为止大多数考古资料整理项目尚未给予充分重视的部分。

第二，随着对聚落生活研究的开展，遗址发掘出土的各种自然遗存的整理正在得到越发普遍的重视，正有从学科前沿发展成常规工作内容的趋势。

第三，长期以来，有关人工遗物、遗迹的整理，都是在类型学分析提供的年代框架内进行的。换言之，年代学角度的整理是当前做得最充分的领域。因为可靠的年代是所有历史研究的基础，所以可以推测，这依然是今后资料整理的主要方式。但是，在前述文化堆积的整理中，我们发现堆积有自己的逻辑，它的分期未必与文化面貌的分期吻合，所以应当给予单独的重视和对应方法。再就人工遗物而言，它所蕴含的历史信息是多种多样的，平心而论，这些信息却都没有经过像年代学信息那样的系统化处理，有关这些信息的介绍，也一般仅作为次要内容，附属在以资料的年代信息为主要内容的叙事框架里，简略介绍而已。但是，伴随复原古代社会研究的开展，这些系统化了的信息将会成为学界今后的重点追求。那么，从考古资料中分门别类地提取这些信息并把它们分别进行系统化整理，也将成为今后的工作重点。

本章第二节介绍了考古资料整理最常用到的分类办法，并介绍了最常用到的与"陶质陶色与纹饰""陶质陶色与器形"有关的统计表。依此，每个堆积单位都分别有这样两张统计表，但是，深度整理阶段，几乎没有就每个单位的统计数据之间再作关联性分析。在标本的观察部分，推荐就一件器物从"生命链"或"操作链"的角度进行观察，以尽可能多地提取信息的办法。尽管"生命链"或"操作链"未必是遗物分类观察作业的全部角度，可以想到的其他分类角度如功能等尚未包括在内，但是很显然，陶质陶色、纹饰、器型分类统计表格也远远不能涵盖标本观察作业所得的全部信息内容。标本的各种观察结果虽然被记录到了器物登记表中，但也就此作为一个单个信息沉寂在登记表中了，没有再对它们进行归纳、统计等系统化处理。而仅仅作为一个单个的信息，它在说明历史时是没有多大作用的。因此，如何从考古资料中分门别类地提取这些信息并把它们分别进行系统化整理的工作方法本身，也将成为今后需要琢磨的重点。

第七章
考古报告的编写

第一节 概 述

编写考古报告是田野考古工作的最后一项任务，在全面整理之后进行。如果只调查、发掘而不写发掘报告，那就没有尽到考古工作者的责任，达不到田野考古学的目的，充其量只能使发掘者本人有所收获，而不能为学术界承认和利用。

考古报告是考古调查或发掘所获资料经过整理和精心研究后编写而成的，是对所获资料的客观介绍，它本身属于永久性的学术资料，从某种意义上讲，其重要性及使用价值并不低于一般的论文专著。考古论文和专著产生于考古报告，是对考古报告所刊资料分析、研究的结果，因此，考古报告是学术研究的基础。

一、考古报告的基本类型

1. 调查报告，即据调查所获资料编写的报告。有的调查包括试掘，当然试掘所获亦在调查报告之内。因调查有专题性和综合性之分，故调查报告也可分为对应的两类。

2. 发掘报告，即据发掘所获资料编写的报告，依其内容也可分综合性报告和专题性报告，如包括多种内容的某遗址发掘报告、某墓地的发掘报告、某座大型墓葬的发掘报告等。

3. 发掘简报。有的田野工作规模大、周期长，这类工作有总的长期规划和阶段性工作计划，每个阶段的工作完成后，可以发表阶段性报告。比如迄今为止出版的河南安阳殷墟遗址的各种报告。如果工作量巨大，而阶段性报告也一时难以完成者，也可考虑先发简报，介绍对遗址的发掘进度、主要的遗迹现象、遗物和相关认识，以便学术界尽早了解情况。简报是对一个阶段工作的高度概括，要做到这一点，其实是很有难度的。但长期以来，学术界对简报有一种误解，即把简报当成一项较小规模的田野考古工作的资料发表形式。学术刊物中有许多冠以简报名称的，实际上属这一类。须知任何一项田野考古工作，不论规模大小，都是一次科学实践，活动结束后都要有正式的报告，如同外科手术无论大小，完成后都要填写手术报告，化学实验无论简单复杂，完成后也要填写实验记录一样。更有一种情况，即借用简报的名义，草率处理一批被主观认为是不那么重要的资料，这就是很不应该的了。

以上三类属地下资料，下面一类属地上资料的报告。

4. 石窟寺与古建筑报告。一般不发掘，主要是测绘与照相资料，当然要配以文字内容。

调查和发掘都需要撰写考古报告。调查报告又根据工作内容的不同，可分为专项调查报告和综合调查报告。发掘报告亦可根据发掘对象的区别，分成遗址发掘报告和大型遗迹如大型墓葬、窑址等的发掘报告。

二、考古报告的编写思想

学术界对如何编撰考古报告却存在两种意见。

总的来说，直到20世纪90年代甚至更晚一些时候，中国考古学的规模不大，也没有很多基本建设中的考古项目。考古工作者习惯于对自己发掘所得资料进行仔细整理和研究，然后编写考古报告的工作模式。这样产生的一部考古报告，当然是倾注了发掘者十数年乃至更长时间心血的研究成果。就连研究者晋升职称，报告也是要算作科研成果的。所以，出于这个学术传统的惯性，应该把考古报告做成等同于学术专著的研究型报告的观点，至今依然是学界的主流看法。但是，以 1994 年开始的三峡水利工程建设中大规模抢救性考古工作为标志，中国考古学界和各级政府的文物管理机构仿佛在一夜之间就面临了突如其来的大量基本建设中的考古任务。田野工作数量骤增，研究者和研究机构疲于奔命，资料的整理和报告编写再无十数年乃至数十年磨一剑之条件了。另一方面，大多数研究者对于某项田野考古得来的资料的期盼日积月累，却因为它们长时间滞留在少数整理者手里，逐渐转变为越来越大的不满情绪。既是客观形势使然，也是学界内部的不满压力日增，终于产生了一种声音，即强调考古报告的资料性，认为考古报告首先应当是田野考古所获资料的汇集，只要将发掘所得资料和各种对遗存进行的自然科学分析检测报告全面准确报导出来，以便为学界研究利用即可，而不必在报告中追求学术研究成果的水平。虽然这第二种观点尚非主流，但因为是顺应了形势的呼声，亦当重视。

那么，究竟应当按照哪种指导思想编写一部考古报告呢？若从需求的角度考虑问题，也许不难找到答案。在引用 20 世纪出版的考古报告的资料进行研究时，经常听到抱怨说报告的资料发表得不完整，无法利用报告发表的资料检讨或验证报告的分期观点，至于想利用报告给出的资料进行文化面貌之外的譬如聚落生活等方面的研究时，经常因为报告对相关信息的报导语焉不详，更是困难重重。究其原因，是这个时期的考古活动基本上属于中国考古学以物质文化史为主的研究阶段，资料整理的重点也主要放在了文化面貌分期之类的问题上，并逐渐形成了该阶段资料整理和报告编写的学术模式。追溯这个模式的建立，肇始于苏秉琦先生编写的《斗鸡台沟东区墓葬》[①] 发掘报告。这本报告首先不厌其烦地详细描述了每座墓葬、每件遗物的形制特征，再把这些特征排序，寻找它们及其组合

---

① 苏秉琦. 斗鸡台沟东区墓葬图说 [M]. 北京：中国科学院出版. 1954.

的演变过程，最终得出斗鸡台墓地的分期结论。比较更早出版的《城子崖》① 等考古报告不难看出，如此明确地把整理的目的设定在资料的年代学问题上，并认真探索解决问题的办法，是中国考古学上的首次。进而到了 50 年代，苏秉琦先生指导过的几本报告，如《洛阳中州路》②《洛阳烧沟汉墓》③ 等，在年代学角度的资料整理方法上更加精练和纯熟。虽然这些报告安排了遗迹、遗物等章节，但精心挑选出来的典型标本安排在分型定式的年代学的框架内，重点描述的是标本上的那些年代学信息，在资料的发表形式上实际是把资料的客观描述这一所谓的资料性内容和型式排比这一年代学研究内容两个部分合二为一。因为这几本报告的资料整理有极高的学术水平，其对材料的分期认识直到今天都是探讨相关问题的标准。正因为这种资料整理和编写报告的模式在解决当时中国考古学最关心的考古学文化的年代问题上行之有效，所以模式一经建立，自然成为大家效仿的对象。但是，这个模式要取得成功，是以非常高的类型学研究水平为前提的。否则，一个似是而非的分型定式标准会把资料搞得混乱，根据这个分型定式做出的数量统计和挑选出的标本也将不具典型意义，无法为其他研究者利用，从而带来事与愿违的后果。遗憾的是，这个时期出版的考古报告远不是都表现了令人满意的高水平。其次，这个模式主要关注的是资料的年代学整理，那么也就可以说，在系统化处理其他历史信息方面，在方法上是存在不足的。这一局限在人们的注意力集中在文化分期之类的研究阶段尚未显露出来，但随着当代学术越来越关注古代社会复原研究，也就越来越显现出来了。这两个原因，大约才是人们呼吁考古报告应该首先是资料型的真正的理由了。

至此可以得出结论：考古报告的首要任务是客观全面准确地公

---

① 傅斯年，李济，董作宾等．城子崖——山东历城县龙山镇之黑陶文化遗址 [M]．国立中央研究院历史语言研究所．1934．
② 中国科学院考古研究所．洛阳中州路（西工段）．科学出版社．1959．
③ 中国科学院考古研究所．洛阳烧沟汉墓．科学出版社．1959．

布田野考古所得资料，以便其他学者研究利用，然后才是作者基于这批资料的研究成果。

三、考古报告编写的基本要求

考古报告编写的质量如何，直接影响到据之分析研究的结论，因此，编写考古报告是一项严肃的考古工作。考古报告之优劣不仅能反映报告编写者的治学态度，也能反映报告编写者的学术水平。

为把报告编写好，应该做到以下几点。

第一，要实事求是，介绍所获资料要客观，不能有主观成分，更不能弄虚作假。

第二，态度要认真，介绍资料要准确，不能马马虎虎，求其大概，含糊不清。

第三，介绍资料要尽量完整，取舍要合理、得当、科学。

第四，全面介绍多学科、多种手段获取的各方面信息。

第五，编排合理，文字明白易懂，图像资料精美。

第二节 考古报告的基本体例和主要内容

一、基本体例

考古报告的编写体例可以有多种样式。如果按照资料的处理方式，那么大体来讲可分为两大类：第一，按遗迹单位发表资料，即遗迹遗物放在一起，这种情况主要见于墓葬类的报告，也有极少数的报告按探方发表资料；第二，遗迹遗物分开发表，遗迹分类而遗物部分又按照类型学研究成果作为框架发表资料，当前多数报告属于这种情况。当然，也有报告属于上述两种的混合型，即前面先按单位发资料，后面再按遗迹遗物分类发。实践中，采用哪一种体例主要是由考古材料自身的特点决定的。因此，在正式开始撰写考古报告之前，不妨先对整理后的考古资料做一下评估，看看各部分的体量，捋捋彼此之间的逻辑等，再选择究竟采用哪种编写体例最符合材料本身的特点。

确定了报告的编写体例就可以正式进入报告编写的环节。无论哪种体例的考古报告，一般来讲都要包括遗址概况、考古工作经过、资料以及基于发掘资料基础上的学术认识这几个主要部分。

二、主要内容

（一）遗址概况

1. 遗址的地理位置和环境

遗址的地理位置包括它的经纬度地理坐标和相对位置。后者为遗址所在地的行政区划、遗址与附近显著地物、地标的相对位置关系等。

遗址环境的介绍可以首先将重点放在现代环境方面。这是因为遗址的古代环境不是一下子就可以了解得清楚的，往往需要大量研究才能复原。遗址环境指它周围的地质、地貌环境，物产、资源环境，气候和人文环境，又可以从较大范围的宏观角度和遗址周围左近的微观角度分别介绍之。尽管这些都是现代的情况，但它们毕竟是从古代演变而来的，带有过去的信息。如果能够找到历史上这些方面演变的资料、记载，则更好不过。

有关上述内容的文字介绍应尽量辅之各种比例的地形图、照片、航片、卫片等。

2. 遗址的历史沿革

这方面的资料一般可以从地方志等古文献中得到，包括遗址所在地区的历史沿革以及遗址本身的历史沿革。前者是遗址历史的背景资料，后者则是了解遗址原貌和废弃以后种种经历的重要线索，尤其是对历时代的遗址而言，这类文献材料极其珍贵。此外，关于遗址的民间传说故事等，作为口述史资料，也有助于对遗址的了解，应当记录下来。

3. 遗址状况

这一小节的内容实际上也就是第二章第五节所述对遗址详细勘察的内容。包括遗址保存现状、遗址微地貌，文化堆积分布范围、堆积厚度和在遗址不同地点文化堆积的暴露情况，以及根据这些线索对遗址的年代跨度、不同时期或不同种类的文化堆积在遗址上的分布等的推测复原。如果遗址勘察时进行过钻探、探地雷达等物探，则这些勘察结果应当一并介绍出来。对这些资料进行介绍时，也应当以大比例尺的遗址地形图、暴露的文化层剖面图、钻孔位置图、钻孔地层图、钻孔登记表以及照片等，辅助说明情况。

（二）考古工作经过

1. 遗址上已有的考古工作

一处遗址上如果前人有过考古工作，那么，这些工作的情况和学术成果是本次工作的基础，应当概括介绍之。

2. 本次考古工作的原由、工作计划和实施过程

发掘一处遗址的原因可能是多方面的，如果是一项学术性的主动发掘，更应当将学术理由介绍出来，让读者了解其学术目的是什么。进而是围绕这个目的制订的工作方案，包括对遗址的分区和发掘区的选择、发掘面积、探方布设方法、探方编号方法、发掘技术、发掘中的记录系统、人工遗物和自然遗存采样方案、资料整理计划和报告编写的计划安排等。最后是以上计划的实施情况，尤其是这些计划在实施过程中的调整修改的原因理由、效果等。当然还包括计划的执行者。

一项考古发掘不仅其资料成果是学术性的，这项工作的本身也是学术活动。把上述学术活动的内容介绍出来，把工作中值得推广的新经验或应当借鉴的教训介绍出来，和同行交流，对于促进整个学术界田野工作水平的提高是大有裨益的。在多数考古发掘报告中，这一部分的内容很简单，一般只是记录了发掘区位置、面积、发掘时间、参加者以及资料的整理者和报告的执笔者。这是很不够的。

3. 项目实施期间的公众考古活动

在当前刊布了的考古报告中，极少报导这方面的内容，主要原因是考古工作者在思想上对这个方面不重视。但是，当代学术呈现出与社会高度渗透融合的趋势，学术发展离不开社会理解支持的大环境，而营造这个环境，应当是考古工作者的主动任务，也即所谓的公众考古。从这个角度说，公众考古实则包括四个方面的内容：一是考古队如何处理与主动性项目的行政管理部门、抢救性项目的委托部门和出资方的关系，如何争取对项目的理解和立项支持，如何争取项目实施过程中的全面支持等。二是如何处理与遗址所在地的基层行政和土地使用者、群众的各种利益关系。三是面向当地社会举办的如现场参观等各种形式的遗址考古成果的宣传讲解活动，且利用媒体和互联网，这种科学普及可以影响到全社会。四是跟踪项目的实施对当地社会发展、文化建设带来的积极影响。

（三）遗址的文化堆积

1. 地层资料的发表要求

对遗址上文化堆积的分析是田野考古最重要的工作任务，文化堆积的状况也是考古发掘所得最重要的研究资料之一，因此在考古报告中应予全面发表。但是长期以来学界对此重视不够，绝大多数考古报告采用的办法是选择一段所谓的典型地层剖面公布出来，用以代表该发掘区整个地层的堆积情况。应当说，这种做法是考古学物质文化史研究阶段的产物。在这个时期，考古学研究关注的是考古学文化的分期问题。对文化堆积的研究主要是遗迹间的地层关系，以便为类型学作业提供年代方向的证据，因此，研究者只要从典型剖面上知道了发掘区内哪个文化阶段的遗存在下、哪个在上的证据就可以了，而并不需要了解发掘区内每个角落的堆积的详细情况。但在今天的聚落形态研究的场合，研究者们为了了解聚落结构及其变化的过程，就需要尽可能完整的地层资料来支持这方面的研究。过去学术界提出来的"根据地层资料可以重新恢复一座遗址堆积"

的理念，从没有像今天这样变成了必须实现的技术要求。

因此这要求考古报告应当详细报导遗址的地层资料，应当发表纵横贯通发掘区的地层堆积剖面。纵向或横向贯通发掘区的地层剖面或可以通过连接每个探方壁的剖面图而成，或可以利用贯穿遗址主要堆积的长探沟或解剖沟的剖面缀合。当然，是否全部发表，要看发掘区内地层堆积的复杂程度来决定，没有硬性规定，以能够满足研究的需要为主。

2. 地层堆积的描述

对地层堆积剖面图的介绍可参照探方记录中对地层剖面的记录形式，描述的顺序从表土层开始，对每层都要依次介绍它的埋藏深度和厚度、分布范围、土质土色、致密度；包含物种类、大小、粒度和磨圆度、所占比例；包含物中遗物的分布状况、数量、其中具有标识时代等作用的典型遗物等，以及开口在这个层面的遗迹和被其叠压覆盖的遗迹。

虽然描述的本意是客观介绍。但对每层堆积，还是应当介绍发掘者对其成因、性质的判断，如某层是房基垫土、夯土，抑或是垃圾层、淤土、踩踏路土、农田耕作土等。同时申明做出如此判断的理由和证据，如堆积的局部结构特写照片、土壤微结构观察结果等。

3. 地层堆积的分期

在发掘现场，发掘者的重要任务之一就是根据地层学中"关键面"的原理（第三章第二节），仔细分辨文化堆积中的关键面，据此对文化堆积进行初步的分期。在资料整理阶段，经过对所有地层资料汇总成地层堆积的系统图（第六章第二节），又参考各地层单位出土遗物类型学分析的结果，进一步对各个遗迹单位，尤其是位于关键面上开口的遗迹单位进行了准确的年代判定（第六章第三节），从而把文化堆积的分期划分得更加精确。这个分期结果，当然也应当在报告中公布出来。公布形式可以考虑结合地层剖面图和系统图说明之。

（四）遗迹

目前发表的大多数报告，是按照遗址上文化的分期编辑发表遗迹资料的。但是当前的考古地层学已经认识到，根据堆积形态和聚落结构的变化情况，是可以对文化堆积进行分期的。如果遗址上堆积的分期和文化的分期是吻合的，就不存在究竟依照哪种分期编排发表资料——包括遗迹资料——的问题。如果两种分期不吻合，则或许按照堆积分期来编排发表遗迹资料更好。因为堆积形态的分期和按照这种分期来编排资料，更方便当代考古学开展聚落形态的研究需求。

对每期遗迹的介绍应分类进行。首先需要介绍分类方法、标准，如灰坑或墓葬按形制分几种，每种灰坑、墓葬的数量。之后分类介绍遗迹资料。介绍每一座遗迹，都应当配合该遗迹的平、剖面图、细部图、照片等测绘、影像进行说明。说明时，首先应交代该遗迹在遗址上的准确位置或所在探方中的位置，遗迹开口的层位关系，它的形状、大小和准确尺寸。遗迹内的堆积情况可能比较复杂，可分废弃后、使用和建造几个环节分别描述，如灰坑废弃后的填充堆积、房子的倒塌堆积，墓葬封埋的填土（墓葬填土性质上属使用堆积或建造堆积，但和灰坑填土一样，是最后形成的）等。每个环节的堆积可能不止一个堆积单位，也应一一介绍其堆积的形态、体量、分布、土质土色、包含物和其中的文化遗物等。遗迹中使用环节的堆积并非都能保存下来，但如房屋建筑中的居住地面上的各种痕迹、留在原地的器物、陈设等，都应予描述，勿使遗漏。至于墓葬棺椁部分，应视为完整的使用堆积，需要给予充分介绍。遗迹的建造过程也是重点介绍的部分，如房屋基础垫土、墙基槽和柱子的挖构埋设方法、居住面和墙面的处理等。对结构复杂的遗迹的介绍，除了辅之必要的图纸影像外，还可以利用系络图表示它的建造至废弃的各个细节。最后是发掘者对这座遗迹功能性质等方面的认识。

对于数量多且内容雷同的遗迹，可以在每一类中挑选若干保存好的作为代表,详细介绍,其余利用各种形式的登记表处理。但挑选出来的代表不妨多一些,因为在事实上每座遗迹都会多多少少有自己的特点,没有完全相同的。此外,在有些墓地的发掘报告中,还有一种做法,就是每座墓葬的材料都予以发表,这是最值得推荐的资料发表方式。

对于遗迹内出土遗物的介绍,一般有两种处理办法。一种是全部留待报告遗物部分的章节统一描述。一种是强调它们也是遗迹的组成部分,在此和盘托出。又有两种具体处置办法:一是在此给出这个单位出土的器物图和详细描述,一是给出器物图和简单介绍器物出土情况,而对每件器物的详细描述留待有关遗物的专门章节。因为遗迹中的组合关系是几乎所有研究的出发点,所以,在介绍遗迹时,同时介绍出完整的遗物共存情况,是值得推荐的做法。至于是在这个部分还是在以后专门章节详细描述每一件遗物,是可以变通的。这里还要强调的是,所谓完整的共存情况,至少包括在本单位给予全部编号的标本,最好也对其他未能标号为标本的碎片等给予恰当描述。完整的共存关系中,还应当包括这座遗迹中资料整理时做的各种统计表格、出土自然遗存的鉴定、分析结果,测年数据以及其他理化分析检测的结果。这部分资料未必放在本遗迹介绍的文字中发表,但应当在文字中明示检索办法。

最后,有关遗迹的介绍,不应仅仅注意对遗迹本身的表述,还需考虑到遗迹之间的关系,也即由此体现出来的聚落结构。所以,报告应当以这一期遗迹分布的总平面图的形式,发表各种遗迹的分布情况。如果在遗迹之间找到了明确的活动面,对这个活动面也应有文字、测绘、照片等方式的详细描述,以及介绍这个活动面不同地点上的遗迹废弃、再建等情况,也即活动面的变化发展情况。

(五)人工遗物

如果是个有若干历史时期堆积的遗址,其人工遗物资料发表应按大的历史时代分开发表,如分仰韶文化、龙山文化、二里头文化、商代、汉代等。

一个历史时期之内的人工遗物介绍应当按照资料整理时建立的分类系统进行。通常，这个分类是从遗物的材质着手的，如石器、陶器、金属器、骨角蚌器等，对它们分而述之。

当前出版的考古报告在分类介绍遗物的章节，一般在冒头的地方有一节文字，概括介绍这类遗物如陶器的数量、陶质陶色、纹饰和器形的种类、制法等。之后是依照类型学分型定式作业结果，按照每一型、每一式的顺序介绍器物，如 A 型鼎：A 型 I 式鼎、A 型 II 式鼎等；B 型鼎：B 型 I 式鼎、B 型 II 式鼎等。如果器物标本个体多，则从中挑选典型若干，作为代表介绍之。每件标本的文字描述大致有：器物的编号、体量尺寸、颜色质地、器形特征、器表纹饰、制作技术等，同时配合实测线图、拓片和照片。由于类型学分析的重点是器物形态，所以这部分内容往往是描述的重点。其他如石器等种类的器物之介绍，也大致依此形式。

以上传统的报告编写形式把重点放在了在类型学的框架内对遗物的描述介绍上。由于类型学分型定式的结果是一个严密的体系，所以借用这个框架来发表遗物资料，自有其方便、严谨、完整等诸多优点。但是，这种分型定式是从年代学角度对资料整理出来的结果，强调的是对资料中所含年代信息（主要是形态特征及其变化的相对年代信息）的系统化，因此难免对资料中所含其他信息有所偏废，且在方法上也很难将它们系统化起来。譬如漏掉了工艺技术方面的内容，又譬如可能没有器物种类与材质间的关联性内容等。而这些都是当代考古学研究中的重要信息需求。

鉴于此，在本书第六章中，特意强调了建立严格分类系统和多角度分类观察和统计的重要性，也示范了如何全面观察记录一件遗物的方法。而报告应当把各个分类角度和计量标准的设计以及照此进行的分类结果，尽量完整而详尽地公布出来。例如之于石器，如按照石材可能分花岗岩、凝灰岩、板岩、砂岩以及玉或蛇纹石等制品；也可按制作过程分为坯料、半成品、成品；也可从加工技术角度分琢制和局部磨制、切割和通体磨制；也可按照形态分为斧、锛、铲、刀等。石斧又可根据具体的形态特征分为弧刃或平刃、厚体或薄体、平面长方形或梯形或"风字"形等，以及有关的计量数据。进而又有不同角度的相关性分类和计量，如不同石材与器类的对应关系、不同技术与不同器类的对应关系等。陶器的分类角度也许就更多更复杂。

总之，对这些整理资料信息的介绍，是今后考古报告应当大大扩展、加强的部分。困难在于这个部分的内容非常庞杂和零碎，个体资料观察结果和分类及计量数据散见于各遗迹单位的各种登记表、统计表中，要把它们全部发表出来，很多情况下是不现实的。因此需要在每一项中精心挑选和公布有代表性的标本和统计数据，如能够反映制陶技术的各种陶器标本的线图、照片、有关它的科学检测分析结果，以及这些类别的陶器在不同遗迹单位中统计得来的最大和最小数量、在整个器物群中所占比例等。也是因为这个部分的内容庞杂零碎，枝蔓歧出，如何做到简明系统地组织材料，尽量避免重复，是报告需要在编排上认真设计的。

（六）自然遗存

在这个标题下，囊括了发掘中采集的各种动植物遗存、环境样品、年代学样品和人类遗骸。对于它们的整理，通常是由专业人员和专业实验室进行的，一般以鉴定、统计报告的形式结项。在较早发表的报告中，这些检测鉴定报告、统计表格等，通常作为"附录"，追加在报告正文之后。此外，作为附录的，还常常包括了对人工遗物的各种检测报告，如金属制品的成分分析报告等。随着当代考古学对这类资料重视程度的不断提高，人们提出，它们也是田野考古所得原始资料的重要组成部分，在发表形式上，应当和人工遗物等而视之。

（七）研究

一部考古报告，到以上第六步为止，已经完成了公布此项田野工作所得资料的基本任务。但发掘者通常会把自己对遗址的若干研究认识发表在报告里。最常见的是遗址的文化分期、聚落结构，遗址的环境问题、经济技术、社会组织等方面的认识。一些承担了某一类遗存鉴定分析的研究者，也常常把相关研究写进鉴定报告。但是为了区别资料和研究，兹建议研究者把鉴定结果和相关研究分开，前者作为原始资料，放在资料章节中，后者在此发表。

（八）结语

报告编写者常常在报告的最后，回顾报告的编写过程，并借此机会对为报告编写提供各种帮助的单位、个人表达感谢之情。但是，作为一项学术活动的收官，在这里扼要地总结自田野调查开始的这项学术活动的收获、意义，检讨工作过程中的经验教训，以及经过此项工作之后产生的新课题和新的对策设计等，也许更有意义。

第三节 考古资料、成果的其他形式的刊布

考古报告虽然是考古项目的最终结果，却并非考古成果的唯一刊布形式。其他形式的发布还有考古队面对遗址附近居民、学生等举办的发掘现场参观讲解，发掘结束后举办的发掘成果汇报展览，田野工作过程中，报刊等平面媒体和网站、电视台的新闻采访报导等多种形式。尽管这些报导等更多地是面对大众而非专业人士，但也是考古工作者的社会责任，应当认真对待。

此外，现代社会已经进入数字化、信息化和网络化时代，纸本出版物不再是传播的唯一形式，网络阅读和利用互联网搜索采集学术资源已为人们尤其是年轻人驾轻就熟了。而就考古报告而言，电子出版物还有一个优点，即可以通过诸如3D等多样化的形式展示考古资料，从而极大丰富考古报告的信息量，是纸本印刷物不能企及的。如何顺应新形势，充分利用和发挥新技术优势，也正在成为考古工作者和报告编写者需要思索的问题。